超老龄社会的来临

——长寿新时代人类的伟大前景

党俊武　著

华龄出版社

跻身超老龄社会的长寿时代，思考老年期就是和未来长寿的自己约会！

我们无非都是时间长廊上的排队者。在从现在到本世纪中叶的时间长廊上，我们将分别达到人生漫长老年期的起点。这个起点现在是60岁，将来可能是65岁甚至逼近70岁。不过，这个起点的改变对于人口老龄化格局而言只是扬汤止沸，因为算术变动改变不了老年人越来越多的客观态势。

但是，对于活得越来越长寿的每一个人来说，重要的是要弄清自己在这个时间长廊上的具体运行刻度，以便未雨绸缪，从容应对。大体说来，从2013年到2053年前后，未来几十年10亿老年人口长寿洪流中，1949年以前的人大约是1.3亿，50后大约是1.56亿，60后和70后大约4.38亿，80后和部分90后（1994年前出生）大约3.16亿，加在一起除去不幸英年早逝者大体为10亿。本世纪下半叶的老年人大约……

斯芬克斯是希腊神话中一个长着狮子躯干、女人头面的有翼怪兽，坐在忒拜城附近的悬崖上，向过路人出一个谜语："什么东西早晨用四条腿走路，中午用两条腿走路，晚上用三条腿走路？"如果路人猜错，就被害死。俄狄浦斯猜中了，谜底是人，斯芬克斯羞惭跳崖而死。

——［古希腊］索福克勒斯

"斯芬克斯之谜"人所共知，意谓深刻而高远。它讲述的是人类故事，也是"动物人"和"精神人"博弈的高妙寓言。斯芬克斯的强大意涵着人的动物本能力量美丽狰狞而凶悍，俄狄浦斯则象征着集智慧、情感、意志于一身的"精神人"，结局是"动物人"羞惭而死，而"精神人"超越"动物人"的伟力和智慧启示人们思考，作为"动物人"和"精神人"合体的人，战胜"动物人"才能使人成为人，相反，"动物人"将吞噬"精神人"，使人堕落成为纯粹的行尸走肉。

"斯芬克斯之谜"还宣示，人在出生时基本上是"动物人"，但他内在的文化基因引领他不断茁壮成长，成为把控动物性的"精神人"，最终成熟为"动物人"童颜鹤发、杖藜而老，但"精神人"雅然脱俗、矍烁逍遥。这就是我们理想中的人生，它寓言了人生各阶段的意义和价值：人生即是"精神人"不断超越"动物人"的人生——"动物人"强大而卑下，精神人超拔而高卓。的确，从呱呱坠地活到耄耋而老，我们应当是高贵的！

前言

未来几十年间面对10亿老年人口的总流量，而且大多数是长寿老人，这是我们快速步入超老龄社会的重要标志，中国吃得消吗？

我们还是先从微观上看看吧。

现在，有一种社会焦虑正在全国深度蔓延，而且呈现愈演愈烈之势。这种社会焦虑就是，越来越多的父母们吃惊、失望、沮丧地认识到："子女似乎越来越靠不住了！"

开始，这种焦虑是人们心中不能言说的痛。现在，这种过去不能为外人道的隐秘，已经穿透中国人最看重的面子，进入大庭广众，成为公共话题。父母们居然可以公开交流子女靠不住的种种证据，共叙面对未来的无奈、感慨和坚毅，商讨应对的风险、可能和选择。如果说五六十岁的50后60后们有此焦虑，这不足为奇。奇怪的是三四十岁的70后80后不仅高度认同，而且在自己子女面前公开宣泄"靠不住"的复杂情结。甚至连十几岁乳臭未干的00后也声称，自己将来要住养老院，免得麻烦自己还没有的"孩子"！

呜呼！世道移易，人心聚变。以儒家孝道文化为根基的中国人，为何会普遍对自己的下一代失去"信任"？我们祖祖辈辈赖以存续发展的代际扶持观念，为何演变成为沮丧的"靠不住了"的大众社会心理？为何我们会发展到如此讽刺荒唐的矛盾境地：一方面，我们全社会往下疼，倾其所有，一切为了孩子；另一方面，我们眼睁睁地看着，这些掌上明珠一边长大成人，一边蜕变成为无辜的"白眼狼"，而且，我们大多数人还有整个社会居然束手无策，甚至放任这种社会焦虑继续深化、持续蔓延。当然，这还只是问题的冰山一角。

在《老龄社会的革命》一书中，我曾经写到，从 2013 年到 2053 年，中国要养活的老年人口总流量大约是 10 亿左右。这 10 亿人中的 2 亿多是 1956 年前出生的人，未来的 8 亿实际上就是部分 50 后，但主体是 60 后、70 后、80 后、90 后，00 后虽然不在其中，但到了本世纪下半叶，他们面临的形势可能比其父母辈更为严峻复杂。还有，和以往各代老人不同，未来这 10 亿老人大多人人长寿，大多数会活到 80 岁上下，90 岁以上十分普遍，百岁老人不再是稀有物种，超老龄社会即将浮出水面。

现在，放长假的时候，人们都不愿意去旅游景点，想想那么多人与其说是旅游，倒不如说是人体饺子宴，于是我们可以选择逃避，宅在家里。但是，面向未来，那么多老人可谓摩肩擦踵，而我们无法也不能逃避。10 亿老人长寿洪流，可谓不可逃避之重！

老实说，老年人口的 10 亿滚滚长寿洪流，不仅正在放大“子女靠不住”的深层社会焦虑，而且正在酝酿成为当前和未来中国社会的重大问题，由此带来的不确定感、不安全感和强大压力感还将继续传染发酵。对 80 后 90 后的独一代来说，想到父母、岳父母、公婆、爷爷奶奶、外公外婆甚至太老爷、太老奶、外太老爷、外太老奶，下面还有自己的独生子和可能的“二胎”，他们的压力、不安和恐慌不可名状。父母们在说“熊孩子”靠不住了，而许多子女也设法回避这些话题。更令一些子女们震惊的是，他们忽然发现，可怜天下父母心的家长们已经开始留一手了。世道人心，可谓难测。诚如吉登斯所说，这是一个令人不安的时代，风险难料。谈到漫长的老年期，我们几乎“人人自危”！

事实上，对于稍有阅历的人来说，面对人生的未来如此图景，一切奋斗的激情高山随时都有倾覆之虞，中国人特有的“一切为了子女”的人生价值支撑可能会怆然而失，人生意义会被强烈的徒劳感腐蚀殆尽。的确，滚滚洪流夹裹着“人人自危”，它带给人们的是强悍的负面社会认同，还有难以消解的深层社会沮丧，令人不得不重新思考人生、价值、责任、社会、民族、国家、人类。于是，现在有些人已经开始怀恋起上世纪60年代的人丁兴旺，年纪大的人甚至开始怀旧：过去年轻人在老人面前不敢声张的社会氛围还是有道理的？当然，还有很多人也开始羡慕那些人口相对年轻的国家。

老实说，面对未来中国超老龄社会10亿老人长寿洪流滚滚来临，如果老一辈都普遍怀揣着对下一代的“不信任”，而下一代都普遍怀揣着对上一辈上几辈的恐慌，那么，未来的人类图景与其说是昏暗的，毋宁说是丧气的！这种社会雾霾甚于天空雾霾！

当阴霾笼罩的时候，人们渴望的是阳光。面对10亿老人的滔滔长寿洪流，我们需要重拾先贤们的精神灿烂，以习近平新时代中国特色社会主义思想为指导，拨云见天，驱除“人人自危”的雾霾，去应对我们人人都要经历的垂垂老去，准备和打造全体中国人的金色晚年。这是本书的主题。

面对10亿老人长寿洪流的惊涛巨浪，我们首先要明白一个基本事实，这就是：能够融入10亿洪流，才是每一个人的人生伟大胜利，否则，掉队就意味着英年早逝，活不到60岁。举目前瞻，未来的滚滚老人潮史无前例，它虽然不是未来中国超老龄社会的全貌，但却是其中最震撼世人的部分。

10亿洪流是中国老龄社会的革命的外在显现，但应对10亿洪流首先需要一场深层次的精神革命，树立信心，以克服这种难以排解的社会沮丧。这就需要重新认识每一个人的人生、重新认识人生的老年期、重新认识老年人。

认识人生是最烧脑的难题，也是人世间的首要课题，当代人有意无意地回避它，这是现当代社会颇为奇怪、也是令人扼腕的重大现象。似乎越现代化，人们越想回避甚至逃避自己，人们更愿意把自己麻醉在科技、时尚、财富、感性中，以求淡化自己反省自己的人生尴尬、空虚乃至痛苦。在长寿浪潮推动的10亿洪流来临之际，面对将长于就业准备期的老年期，许多人似乎更像鸵鸟，不但有意回避，而且疏于规划，甚至当作与己无关的话题，好像并不打算活得太长。这是我们这个时代的“新社会病”。

从微观个体上来说，认识10亿洪流就是认识人的老年期。因为，10亿洪流是绝大多数人漫长老年期的叠加和聚合。理解10亿洪流无法回避，理解老年期人人不能逃避，除非不幸的夭亡者。

从宏观上来说，认识、理解、应对和安排好10亿老人长寿洪流是关系未来中国长远发展的重大课题，也是关系每一个中国人切身利益的重大战略问题，攸关老龄社会条件下的治国理政。我们现在需要的是理性、眼光和自信。

需要强调的是，面对10亿老人长寿洪流的前所未有的全国性自我拷问、全民性社会自省导致的社会焦虑和社会沮丧，会不会引发严峻的社会心理疾病、民族情绪低落乃至社会危机？这是一个需要认真考量的重大问题。我们的回答是否定的。事实告诉我们，目前的发达国家均已进入老龄社会，而且是一些已经迈入超老龄社会，但迄今为止，发达国家并没有因为老年人多了而崩盘。问题的关键在于我们的视角、眼光和信念。

历史业已表明，在任何阶段，无论遇到什么艰难险阻，万物之灵的人类都能找到超越发展的新路子！开创新事物是人的最高能力！面向未来，孜孜以求的长寿梦想变现，可能已经打开了许多新的走廊等待我们穿越，进而走向更高位阶的辉煌！

面对10亿老人长寿洪流这种历史性社会转型宏大叙事，既要做“乌鸦”，指出其中的风险和危机，更要做“喜鹊”，指出其中的机缘和希望。本书分上中下三卷，共十八章。上卷讨论10亿老人长寿洪流中的诸多压力、矛盾和问题，中卷检讨这些压力、矛盾和问题的本质、症结和缘由，下卷讨论应对10亿老人长寿洪流的战略、路径和希望。全书的主线是围绕国家、社会、市场、家庭和个人应对10亿老人长寿洪流之道与术，以中国为思想试验场，借鉴其他国家的经验和智慧，探讨人类个体发展的意义、把握人类整体发展的命运、构建理想老龄社会的愿景，谋求人生的高贵和福祉。

党俊武

2018.5.29

目录

中 卷

下　卷

开篇词

"由于人的被造，开端的原则才进入了世界……某个新东西出现了，它完全不能从以前发生的事情中预测出来，这就是开端的本质。"

——[美]玛格丽特·加诺芬

- 在远古，人类的平均预期寿命只有20岁左右，到18世纪末也只有40岁左右。
- 20世纪70年代末，全球人口平均预期寿命达到60岁左右。
- 2015年，全球人口平均预期寿命突破70岁。
- 根据联合国预测，2100年，全球人口平均预期寿命将达到83岁左右。

- 在远古，中国的人口平均预期寿命只有20岁左右，新中国成立时，也只有40岁左右。
- 20世纪60年代，中国人口平均预期寿命突破60岁。
- 2015年，中国人口平均预期寿命为76.34岁。
- 据预测，到2100年中国人口平均预期寿命将突破87岁。

2053年前后，中国人口老龄化大潮达到峰值。从2013年到2053年前后陆续迈入老年期的10亿多人口洪流主要是1993年前出生的人，即部分1949年前的人、50后、60后、70后、80后和部分90后这几批人。

从全球范围来看，未来几十年间，中国老年人口浩浩荡荡，将形成10亿滚滚洪流，这是自有人类历史以来从未有过的重大事件，也是迄今为止少有的对全人类产生深远影响的重大历史性现象，更是史无前例的人类自身发展的一场深刻革命。它表明，人类已经揖别短寿社会，开端启新，迈入梦寐以求的长寿时代！

着眼长远看，老年人口大幅增长将是未来人类社会发展过程中为数不多的重大历史性趋势之一，不仅会改变人类社会面貌，而且将从深层次改变人类社会的运行方式，但从终极意义上说，它还将脱胎换骨，从精神层面彻底改变人类并提升人类的本性，造就超越短寿时代的新人类！

立足中国看，我们经过半个多世纪的奋斗，甩掉了“东亚病夫”这个短寿时代的帽子，在经济社会发展水平不高的条件下迈入长寿国家的行列，中华民族不仅“站”起来了，而且活得长，“站”得久，屹立于世界民族之林！可以预见的是，未来的 60 后以后各代老年人将普遍活得更长，并将见证 10 亿洪流这个人类文明进步的历史性盛况！面对 10 亿长寿滔滔洪流，我们应当心怀敬畏，更应当怀抱感恩！它是史无前例的重大人类生命现象，是真正的人类自身发展成就的梦想变现，饱含无数人类先祖前辈们的艰苦努力！

但是，10 亿长寿洪流既震撼人心，又充满风险。一位资深经济学家称：“不要说如何应对，单是想象那种场面就令人不寒而栗！这无异于一场看不到头的灾难！简直就是人类从未经历过的巨型过山车，而且，一旦坐上去就下不来了！如果不引起全国性公共注意力的密切关注和迎头赶上，我们就会在复兴梦的半道上被拖垮！”他的话显然言过其实，他的硬伤在于，为了强调 10 亿长寿洪流之水深浪激，却牺牲了对它的基本逻辑判断。无论如何，复兴梦想实现了，总不能让我们人人短寿而终。因此，10 亿老人长寿洪流与复兴梦想在逻辑上是高度契合一致的。真正的问题在于，历史上，人人都向往老子讲的“长生久视”，但现在梦想成真，仙翁遍布，我们反倒接受不了。这恐怕是史上最具讽刺意味的叶公好龙。也许，先祖们当时无法想象人类普遍长寿的场景，也没有对此作出过任何设想。的确，在如何应对 10 亿老人长寿洪流上，我们没有方案可循。我们正处在人类社会新的开端。

需要强调的是，面对10亿老人长寿洪流的强大历史性挑战，作为洪流中人的我们大多数人不仅没有作出清醒的预判，而且缺少前瞻性的积极考量，更谈不上采取行动。有人甚至认为，我们大多数人只是觉得自己可能会活得很久，但对此却没有做好战略性的人生安排和全方位的准备。不少专家认为，这是人们对自己的未来和对下一代未来极端不负责任的表现！假定果真如此，我们的未来将不堪预期，活得愈久，可能穷得愈甚！

历史教训表明：少年强，则中国强；老年富，则中国富。藏富于少无异于造就纨绔子弟，等于葬送后代；藏富于老才是恒久之道。如果我们人人老来囊中空空，那么，未来的10亿老人长寿洪流不仅是风险，而且是灾难和悲剧！贫困老人形成洪流，不仅人类的整体境况堪虞，身居其间的我们未来的人生况味也值得深省！

我们已经步入生命管理的新时代。在年轻社会，寿命短暂，我们不大重视自己的晚景，当然也用不着如此大动干戈。现在我们已经步入老龄社会，而且即将快速步入超老龄社会，当人人可能活得更长的梦想变现以后，我们需要摈弃年轻社会的人生理念，重新规划和管理我们漫长的人生。

站在人类长寿时代的新开端，扬弃年轻社会的旧理念，高扬理想老龄社会的新思维，我们可以预期，10亿老人长寿洪流既是智慧流又是财富流，问题在于我们如何把握，这恐怕是未来所有有识之士的关注焦点。我们将共同开启变10亿风险流为百万亿财富流的新时代。长远看，这可能是未来中国最大的财富波！新的长寿红利时代值得期待！

风险预测与管理理论表明，再大的风险如果分散开来就是可控、可预测、可管理的。未来是不确定的，但同样也是可以设计的。面对10亿老人洪流，在我们躬逢其盛的同时，全国、全民、全行业作出长远谋划，科学设计，积极行动，才能保证我们人人晚年幸福安康！这是本书的核心议题。

让我们紧紧抓住10亿老人长寿洪流带来的巨大发展机遇，为全体中国人老年期的健康、富足、尊严、幸福和有意义而协力行动！

上卷

第一章　人皆洪流中人

“现时代很快就要变成历史陈迹，新时代已露出曙光。”

——[美]E·拉兹洛

短寿时代的终结

在一次养老院老人集体庆祝生日宴会上，年轻漂亮的女院长举杯朗声祝福：“我们衷心祝愿大爷大妈长命百岁！”话音未落，墙角边传来声嘶力竭的质问：“那我怎么办？！”声音是一位 99 岁身体硬朗的老大爷发出的：“难道我过不了明年？”老大爷气呼呼地接着质问。后来，这位女院长告诉我，这位老大爷刚刚入住，她忘记了，并表示今后庆生再不提数字了，只说“寿比南山”。这个桥段说来可笑。其实，它说明的是短寿时代形成的话语，遇到长寿社会的场景就会出状况。但在本质上来看，这是两种不同话语体系的碰撞，院长说的是短寿时代的话语，而 99 岁老人已经换成长寿社会的思维了。的确，我们总是强调数据的重要性，但在寿命的数字上现在似乎应当模糊一些为妙。看来，两种人的年龄都是十分敏感的话题：一种是女人，另一种是老人。如果是女性老年人，和她们说话就更得讲究了！

从学理上说，60 岁以上老年人口占比超过 10％可以看作是长寿时代开端的标志。由此来看，迄今为止，人类社会基本上是短寿的社会，而人类历史也基本上是短寿的历史。在远古社会，人类的平均预期寿命只有 20 岁左右，到工业革命中期也只有 40 岁左右，而且老年人口占比在 4％左右徘徊。

即使是现代最强大的美国在1940年迈入老龄社会时，其平均预期寿命也还不到70岁。日本是目前头号长寿国家，在20世纪70年代迈入老龄社会的时候，其平均预期寿命也才接近64岁。在中国，原始社会祖先平均同样也只有20岁左右。从公元前21世纪的夏朝到公元1911年辛亥革命前，中国经历了4000多年的漫长岁月，历经67个王朝，446位皇帝，他们的平均寿命也只有42岁。新中国成立时，人口平均预期寿命只有40岁左右。这说明，人类发展的历史是一个漫长的短寿时代。在这个短寿时代，极少数人才能长寿存活而大多数人短命告终。

2000年，从全球来看，世界人口平均预期寿命已经达到65岁，60岁以上老年人口突破10%，人类总体上已经告别短寿时代。目前，全人类已经进入长寿时代初期阶段。但从区域来看，发达国家上世纪上半叶分别步入长寿时代，他们经历长寿社会已有80年甚至更长时间的历史，一些国家已经处于超老龄社会。中国在1999年才真正迈入长寿时代，当年，我们的人口平均预期寿命为71岁。如果没有大规模全球性战争、瘟疫或者自然灾害，人类梦寐以求的长寿时代可以持续发展，而人类历经漫长而苦难的短寿时代，从人口统计学意义上说，已经在2000年宣告终结。

随着长寿时代的来临，生命现象已经和正在彻底逆转，长寿成为多数人的平常现象，短命的人成为极少数，而且，除了出生时死亡外，他们的存活时间也大大超过我们祖先的平均预期寿命。在可预见的未来，人类寿命还将继续延长。

回望当年梦想长寿的秦皇汉武，还有期望登仙（老而不死曰之“仙”）的诸多民间炼丹术士，更有渴望长命百岁的芸芸众生，长寿梦想的实现可谓遥不可及。现在，梦想已经变现，但诸多问题也涌现出来。由于历史上寿命短暂是常态，因此，东西方先祖都没有留下有关普遍长寿变现后的理想描画，更缺乏对相关问题及其应对之道的表述。老实说，对于长寿时代，对于老龄社会，对于超老龄社会，全人类还十分陌生。

实际上,以往的短命社会也就是年轻社会,而老龄社会也就是长寿社会。但是,人类经历年轻社会太久了,我们的思想、观念、制度、生产方式和生活方式以至整个人类的物质文明和精神文化都深深地刻上了年轻社会的烙印。短命时代终结了,但年轻社会的产物还在延续,而我们面临的却是一个与长寿时代相伴生的老龄社会。

毕竟,作为人类,先祖们的梦想已经变现,这是有史以来人类自身发展取得的重大成就,是值得全人类集体狂欢的巨大进步,也是真正具有划时代意义的伟大胜利。

我们已经告别历史,迈入了一个新时代。前面,既有风险和陷阱,但更有机缘和希望。

越来越长的老年期

我看过一则笑话,说的是记者采访长寿村的故事。记者刚到村头,就发现一位 60 多岁的老人蹲在墙角泪流满面,哭得十分伤心。记者问:“大爷,你为什么哭呀?”老人委屈地回应道:“我爸爸打我”。记者领着老人进村,见到一位 80 多岁的老人怒气冲冲。记者上前问到:“您儿子干什么了,惹您生这么大气?”80 多岁老人无奈地答道:“惹我事小,他把他爷爷气坏了。”记者抬头一看,一位百岁老人举着家法正在追来:“看你这捣蛋孙子还敢不敢再拿我的宝贝”……

这个笑话一点也不夸张。现在,长寿村越来越多,长寿乡一个接着一个,长寿县也不断涌现。现在,四世同堂甚至五世同堂的大家庭越来越多。70 多岁老人拖着 90 多的母亲外出旅游的报道也不鲜见。和短命时代不同,长寿现在到了这种地步,90 多岁的人像过去 70 多岁的,70 多岁的人像过去 50 多岁的,即便是面部容易衰老的女性看上去比过去同龄人也年轻许多。给人的感觉是,社会整体在老龄化甚至高龄化,但个体人似乎在年轻化,越长寿的人越是看上去和实际年龄不符，这是过去无法想象的，这也是我们这个时代的奇观。

我曾经请教过动物学家。他们认为，动物也有老年期，但在漫长进化过程中，它们的寿命基本上没有太大变化。虽然自古以来不乏动物成精长命不死的传说，但都没有实证发现。至于动物的老年期同样也没有出现显著拉长的现象。即便是宠物狗、宠物猫等备受呵护，它们的寿命也没有出现明显增加的情况。

人类的情况大不相同，无论是就业准备期还是老年期，两者同时都在不断延长。但是，老年期超过就业准备期，这是超老龄社会的标志。自从工业革命后实施正规教育制度以来，西方人的就业准备期一直在延长。过去中学毕业就可以就业了，再后来大学毕业之后才能就业，现在硕士毕业生平均就业年龄已经到了 25 岁左右。如果是博士毕业生就业准备期就更长了。中国的情况也是同样。同时，老年期伴随寿命延长也在不断拉长。预计到 2100 年，日本人口平均预期寿命将达到 93.9 岁，将成为世界上最长寿的国家。欧洲国家平均预期寿命也将达到 89.3 岁，发展中国家的差距正在快速缩减，到 2100 年，亚洲地区将达到 83.5 岁，非洲也将达到 78.4 岁，分别与欧洲相差了 6 岁和 10 岁左右。如果考察老年人口的平均余寿，老年期延长的情况就更加显著了。目前，日本 60 岁老年人口的平均余寿超过 25 年，已经与硕士毕业生年龄相当，预计到 2050 年将达到 30 年，日本是快速步入超老龄社会的标本。总体看，就业准备期已经基本稳定，但老年期还在不断延长，超过就业准备期的老年期既是所有人的期盼，更是未来科技能够支撑变现的。中国的情况十分类似。目前，中国 60 岁老年人口的平均余寿已经超过 19 年，预计到 2050 年将提高到 26 年以上，超过就业准备期的老年期指日可待，步入超老龄社会不可逆转。老年期超过就业准备期，这是和动物界显著区别的重要人类现象，也是人类追求幸福的一个必然逻辑。

能不能成为洪流中一分子

一次，我给 20 多岁年轻的 90 后老龄服务志愿者讲课。开讲我就问候到：“各位老年人，大家上午好！”结果没有一个人鼓掌回应，个别人还回头搜寻在场是否有老年人，而大多数人表情茫然，似乎觉得我这个讲课人是不是弄错对象了。接着我开始解释：“这个世界上的人可以分为两种，一种是老年人，另一种是非老年人。但归根结底，所有人都是老年人，除非他英年早逝。凡是不愿意英年早逝并渴望成为老年人的请鼓掌！”结果掌声雷动，而且人人脸上泛起会意和恍然大悟的微笑。的确，老年人只是一个时间概念，我们无非都是时间走廊上的排队者。不喜欢老年人这个词的年轻人，他们所有人未必都能如愿活到老年，这是一个残酷的事实。因此，每当我遇到老年人，无论他（她）的穿戴、性别、民族、国别、贫富、文化程度、行为方式等等，我脑海都会油然泛起对“生命”的感叹！的确，大多数人能否活到老年，从全人类概率看，这现在已经不是一个问题，十分确定。但从个体看，能否活到老年，这个问题仔细想来十分复杂。死是十分确定的，但什么时候死？老年之前死还是老年之后死？这是一个充满偶然性的问题。

本章标题为“人皆洪流中人”，说穿了，这基本上是一种美好的主观愿望。客观事实是，绝大多数人都能够活到老年，但由于遗传、疾病、车祸以及自然灾害等原因，还有一部分人不得不英年早逝。这是无法回避的。如果说我们平时掉队不要紧，那么，从未来 10 亿老人洪流中掉队，这是可怕的，也是可悲的。粗略预计，未来的掉队者大体有 5000 万上下。每每想到这一点，我都不寒而栗，从心底里期望掉队的人尽可能少些。至于有人“作（zuō）”死，这是属于咎由自取，无需同情，例如贪污犯、杀人犯等等。

无论如何，我们期望绝大多数人都能见证伟大的 2050 年！至于能否实现这个梦想，概率是确定的，但具体到个体人身上，除了造化，每个人的修为至关重要！

历经磨难的50后以前各代

一位我认识的养老院院长曾经抱怨说："现在的老年人都不愿意花钱！我的养老院开了 6 年多了，从来没有住满过！"这位院长的确一语道破现在老年人的消费偏好——他们不愿意花钱。但仔细分析，这中间大有文章。首先，他办的是个养老院，里面连个医疗站都没有，更不用提诊所和医院了，也没有和大医院建立战略合作关系。整个养老院只有一名退休医生，身体也不太好，不一定天天上班。另外只有两名退休护士换班。想想看，无论是老人还是子女，谁能放心地让老人住进来。现在和今后，办养老院如果没有完善的医疗康复护理功能，就像办婚礼没有新娘。过去民政部门办养老院的简单生活服务模式已经过时了，目前正在按照医养结合的思路进行改革。其次，现在的中高龄老年人基本上平均都有 4 个以上子女，他们换班可以解决很大问题。养老院的简单服务哪里比得上子女们的伺候贴心周到。后来，我建议这位院长改造升级，增加了医疗康复护理功能，很快，养老院就住满了，而且，盈利前景看好。目前，他正在筹建第二个养老院。

老实讲，说现在的老年人特别是中高龄老年人不爱花钱，这是一个偏见，也是一个谎言。看看非法保健品销售商的盆满钵满就知道了。实际上，这些老年人特别是中高龄老年人，他们及其子女是支撑整个中国健康产业的主力军。我们"正规军"的供给侧出了问题，按照自己的供给思维提供产品和服务，基本上背离了老年人的需求，反过来让那些非法乃至地下生产销售商占了上风。这是一个值得产业界认真反思的问题。

2016 年底，全国百岁老人已经突破 8 万人。这说明，在现有的老年群体中，除了这 8 万人之外，其余都是 1917 年之后出生的。其中，20 后和 30 后已经八九十岁，40 后也是 70 多岁的人了。这一批人出生在解放前，经历了军阀混战、抗日战争和解放战争，可谓历经磨难活下来了。这是他们的福气，更是中国的福根。他们是传扬中华民族文化的纽带和桥梁。但是，他们没有学上，日子也很艰难，省吃俭用是他们的群体特征。吃剩饭、买便宜、小病扛成大病是他们的生活方式。2015 年底，中国 66 岁以上老年人口，也就是 1949 年以前各代老年人，其总量大体约为 1.3 亿，约占当年老年总人口 2.22 亿的 59%。根据中国老龄科学研究中心的调查，在他们中间，34.64% 没有上过学，40.74% 只有小学文化程度。根据调查，他们 2014 年的平均年收入也只有 13805 元。庆幸的是，他们一般都有 4 个以上子女，他们的晚年是温馨而热闹的。这也是未来各代老年人所望尘莫及的。

需要强调的是，50 后以前各代老年人省吃俭用的群体特征，既是他们时代的写照，更是中华民族延续不衰的重要原因。现在的少数年轻人可谓“饕餮一代”，尤其是“官二代”“富二代”中的一部分人，连他们的父辈们也深恶痛绝，靠他们养老无异于与虎谋皮。如何限制他们传染更多年轻人，这是我们这个时代的疮疤式的难题。原因很简单，他们的父辈们正是问题的源头。自己省吃俭用，却放纵子孙享乐，其社会后果问题正在发酵。因此，如何面对老年期，如果把老人与子女关系考虑进来，这个问题就成为难断的复杂家务问题，更是复杂的社会问题。我们需要重新梳理，正确面对！

50 后的辉煌

一位 50 后知名教授刚刚退休，头发花白，但满脸红润，身体强健，精神如同壮年人。一次他在台下听学生大讲：“中国的老年人口众多是一个严峻的社会问题，他们看病难，收入低，养老难，这将是未来中国面临的一个重大挑战。”还没有听完，教授拍案而起：“谁说我是问题？”“我不用政府管！也不用子女管！更不用社会管！”“我活得好好的，还经常出去讲课，出席各种社会活动”“你要这样研究老年人问题，我们会气死的，病死的！那才真的是一个重大问题！”说完台下哄堂大笑，掌声雷动。

这就是 50 后！他们生在新中国，长在红旗下，有一种共和国人特有的气质，携带着“革命人永远年轻”的辉煌性格。目前的大部分 50 后已经迈入老年，还有一部分人也就是 1958－1959 年出生的人还在工作。在未来 10 亿老人洪流中，50 后老年人口总量大体不到 1.56 亿，到 2020 年全面实现小康时，他们绝大多数行将进入老年行列，年纪最大的也才 70 岁，是老年人口中的年轻人口。

50 后老年人口长期生活在计划经济体制下，又经历 30 多年改革开放，他们的文化程度大大提升，收入也显著改善，问题是一部分人赶上计划生育，城里的只有一个小孩，而农村的大多只有 2 个小孩。这是他们和父辈们的落差，也为他们在中高龄阶段的各种问题埋下伏笔。根据中国老龄科学研究中心调查，目前已经退休的 50 后老年人大专以上学历的占同期老年人的比重达到 2.76%，高中学历占 7.93%，初中占 24.66%，小学占 43.53%。文盲率 21.12%。平均年收入为 13959 元。这一批老年人仍然保持着父辈们省吃俭用的优良传统，但他们更加开明、开放和包容，正如那位教授的潜台词，50 后老年人身上的巨大能量亟待开发。

当然，到 2030 年及以后，中国人口将面临高龄化加快发展阶段。因为，50 后们将迈入 80 岁行列，40 后、30 后的数量将大幅缩减，而在此之前，人类历史上最大规模的老年人口增长浪潮已经席卷全国，60 后 70 后如滔天巨浪，惊涛拍岸，汹涌登场了！

60 后 70 后大潮汹涌

本世纪初，一位学者在某次论坛上朗声发表观点，他认为，中国的人口老龄化趋势是暂时的。他的理由是，60 后 70 后是史上一个国家生育最多的一波人口，一旦他们谢世，中国的人口老龄化就没有大的问题了。在场的 60 后 70 后鸦雀无声，似乎难以接受这个观点又无法否认，而在场的 80 后学生鼓掌表示认同。在他们看来，60 后 70 后是个大麻烦。今天看来，这个说法已经成为段子。我本人也是 60 后。如果 60 后 70 后谢世后就能解除中国人口老龄化的风险，我第一个报名早点谢世。问题是，人口规律不讲段子。如果大家都不愿意生孩子，同时渴望而且能够实现长寿，那么，人口老龄化就永远不会消失。从现在国际国内所有人口预测方案来看，整个人类的人口老龄化趋势不会因为任何一代人的谢世而发生逆转。这是人口发展的铁律。

不过，话说回来，中国 60 后 70 后的父辈们，也就是 40 后和 50 后，他们是人类历史中最能干的一代，他们是在三年自然灾害后补偿性生育孩子，又处在计划生育国策的前夜，国家要实行计划生育的呼声越来越高，40 后 50 后们人人不甘落后，造成震惊联合国的人口爆炸式增长。从 1960 年到 1979 年短短 19 年时间，出生并存活下来的 60 后 70 后目前的总量为 4.38 亿左右，总规模相当于美国和日本两个国家的总人口。对此，联合国曾经发出警报，提请中国政府加快实行计划生育政策。现在回想起来也着实可怕，那时一对夫妇平均生育 8.5 个小孩，婆婆和媳妇共同生孩子的繁忙景象，这在今天简直不可想象。幸亏实行计划生育，不然，中国的发展将会陷入人口膨胀的深渊。

大潮来时汹涌澎湃，大潮退去同样翻江倒海。60 后 70 后几乎就是整个人口史上罕见的钱江潮。60 后大体上在 2020 年以后浩浩荡荡迈入老年，加上 70 后的推波助澜，2029 年底，等到所有 70 后迈入老年行列，他们将共同推动中国人口发展进入负增长阶段，中国人口总量开始历史性缩减。现在，人类对人口负增长已经有一些经历和经验，例如日本。但人类对于中国体量如此巨大的人口负增长根本没有经验可循，可谓空前，但不会绝后，因为若干年后印度将会经历中国的人口发展轨迹。2030 年前后，注定是中国历史上不寻常的时期。即使老年人口的标准从目前的 60 岁提高到 65 岁甚至更高，加上假定人们比目前更愿意生孩子，所有这些都无法改变中国总人口负增长的态势。对此，我们全社会都要有所准备。

从现在到 2030 年期间，正在和将要出现许多新的重大社会现象。2016 年底，中国 0－14 岁少儿人口数量为 23008 万人，60 岁以上老年人口为 23086 万，老年人口超过少儿人口已经成为客观事实。2016 年将成为重要年份，是标志中国老年人口超过少儿人口的历史性拐点。这是中国历史上前所未有的重大趋势。过去，我们的祖先们看到的是小孩成群、老人寥寥无几；今后，人口格局将历史性延续老人多小孩少态势并深化发展。如果祖先们复活的话，不知道他们会如何评价这种变化，但这种格局转换将深刻改变世道，社会翻转性的演变将等待我们这几代人去应对。同时，由于60后70后的先后退出就业行列，中国老年人口总量在2029年前后达到3.6亿左右。此外，还将迎来第一次高龄化浪潮，因为，曾经激情澎湃的50后们即将迈入80岁行列。

60后70后是“文革”到改革开放前后成长起来的两代人。60后年龄最大的现在已经58岁了，70后最小的现在已经是39岁为人父母的人了。这一批人最显著的特征是成长环境恶劣，经济拮据，大多数人还饿过肚子，知道生活的艰辛。政治上接受过计划经济时代的教育，有些人至今仍然对毛主席、周总理等领导人满怀崇敬，而00后们几乎对这些领导人印象模糊。60后70后们懂事的时候刚刚遇上改革开放，他们中许多优秀分子进了大学象牙之塔，赶上思想解放的80年代，他们是今天主流社会的底蕴，也是传承传统文化的中坚分子，而大多数人也在不同领域开疆拓土，成为改革开放成果的创造者。他们珍惜得到的一切，但也犯了巨大的“错误”，这就是计划生育和苦难记忆相叠加背景下，油然而生的对独生子女的过分殷切以至史无前例的溺爱，这也是80后和90后们遭受诟病的总根子。无疑，这样做是可以理解的，但他们中的许多人已经后悔不迭。无奈，80后90后的数量大大减少，难怪60后70后对他们疼爱有加。现在，80后90后已经成为职场的主角了，该他们登场了。

80后90后的遭遇

总体看，80后90后许多是独生子女，独一代是他们的社会标签，他们已经成为新一轮改革开放的主力军，年富力强，不服60后70后，听不惯他们唠叨生活的艰辛。从1980年到1999年出生并存活下来的80后90后总量大体上是4.1亿，2040年以后，他们分别开始步入老年。届时，他们首先遇到60后70后队列分别迈入80岁以上高龄阶段，见证人类历史上空前的高龄化浪潮。同时，许多人还将真正体验传说中“421”家庭结构带来的诸多困难。值得强调的是，2040年前后可能是中国人口老龄化挑战最严峻的时期，大潮的洪峰也就是 60后70后进入高龄阶段，而承载这一洪峰的80后90后们也即将步入老年。有人曾经认为，就人口老龄化来说，80后90后可能是压力最大的一代，他们的生活可能比不上他们父辈们那么轻松，甚至面临生活境遇变差的风险。这一说法虽然有些偏激而悲观，但从侧面说明80后90后们的晚景让人担忧，这也是目前60后70后们不开心的一个重要原因，他们无法接受自己的子女成为生活变得更差的一分子。

00后们的晚景

“二孩”政策出台不久，我曾经和一位11岁少年（2005年出生，2016年“二孩”政策出台）聊天，问到愿不愿爸妈再要一个弟弟或者妹妹，没想到他回答说：“我担心将来我媳妇不同意”。这个答案简直让我瞠目结舌。显然，他是真的遇到了实际问题，也和自己的小朋友交流过看法才如此回答。询问半天他回答说，这是大他2岁的伙伴（2003年出生）说的。00后的思维真的是我这个60后难以理解的。他们信息量大，懂得过多，有些早熟，还不太容易面对面沟通。

我还曾经经历一个2000年出生的9岁小女孩给我的震撼。2009年的一天，她家里来了一男一女两个同样年龄的小伙伴，不长时间，来访的两个异性小朋友玩得起劲，而那个小女生独自捧着手机玩游戏玩得十分开心。我担心她玩手机游戏弄坏眼睛，就悄悄开玩笑对她说：“你再不过去和那个小男生玩，他就是别人的男朋友了。”没想到，她看也没看我，不假思索地盯着手机悄悄对我说：“我现在忙，一会我只要一出手，他就是我的！”我只有瞠目，舌头也僵硬了。看着这个00后，我感到自己似乎“老”了，甚至有些“落伍”。

从2000年到2015年底，全国存活下来的00后和出生的部分10后总共2.52亿，加上未来要出生的，总量上可能要少于80后90后4.1亿的总量，更少于60后70后4.38亿的总量。2053年中国人口老龄化高峰前后，他们开始进入53岁，2060年之后分别迈入老年。他们是承载中国人口老龄化高峰的主力之一（2020年之后出生的人将是主力军，但现在他们还没有来到这个世上）。仔细想象，他们的境遇将会若何，我们还很难清晰预见。不过，作为爷爷奶奶们的60后70后和作为父母们的80后90后，一想到这一点就感到无限担忧。有时候，我也常常感到，我们中华民族是一个为子孙操心的民族，而且大多是悲情主义者，常常以担心忧愁的情结和子孙共处人生。我们自古还有一句名言，即“儿孙自有儿孙福”，但真正能够践行的人少得可怜，绝大多数人还是怀抱着对子孙的忧心忡忡终其一生，甚至进入天堂还放心不下者也大有人在。这是他们一辈子勤勤恳恳的终极理由，也是中华文化的一个显著特色。

无人能够逃避

在公元第三个千年的头二十年末，我们将实现祖先们憧憬的全面小康社会。其中，60后以前各代老年人将普遍享有前辈们无法企及的人类进步成果，他们的老年期繁荣昌盛。未来60后以后各代能否与他们比肩，这取决于我们的信心、信念，更取决于我们如何从行动上应对未来滚滚老人潮流。其中，老年期的战略准备意识和思维、全生命周期的理念和视野是一切有效行动的前提。

在一次培训课上，我向在场的90后提问他们2053年多大年龄。一位漂亮女生小声说：“天哪！我就62岁啦！”邻座一位40多岁风韵犹存的女性撇了一下嘴，好像是说：“小蹄子，你以为你会永远年轻漂亮？”女性本能的嫉妒写满脸庞。实际上，嫉妒青春是动物本能。在长寿时代，我们应当嫉妒别人活得健康长寿，这是人的高级心理反应。但是，现在会有多少人嫉妒健康长寿老人呢？恐怕只有那些六七十岁疾病缠身的老人了。只要是年轻人甚至壮年人，真正考虑自己老年期的能有几人？

我们大多数人主要看重眼前，活在当下，按照终生战略安排自己的人生目前还只是个概念，至于全生命周期的理念现在也才刚刚提出，我们整个社会并没有教会全体民众特别是年轻民众践行终生战略。我们已经进入长寿时代，但我们的头脑仍然处在短寿时代，我们的行动仍然处在年轻社会！面对老龄社会深度发展过程中的10亿滚滚老人潮，我们大多数人有共赴潮流的意愿，但缺乏相应的理念和行动。如果听之任之，要么，我们将从潮流中掉队；要么，共赴危机。

面对潮流，我们要想袖手旁观恐怕已经不可能了！

参考文献

1. 潘纪一，朱国宏. 世界人口通论[M]. 北京：中国人口出版社，1991.

2. 侯文若. 各国人口政策比较[M]. 北京：中国人口出版社，1991.

3. 全国老龄工作委员会办公室，中国老龄协会. 第二次老龄问题世界大会暨亚太地区后续行动会议文件选编[C]. 北京：华龄出版社，2003.

4. 国家统计局. 中国2010年人口普查资料（上中下）[R]. 北京：中国统计出版社，2012.

5. [英]乔治·马格纳斯. 人口老龄化时代[M]. 余方译. 北京：经济科学出版社，2012.

6. 邬沧萍. 积极应对人口老龄化理论诠释[J]. 老龄科学研究，2013,(1).

7. 李志宏. 人口老龄化问题的本质和特征分析[J]. 老龄科学研究，2013, (2).

8. 全国老龄工作委员会办公室. 国家应对人口老龄化战略研究总报告[R]. 北京：华龄出版社，2015.

9. 党俊武. 老龄社会的革命[M]. 北京：人民出版社，2015.

10. 杨晓琦. 人口老龄化对经济结构调整的影响[J]. 老龄科学研究，2014, (5).

11. United Nations. *World Population Ageing 1950-2050*[R]. New York, 2002.

12. United Nations. *World Population Prospects: The 2017 Revision*[R]. New York, 2017.

第二章　谁能健康终身而退

“上工治未病，中工治欲病，下工治已病。”

——《黄帝内经》

健康是人生更是老年期的七寸

不是所有人都企盼人人身体健康。例如，保健品骗子最担心人人身体健康，这样他们就没有市场了。

仔细思量，这些年来，骗子们似乎更加“关注”国民健康问题，更加“关爱”中老年人群。保健品市场、药品市场、食品市场中，这些骗子打掉一波，又兴起一波，屡打不绝。现在，国家真的要重视国民健康问题了，还要加快发展大健康产业。在政府各种利好消息之外，我们也隐约可以闻到许多骗子的气味，而且还可能愈来愈浓。

的确，地下经济是最有“效率”的，不用缴税，成本低下，利润丰厚，引无数骗子竞折腰。这些年来，许多年轻子女常常遇到一个烦恼，就是说服爸妈不要上当受骗，尤其是不要上保健品厂商的当。有些老年人也的确难以撼动，上当成瘾。说起来似乎颇难理解。其实，总原因只有一个，无论老年人、骗子、子女以及其他任何人，大家都知道，健康是人生的七寸，更是老年人的七寸。击中了七寸，蛇必然擒获；抓住了健康，老年人必然拿下。这就是骗子的江湖大道。其实，这样的七寸还有很多，例如追求时尚的妇女美容用品、殷切长辈想要的儿童用品、时髦男女的减肥用品、瘾君子的烟酒用品、吃货喜爱的餐饮菜品等等都有骗子的身手，而且同样屡打不尽，春风吹又生。连骗子们自己都觉得这样的“春风”似乎没有完结，可以终生“奉献”!

没有健康就没有一切。因为健康是人生立命的前提。我们中国传统文化中的“五福”讲的也是这个道理。《尚书》记载的五福是：一曰寿，二曰富，三曰康宁，四曰攸好德，五曰考终命。排在第一位的是健康的身体和寿命。没有这一条，后面四福就“一票否决”了。即便富贵，那也只能是孔子所说的“浮云”。这个道理不用多说深论。问题的真正症结在于，保健品骗子不担心“市场”问题！他们只担心监管部门的管理松紧。

对于老年人来说，实现健康主要是意识、观念、素养和方法问题。现在最重要的是关口前移、提前准备，也就是如何让年轻人口更加关注健康。否则，等他们汇入 10 亿老人洪流，就只有骗子们高兴了。

但是，说服年轻人关注健康也是一件很难做到的事情。仔细思量，也的确有许多问题需要解决。健康问题不仅是知易行难的问题，这里面还有一个更深层次的哲学问题，例如，人生一世想要善终，就必须在年轻时保持健康的生活方式，合理膳食、戒烟限酒、规律生活等等，但一旦按部就班，生活的乏味和无聊就会涌上心头，那些激情澎湃、汪洋恣意、天马行空等人生绚烂就会荡然无存。那么，人生究竟应当如何安排？是要平常规律的人生还是要波澜壮阔的人生？说得再实际一点，如果不透支健康加班赚钱，房子和车子从哪里来？

不过，矛盾归矛盾，问题归问题，但道理是最硬的，规律是最具刚性的。我们作为人是大自然之子，违背身体的自然规律，就只有死路一条。我们很多人喜欢听段子。但实际上，也有不少人在生活中制造真段子。报纸、网络、手机上类似“年轻时毁身体拼命挣钱，老年时保身体救命花钱”的新闻比比皆是。如果只是少数人如此透支生命，那仅仅只不过是一小撮社会麻烦。但如果是人人年轻时透支身体，其结果则只能是给骗子们积攒商机。别忘了，未来的 10 亿老人洪流“商机”无限！

谁在制造不良“健康养生大师”

衰老是不可抗拒的，但疾病大多可以预防。否则，无疾而终便很难理解了。不过，疾病是积累起来的灾难，老年病更仿佛是对年轻时“胡作非为”的报复和惩罚。但疾病的确远比我们想象的更加复杂。

在一次座谈会上，一位领导问到：“你们中国老龄科学研究中心调查老年人的结果出来了吗？我主要关心老年人健康方面的情况。”我回答说：“从调查结果看，情况很不乐观。2015 年，全国 2.2 亿老年人口中患有一种疾病以上的占到 31.6%，在 80 岁以上高龄老年人口中，患有五种疾病以上的占到 4.91%。这些数据都是从老年人的实际生活中调查得出的。”这位领导十分感慨：“为什么中国的老年人那么多人有病？得好几种疾病的老年人怎么那么多？一定要让全社会特别是年轻人知道这个结果。”

的确，年轻时不注意，老来身体“复仇”的情况让人触目惊心，但实际情况远非如此简单。仔细想一想，现在的老年人大体上是 1958 年以前出生的人，除 50 后年轻且大多身体健康外，主体是 40 后和 30 后。这两代人出生时生活困难，解放后有过一段好日子，但“文革”期间，他们的营养等不一定都能跟得上，很多人甚至饿过肚子。到了 80 年代日子大为好转，那时，他们大多是四五十岁的人了。到世纪之交时，他们大体上也都是六七十岁的人了，现在他们基本上是八九十岁左右。这批人的确年轻时苦难重重，但晚福不浅，充分享受到了改革开放的成果，是中国历史上最有福分的一批老年人。但也因此成为解放后第一批大规模疾病人群。从总量上看，从 1930 年到 1949 年出生目前（2015 年）仍然存活的人的规模大体上是 1.17 亿，其中，患有一种疾病以上的 3498 万人，患有五种疾病以上的 562 万人。

这么多老人有病，如果加上亚健康老年人群，规模会更大。身体亚健康就要想办法，得了病就得求医问药，大医院看病难而且贵，巨大的需求如同无人看守的领地。于是“信息茶治百病”的沈昌，用芒硝熬汤专治不治之症的胡万林，“京城最贵中医”张悟本，用“素食排毒餐”治癌的林光常，开办辟谷养生班的重庆“神仙”道长李一，用牛蹄筋治癌的刘弘章……各色人物纷纷登场，而且大都赚得盘满钵满。没准此时此刻，老人们还在“享用”他们的所谓健康养生长寿产品。有分析认为，这种现象之所以存在，主要是由于需求巨大，加上巧力炒作，不良媒体人推波助澜……这些分析不无道理，但认真思量，问题可能没有如此简单！

总病根在哪里

前面我们讨论过，现在患病老人的主体是40后和30后们。那么，为什么他们这两拨人中“药罐子”比较多？这不能仅用简单的医学理论来解释，而要从大医学或者社会医学、公共医学的角度来分析。

老实说，这批人年轻时也就是改革开放前，大多数生活拮据，属于物质匮乏的一代，基本上在成年时已经养成一个“吃草”的肠胃，青年壮年时也难得吃上好的，但到了中老年时特别是中高龄老年阶段，遇上改革开放，大鱼大肉、飞禽海鲜、国产洋货、滋补上品，一应俱全。再加上生产生活方式的转变特别是交通方式等的转变，劳动量、运动量锐减，很多人变得越来越“懒”。如果冷静下来认真反思，“吃草”的肠胃底子哪里消受得起这些超高营养的饕餮之食。肠胃弱的人吃得好、动得少，如果不得病，那才是真正的怪事！这恐怕才是目前大多数老年人历史性积病的总根子。写到这里，我想起在养老院和一位大爷聊天，他是个重度便秘患者。他苦笑着跟我说：“年轻的时候日子穷，痛苦的是吃不到嘴里；现在老了也有钱了，痛苦的是拉不出来。”听上去十分好笑，但他不经意间道出了当前30后40后老人的历史和现状。

那么，你是不是会问：“日子好了，当然要吃好的，难道接着‘吃草’？那样的话，改革开放就没有意义了！我们还要发展干什么？”

这个问题问得好，也很尖锐。回答不好甚至还会涉及政治问题。从日常生活来思考，这个问题似乎也不乏道理。不过，医学和健康规律不会和我们一起感情用事。

改革开放当然不可能错，经济发展特别是物质充裕和生活改善也没有错，问题不是出在这里，而是另有缘由。

回想历史，改革开放初期，全国人民从“文革”中觉醒，一首流行歌“跟着感觉走”红遍大江南北。人们认为，人生最重要的不是身体而是富裕。“时间就是生命，效率就是金钱”的口号响彻海内。在那种全民积极向上、大干社会主义现代化的氛围中，社会公共话语很少涉及大众健康问题。公司加班加点、企业快马加鞭、农村挑灯夜战，人们好似不知疲倦，向着富裕突飞猛进。那么，穷日子过怕了，人们光想着富裕，至于富裕之后如何处理富裕，人们却并没有经验，对富裕之后的富贵病更是浑然不觉。

其实，道理十分简单，这个时候最需要的就是，提醒全体人民要注意生产生活方式转变的同时，也要转变健康观念，就是现在我们人人都知晓的健康知识，但这个转变来得晚了。回想大众健康宣传历程，洪昭光可谓是改革开放之后第一个健康教育大师，但他也只是 2002 年才开始火起来的，如果他提前 15 年也就是 1987 年火起来的话，情况可能就不会是目前这个样子。当然，更重要的是，如果 15 年前洪大师就出来向人们预警健康问题，恐怕也不会受欢迎。这不能怪罪洪大师。这是我们共同的历史教训，也是我们快速发展的代价。洪大师有很多名言，诸如：

“一个中心”：以健康为中心；

“两个基本点”：糊涂一点，潇洒一点；

“四大基石”：合理膳食，适量运动，戒烟限酒，心理平衡；

“四个最好”：最好的医生是自己，最好的药物是时间，最好的心情是宁静，最好的运动是步行；

……

洪大师还有一句话："病越来越多，绝不是由于物质文明丰富了，收入多了钱多了，而是由于卫生保健知识没跟上。"但是，人到老年，要补上这些知识就十分困难了，我们的社会不能再犯同样的大错误了。如果继续跟不上，10亿老人洪流将会演变成为健康盲流，骗子们就有大事可做了！

今天的亚健康群体可能就是明天的患者大军

史上有一个发人深省的段子。也许确有其事，也许是史上内涵段子高手杜撰的。魏文王问扁鹊："你们家弟兄三个谁的医术最高？谁的影响最大？"扁鹊答曰："大哥的医术最高明，他治的是未病，在我们家地位最高；二哥治初病，在我们家乡一带影响很大；我主要治已病，在全国的影响最大。"这个段子无非是提请人们关注预防，也就是今天讲的健康管理。如果这个段子确系史实，那么，我们就只有扼腕感叹了。为何？我们现在似乎还和魏文王时代差不多，全社会都高度关注治已病。连医改提的目标都是看病难、看病贵，重点还是在"已病"上。

我自己曾经遇到过一次伤及个人和民族颜面的经历。在一次国际会议茶歇期间，一位中文底子不薄的外籍专家和我聊天："健康管理才是关键。党先生，您认为发达国家和发展中国家有什么区别？"不容我回应，这位专家接着侃侃而谈："在健康领域，我认为，发达国家主要是重视健康管理，发展中国家主要是疾病管理，这就是发达与落后的区别。您怎么看？"我不得不承认他说得有道理。他接着发问："其实，我们发达国家的健康管理也是跟你们中国学的，你们的祖先早就有'治未病'的理念。那么，为什么中国流传了几千年的'治未病'，到现在还是疾病管理？我很不理解？"这句话问得我哑口无言，个人尴尬不说，民族颜面尽失。

面子可以不管，但我担心的还是10亿老人洪流被疾病管理理念错引下未来中国的医疗卫生灾难！

亚健康是现代社会病，席卷全球，影响深远。一份报告显示，世界卫生组织经过调查发现，目前，全球健康人口仅占总人口的5%，被确诊患有各种疾病的人口占总人口的20%，处于健康与疾病之间的亚健康状态的人口约占总人口的75%。这些数据初看起来难以置信。中国的相关调查也显示，中国符合世界卫生组织关于健康定义的人口只占总人口数的15%，与此同时，有15%的人口处在疾病状态中，其余70%的人口处在“亚健康”状态。这个数据也有不少网友质疑，指称这些数据的终极目的是为了推销保健品，显然属于“阴谋论”。

近年来，中国国内对亚健康的研究成果越来越多。虽然研究定义和方法不同，但有四个共识：一是亚健康检出率大多较高，大多在50%~80%之间；二是亚健康检出率的年龄、职业差异较大，白领、教师、公务员、科研人员、商业人士属于高发人群；三是女性亚健康的检出率高于男性；四是35-55岁年龄段人口亚健康水平明显高于其他年龄段人口。

无论如何，即使这些数据没有想象的那样精准，但大体是符合我们的日常生活经验的。机关、企业里年度体检结果出来的“好人”越来越少。媒体报道的亚健康严峻形势可以说是铺天盖地。不仅大人亚健康状态形势严峻，连小孩子都在警告大人：“宝宝跟你们都亚健康了还逼！”老年人的亚健康状态就更毋庸讳言了。真的不敢往前看，如此巨量的亚健康群体若干年后进入老年期，情况十分令人担忧！

如果回到现实，实际的国民健康状况的确令人触目惊心。

2016年底，中国20－59岁人口的总规模大约是8.49亿。其中，亚健康人口按70%计算，共有5.94亿。如果不采取重大措施，他们进入老年期带来的压力十分严峻。

如果分开来看当前老年人的健康疾病状况，问题就更加凸显，加强中青年人亚健康干预的必要性更加充分。根据中国疾控中心的调查，2010年，中国老年人口的超重率为32.3%，肥胖率为12.5%，远远高于发达国家；高血压患病率为 66.9%，糖尿病患病率 19.6%。另据权威部门统计，目前，中国老年痴呆患者超过 1000 万……

在雾霾深重的一天，一位记者和我电话沟通业务，她说："我们现在都是在宅环境难民。"此言可谓一语中的。现在雾霾的影响面巨大，随着时间的推移，吸霾者中的年轻人口迈入老年期，加上已经是老年人的吸霾者，会不会形成未来 10 亿老人洪流中的规模性生态疾病？这是我们今天就必须开始高度警惕并需要采取强力措施进行预防的。

抓住大多数，这是我们中国传统政治理念的重要精髓。在泱泱大国的中国如何在健康问题上治国理政，同样要抓住大多数。研究表明，亚健康状态多种多样，几乎每种疾病都可能有与之相近的亚健康表现。这个道理十分简单，也容易理解。因此，落实大健康战略不能仅仅盯住 15％的疾病人群，而应当从疾病管理转变到健康管理上来，维护好 15％的健康人口，做好 15％的疾病人口的医疗工作，同时，紧紧抓住 70%的亚健康人口做好"治未病"的健康管理工作，实现最大限度降低全人口的疾病发生率。

否则，今天泱泱众多的亚健康人口就是明天 10 亿疾病老人洪流的主体！

我们的眼睛老来是个大麻烦

现在，无论何时何处，我们很多人都关心一个问题，这就是先要搞清楚，所到之处有没有 WiFi，甚至有些即将住院的老人也先打听医院里能否免费上网。无论做什么生意的，只要是实体运营商，都想办法让顾客能够方便上网。甚至移动空间除飞机外，公交、地铁等都可以免费上网。实在没有免费 WiFi，网络运营商也可以兜底。只要你愿意花钱，我就有办法让你上网。大家皆大欢喜。但我们都忘记了一个事实：这就是我们的眼睛谁管。一位学者曾经说：上网需要不断膨胀，有两种人暗暗高兴，一种是网络公司的老总，另一种人是眼科大夫。就像当年马克思批评生产玻璃的资本家天天盼着下冰雹打碎所有玻璃一样，这位学者说：眼科大夫天天盼着网络公司挣钱，这样人人眼睛就会出问题，患者就会源源不断。这种批评虽然过激，但也不乏片面真理。

的确，当我们紧盯着手机屏埋头搜索阅读的时候，我们就把眼睛交给了死神。这种慢性自瞎正在戕害低头族。我们注定可能要在后半生不断和眼科医生打交道，甚至还有许多人将以自虐性的盲人状态度过余生，瞎着眼睛见死神的境况着实让人不寒而栗。这绝非耸人听闻！

我们担心的是：在未来 10 亿老人洪流中，将有许多重度眼科患者等待眼科医生诊治，还有许多人老来伴随视盲，生活不能完全自理，须臾离不开他人的照料护理服务。这是所有将成为老年人的人的一个生命痛点，也是我们中国传统文化中最为重视的人生最后一个后顾之忧——需要有人伺候左右。

人的所有生命器官都是重要而珍贵的，不能用哪个重要哪个次要来判断。但是，眼睛这一器官十分特殊，一旦丧失视力，人的生活生命质量就会失去一个基本前提，这就是独立生活。天生盲人是人生的不幸，我们只能慈悲为怀，为他们提供完善的服务。不过，对于自虐型视力丧失者来说，我们应当如何对待？这是我们当代人面临的一个严峻而紧迫的社会问题。

现在，电子化阅读已经成为当代社会病。对“低头族”的斥责几乎一边倒，点赞者寥寥，而且，许多人是一边骂一边埋头“作业”。在人民出版社读书会组织的签名活动中，我郑重写下下面的话：

“电子化阅读面临看瞎眼睛、看乱思想、看空灵魂三大风险。”

2016 年底，全国手机网民规模接近 7 亿。这些人大多是 20 岁以上人口，正好也是未来 10 亿洪流的主体。这些人几乎人人是“手机控”，除了看屏幕还是看屏幕，许多人很少真正阅读经典作品，活像在信息垃圾海洋中淘宝的“破烂大王”，系统化思维丧失殆尽，灵魂被掏得空空如也。这些都还在其次，更重要的是，他们不断埋怨自己视力下降，好玩的东西太多，连不少老人甚至高龄老人玩起手机来也毫不怜惜自己的眼睛。在各种游戏充斥手机屏幕之后，在 QQ、微博火爆之后，近年流行起来的微信以及各种直播 APP 又风靡海内，眼睛实在歇不下来。还有最时髦的 VR 以及发不完的红包。至于各种商业 APP 诸如京东、淘宝等更是令人目不暇接。几乎人人都在赞美互联网、信息化甚至感恩我们躬逢便捷信息生活的新时代。我们似乎已经离不开手机和互联网了。有人甚至打趣说："可以离婚，但不能离手机！"

手机、互联网、信息化、智能化是一场生命工具的革命，影响深远而广泛。它们既方便了人类，又毒害了人类。工具成了主人，控制者被控制。有些家长管不了孩子玩手机导致学业荒废，于是开始抱怨手机是"魔鬼"，但孩子出走时又迫切希望孩子能接电话。淘宝网让家里没有用处的家什又增添许多。色情游戏和暴力信息让教师、家长和校长平添许多忧愁和烦恼，至于诈骗信息更是让主管部门业务量剧增。但是，最大的危害人们体验到了，这就是手机给我们眼睛造成的伤害。不过，手机已经"控制"了我们，我们绝大多数人已经成了"瘾君子"，这就好比人们明知吸烟危害健康，理念上可以虚心接受，但行动上难以自持。再说，手机如何能"戒"？

瞧，人造出来的东西害人。这是一个典型的悖论，也是当代科技异化人类的一个典型案例。

当年吃草的肠胃遇上大鱼大肉时代需要警示而没有人出来警示，结果造成一代老人疾病缠身。现在人人陶醉于瞎眼手机，的确需要响鼓重锤，高调警示。任何科技都是中性的，没有好坏善恶之分。能够为善为恶的只有人自身。手机就像美女帅哥，如果沉迷其中，就是"刮骨钢刀"，此乃古训！还有一个更大的问题是，许多成年人在手机问题上同样难以自持，全然不顾对下一代的"身教"，一旦养成习惯，那些 20 岁以下的手机使用大军在本世纪下半叶将有可能弱视或者盲着进入老年。

如何在手机、互联网、信息化和智能化时代保护好我们的眼睛，这是我们面临的一个紧迫的社会问题，解决不好后果十分严峻。我想，把握好一个基本点，就可以做到：

是我们在玩手机，而不能让手机把我们给玩了！当然，有人坚定地要给中国乃至人类的眼科医疗事业做贡献，我们也拦不住！

现在的医院搞不定老年病

一位老干部局局长曾经坦言："有三个地方最能让人反思人生：殡仪馆、医院和老干部局。殡仪馆是和死神交集的地方，容易让生者重新思考下一步怎么活；医院特别是重症监护室也是离死神比较近的地方，迫使人反省怎么活才有意义；我们老干部局嘛，说实话，虽然人还都是活人，但他们离死神的距离比年轻人近多了。而且，老了以后的生活怎么样，老干部们也是年轻人未来生活的一种标本和预演。所以，我做这个工作直接来说对老人们很重要，对年轻人的作用虽然间接，但绝不是没有意义的。"听完他的话，我才知道，我们的老干部局局长们不乏立意高远之士。

说实话，和老年人打交道的单位的核心业务内容之一，主要是和医疗机构、医生、护士、药店乃至殡仪馆等打交道。但是，说老实话，我们今天的整个医疗卫生体系根本没有办法承载未来的 10 亿老人洪流！

在一次全国性医养结合高峰论坛上，一位专家宣称："我们现在的医院根本解决不了老年病问题。原因不是我们的医疗技术问题，而是医院的分科体系问题。"严格说来，这个观点虽然有些过激，但基本上是靠谱的。

前面我们已经谈过，现在的老年人特别是高龄老年人大都是多种疾病缠身，而且比例还有不断上升的趋势。面对一身多病，许多老年人及其子女的最大难题是，究竟应当去医院的哪个科室去就诊？ 既患有高血压、糖尿病，还有冠心病，肾脏也不好，前列腺增生严重，遇冷时老慢支还不断发作。这种情况现在越来越普遍。理论上老年病的概念就是指这种情况。可惜，目前，全社会对老年病的认识和应对还远远滞后于客观需要，造成老年人及其子女面临巨大选择性难题。

老年病的最大特点不仅是患病种类多，而且多种疾病症状互相重迭，互相掩盖，症状不典型，转变速度快，并发症也多，往往容易造成误诊误治，甚至有可能在短时间内危及生命。针对老年病，最理想的治疗方案就是对多种疾病进行综合管理和指导，同步诊断，协同治疗。这既是目前打造老年病医院以及一些医院开设老年病科的初衷，也是未来应对人口老龄化特别是人口高龄化的战略性举措。

但是，回过头来，看看我们的各级各类医院，除了少数老年病医院外，都是按照科室设置。不要说患有多种疾病的老人及其子女，即使是成年人到医院看病，找对科室也得先琢磨一番，甚至要跑冤枉路，重新挂号，除非老病号或者男科、妇科这些容易识别的科室。大多数医院只在各科室设有分诊台，在挂号大厅则没有公共咨询台，关于什么病看什么科室的导医问题还得不到解决。不过，话说回来，面对多种疾病的老年患者，导医也十分为难。我曾经在某著名医院挂号厅问这个问题，导医为难了半天说，老人家哪里最不舒服。听后我只能黯然。这种体系性问题岂是一个导医能搞定的？

但这还仅仅是问题的表面，也就是各医院挂号室里的问题，而不是医院背后的大构架也就是分科治疗的框架设计问题。现在看来，后者已经不能适应人口老龄化的紧迫需要。

我们的医疗卫生服务体系是严格按照年轻社会的理念设计的，这种医疗卫生服务供给模式已经难以适应迈入老龄社会的现实需要。我们主要拿医院作为典型案例。现在一个不争的事实是，各级各类医院基本上越来越象老年活动中心了，到了冬天更是如此。目前，中国老年患者一般占全国医疗门诊服务的 45%，由此可以得知，2016 年全年总诊疗的 78 亿人次中，60 岁以上老年人口多达 35 亿多人次，但我们的医院从建筑设计到科室分科设置，从挂号窗口到医生诊室，从检查机构到收费取药，从住院安排到膳食供应，从出院手续到后续跟踪及整个就医流程等等都有一个巨大的假定：老年人自己单独可以搞定一切。实际情况则是，如果没有两个子女帮忙，老年人简直无法看病。排队长龙等待、窗口之间转换、楼上楼下折腾，一上午下来病情在诊断中明显加剧。我亲自看到一位老奶奶在医院角落哭泣。问明原因，才知道她没人陪伴就医，腿脚不便，排队刚轮到做检查了，她又内急，上完厕所没人承认她排队，好不容易快看完病，钱又没带够，一个人孤零零在角落哭泣，抱怨老头子把自己单独留在世上。看着身子单薄的她在寒风中涕泗横流，多年来少有的悲催感袭上心来，我差点嚎啕。对少数困难老人来说，我们看病的医院简直活像折腾院。现在的护工等是为了弥补这个缺陷，但如果大厦有问题，修修窗户有何用？另外，还有叮在医院身上的医托、挂号黄牛等就不用多说了。这些还都是次要问题！

我要说的现行医院最大的问题是它们搞不定老年病！按科室设计的医院设置框架，患有多种疾病的老年人无所适从。即便是全国最好的顶级三甲医院也搞不定老年病！有人可能会怀疑：中国医院的水平难道连老年病都搞不定了？答案是两个：一个是可以搞定，但那是指从医疗技术上可以做到，否则就是对顶级医疗专家的侮辱；另一个是搞不定，因为全国患多种疾病老年人的规模太大，如果按照现行医院各科室合作来诊治，哪个医院也做不到。在现行医院中，缺乏这种机制和资源来调动各科室共同诊治老年病。因此，我要说的问题并不是改良现有医疗卫生体系，而是如何针对人口老龄化特别是高龄化对现行医疗卫生体系进行结构性改革的问题。

老年病急剧增长需要的是老年病医院。设置老年病医院的根本就是要对多种疾病的老年患者进行综合诊断，针对个体老年病患者的具体情况做出完整的评估，制定一套个性化的综合治疗方案，并对老年患者从初步治疗、中期照护乃至长期照护、用药帮助、生活方式以及亲属培训等进行综合管理与指导。老年病医院的最大特点是针对多种疾病老年患者提供一站式、管家式全方位诊疗服务。也就是说，按照老年病医院重新改变我们的医院，即便是普通老年人也可以享受高干式的保健医疗服务。只有这样才能从根本上解决上述一系列折腾性问题，真正实现患者疾病治疗与康复的目的。

因此，出路是清晰的：这就是现行医疗卫生体系要从根本上作出战略性调整，以便适应老龄社会的要求。否则，年轻社会建构起来的医疗卫生服务体系将无法支撑 50 后、60 后等汇成的巨流，等他们年事已高特别是迈入高龄阶段，就可能有更多人遭遇前述医院角落老太太的境遇。当然，我并不是说要把所有医院全部改造成老年病医院。结构性改革和战略性调整不是这个意思。不过，这是另一个问题。

卧床度过余生者越来越多

人类失能风险是我的重要研究课题，也是我博士论文的主题。为此，我经常考察老龄服务机构，重点是研究接受失能老年人的照料护理机构。看到卧床老人在病榻上吃饭、入厕、吃药、打针，感慨良多，他们将在床上度过余生，有些人一躺就是几年甚至十几年。我一直在思考一个问题：在未来 10 亿老年人洪流中，究竟能有多少人有幸无疾而终？想到未来还有更多的卧床大军便不寒而栗。这是我们要的人生吗？这是我们人人奋斗终生的结局吗？

2016 年，全国老龄办发布了中国城乡老年人生活状况抽样调查报告。报告认为，2015 年，全国有 4000 万失能老年人口。这里的失能老年人既指身体失能也指精神失能，既包括半失能也包括完全失能，总体上是指日常生活功能的半缺失和完全缺失。根据目前失能老年人口的现有规模，结合老年人口队列变化，如果我们不展开预防全民全生命周期失能风险的全国性运动的话，未来 10 亿老年人口洪流中大体上有接近 2 亿人面临失能风险。这说明，未来几十年间，中国失能老年人口的总流量大体上接近 2 亿。想象一下这个场面不禁令人顿生恐惧。这恐怕就是人口老龄化浪潮中最触动灵魂的一个痛点！也是最难应对的时代难题！

现在可以推算一下，在这 2 亿人中究竟有谁会难逃不幸？当然我们不可能提出一份名单，只能大体测算其构成。大体来看，现在的 4000 万失能老年人主体是30后和40后，未来16000万人中，到2030年主体是50后，届时，中国开始向人口高龄化快速迈进。到2040年之后迎来60后70后迈入高龄阶段，也就是迎来中国失能老年人口高峰，2060年之后略有下降。根据这个队列，我们人人都可以计算自己的风险期。

在多次随机采访中，我和许多人谈到一个话题：假定失能风险难以避免，假定可以作出选择，那么，你愿意是一个因癌夺去生命、还是愿意成为一个啥也不知道的狂躁型痴呆老人？大多数人的回答令我感到十分意外。他们认为，宁愿做一个癌症患者，也不愿意成为狂躁型痴呆老人。他们的理由很简单，癌症耽搁的时间不长，自己的痛苦和给家人带来的麻烦时间也不长。但狂躁型痴呆老人虽然自己啥也不知道，但吃得多、活得长，给子女带来无限困扰，给社会也带来较大负担。还有一个采访对象补充说：我也不愿意做植物人。原因是他的母亲是深度糖尿病多发症造成植物状态，在床上一躺就是17年，不省人事，不知道伺候她的人是谁，也不知道来探视她的人是谁。他说："我的母亲我当然要照顾，但我不愿意成为那样的人。我受尽苦难，不愿意让自己的孩子再重复我的苦难。上帝保佑，我为母亲做了很多，但愿我将来不会给孩子带来巨大麻烦。"他说话时的复杂表情我至今还记忆犹新！

失能是对人的能力的毁灭性打击！也是对人的尊严的莫大挑战！直逼人的生存信念的底线！一旦卧床不起，叫天不应叫地不答，纵有儿女伺候左右，那种人生怆然悲凉难以排解！可以断然地说，当前和未来的失能老年人口浪潮是人类面临的新的时代性人文难题！也是与人类共存亡的人道主义课题的新形式！也许，这就是长寿的代价？也是人类告别短寿的年轻社会迈入老龄社会的必然产物？

对于老龄社会我们还相当陌生，对于失能浪潮，我们可能更加陌生。我们不能在失能风险面前低头，它虽然令人不寒而栗，但人类在任何条件下都能找到新的解决办法。器变道不变，虽然课题内容变了，但人类克服困难的根本大道永远不会变！

孝子孝女们大多是医药护白丁

中国是全球第一老人大国，也是全球第一孝子大国。老人得了病，全家人甚至远房亲戚齐上阵。但是，久病成医，老人们常常不听子女的话，只信穿白大褂的医生护士。这说明，老人是比较理性的。做子女的，除非本身就是医生，伺候起老人来活像个无知笨熊。既不知道如何紧急救护，等大夫到来时已经登仙的例子也不鲜见，特别是偏远地区情况更是如此；也不懂得如何康复护理，卧病在床的老父老母褥疮已经不能掩盖白骨的案例也为数不少。的确，我们的子女绝大多数是孝子顺女，但从越来越普遍的身患多种疾病老人的现实需要看，很多子女在医药护方面如同“白丁”，一筹莫展。媒体也经常有报道说，某人因为要伺候老人重新捡起医学和护理书籍，学习如何照料护理年迈多病的父母，甚至有的辞职专门上培训班学习护理知识和技术。《黄帝内经》宋版序言也谈到：不看医书为大不孝。但是，这样做的人毕竟还寥若晨星。如果人人都这么做，面对未来10亿老人洪流，子女们该怎么办？具体来说，从现在算起，60后以后各代做子女的该怎么办？当白丁肯定是不行的，但放下一切来照顾老人恐怕也是行不通的。

老了就得靠孩子，这是我国漫长农业社会形成的传统应对之道。过去的老人普遍短寿，得病也比较简单，轮流伺候的子女也多。现在的情况已经物是人非，时过境迁，我们在长寿方面用短短几十年时间已经接近发达国家的水平。不用说在照料护理父母上没有知识准备，我们许多人自己本身就是健康文盲。一位企业界人士十分敬业，在事业上可谓拼命三郎，看到老父亲肾脏严重患病的检查通知时潸然泪下，没想到一个月后自己竟也因肾病辞世，他的病比父亲还严重。父亲尚在，他却走了。这是典型的老来丧子，人生之大不幸也。

坐过飞机的人都知道，飞机起飞前，例行的安全提示中有一句话：带小孩的乘客请先自己戴好氧气面罩，然后帮小孩戴好。第一次乘机时我对这句话有些费解：妈妈应先给小孩戴然后自己戴才对呀。后来才理解，打铁先需自身硬，自己都照顾不了自己，如何去帮助别人。在当今生产生活节奏加快的巨大压力下，白发人送黑发人的态势可能还会愈演愈烈。如果我们再不科学调整经济发展方式，特别是子女们在巨大压力下过度透支身体，恐怕未来10亿老人洪流中重演白发人送黑发人的悲剧会形成规模。老人们依然健在，儿女们不顾自己也不顾老父老母更不顾自己儿女的行为，不仅是不孝，而且是反人道的。这一点需要全社会警醒！

人类健康史的永恒法则

从原始人打造石器工具到今天的物质繁荣和科技发达，人类史归结起来也是解放身体束缚限制的历史，方便、轻松、容易和舒适等理念引领各类科技日新月异，结果是我们人变得越来越懒惰了。从这个意义上说，一部人类史实际上也是一部身体懒惰史。当然，心力也没有少用，但那是科技精英们的事情，普通人并没有为此而烧过脑子。

现在看来，这些我们过去认为是理所当然的事情恐怕已经出了问题，而且深层次看还十分严峻。从全方位全过程来看，方便了身体到头来最终是身体的麻烦，身体用得少了，我们获得了方便的轻松和舒适的快感体验，积累起来换取到的却是用进废退的生物规律报偿，就像汽车不用发动机就会生锈一样。从这个意义上说，方便是麻烦，容易是困难，轻松是沉重，而舒适是难受，到人生收官阶段最终只能是悲剧收场！因此，可以说，人类史既是方便容易轻松舒适史，也是麻烦困难沉重难受史。这两方面相互缠绕、相辅相成。在这个过程中，人类“解放”了身体，但疾病却找上门来要账。这就是500多年来现代化过程中，物质科技发达而人类疾病却更加猖獗的总根子。人全心全意地一切为了这身皮囊，到头来这身皮囊越来越臭，拖住人紧抓不放。我们的身体正当盛年但我们的心力已然憔悴不堪！皮囊其实无非是人生存世间的工具，它是我们的牲口，我们如此对待它，到头来反被它牢牢控制。

肯定是哪里出了问题，我们也许已经进入某种怪圈，需要重新认真反省！

这里，我们想起英国贵族精英云集的三一学院的苦难教育，其中包括身体“苦难锻炼”。也想起古训：“天将降大任于斯人，必先……”其中也包括“劳其筋骨，饿其体肤”。我们也想起上个世纪以来西方逐渐兴起的“反现代化”“逆城市化”现象，其中包括回归自然，回归勤勉，做到体力心智均衡使用，而不是一味懒下身子求方便，这中间恐怕道之深焉！

其实，反过头来看，我们的祖先有一句话十分深刻：“形劳神逸”，可谓大道至简！欧阳修也认为“劳其形者长年，安其乐者短寿”。这和西方的懒惰科技史的逻辑是背道而行的。我并非民粹主义，但优秀的传统文化是可以用来改造西方的现代化，改变那种导致疾病缠身的现代化。

谁能确保自己终身健康，实现无疾而终、寿终正寝？如果我们重新换个活法，重新谋划大健康，从全生命周期安排自己的人生，终生关注健康行为，那么，10亿老年人洪流中无疾而终的人会越来越多！但是，实现这个目标，我们需要铭记：

形劳神逸是人生法则，更是健康大法则！

参考文献

1. 李经纬，等. 中国古代文化与医学[M]. 武汉：湖北科学技术出版社，1990.

2. 黄帝内经[M]. 北京：中国人口出版社，1991.

3. ［美］亨利·欧内斯特·西格里斯特. 疾病的文化史[M]. 北京：中央编译出版社，2009.

4. 中国疾病预防控制中心. 中国慢性病及其危险因素检测（2010）老年健康专题报告[M]. 北京：人民卫生出版社，2010.

5. 乔志恒. 科学抗衰老健康到百岁[M]. 北京：华夏出版社，2012.

6. 党俊武. 探索应对老龄社会之道[C]. 北京：华龄出版社，2012.

7. 曾毅. 中国老年健康影响因素跟踪调查（1998-2012）及相关政策研究综

述（上、下）[J]．老龄科学研究，2013,(1)(2).

8.钱君成.中国老年人口健康老龄化四个社会效果维度的测量研究[J].老龄科学研究，2013,(1).

9.张秋霞.老年健康的心理因素影响机制研究[J].老龄科学研究,2013,(6).

10.国家卫生和计划生育委员会.中国家庭发展报告[R].北京:中国人口出版社，2014.

11.伍小兰,沈励.老龄健康学研究探析[J].老龄科学研究，2014,(6).

12.姜向群,刘妮娜,魏蒙.失能老年人的生活状况和社区照护服务需求研究[J].老龄科学研究，2014,(7).

13.徐勤.老年痴呆患者的照护问题研究[J].老龄科学研究，2015,(6).

14.伍小兰. 中国长期照护体系的发展与思考[J].老龄科学研究,2017,(5).

15.黄开斌.健康中国[M].北京：红旗出版社，2017.

16. WHO.2002b.*Global Survey on Geriatrics in the Medical CurriCulum* [M].Geneva:World Health Organization.

第三章　老而无备乃大患

“凡事预则立，不预则废；言前定，则不跲；事前定，则不困；行前定，则不疚；道前定，则不穷。”

——《礼记·中庸》

人是唯一作终生打算的最高级生灵

人人要活到老年，这并不容易，特别是对于压力巨大的60后、70后、80后、90后等各代来说，这是一场场战役，人人打赢方能汇聚成10亿老人长寿伟大盛事之大战役。毛泽东曾经有一句名言：“不打无准备之仗。”但现在看来，我们整体上面对10亿滔滔巨流并没有做好应有的充分准备，而且，这个仗还必须打！我们别无选择！

战前不做充分准备是要打败仗的！如果没有充分准备，在人人都要有一个幸福晚年的大战役上，我们可能会大败而终。因此，无备而老，既是每一个人自己的大患，也是整个民族的大患，更是国家的大患！

撇开人类先不论，我们先看动物界的情况。总体来说，动物是不做终生准备的，但作年度准备的动物还真不少。例如，狗熊、刺猬、蝙蝠、蛇、青蛙等一切冬眠动物都知道，必须在入冬之前大吃大喝，养足肥膘，以便越冬。冬眠前的一切工作重心就是做好越冬的充分准备。不需要宣传动员，也不需要引导奖励，它们的行动十分“自觉”。田鼠也是一个做年度准备的小动物。

每到秋季，田鼠除了现吃，还要多拿，带回去放在“仓库”，以便冬天青黄不接时食用。从人是自动物变来的这个历史看，有些人既吃又拿的行为其实也是有来历的。

记得小时候挖田鼠窝，挖开一看，十分震撼。人家的仓库井井有条。玉米放一块，大豆放一起，还有棉花放在另外一个地方。北方的田鼠都是深挖洞，然后再往上挖，依次挖好分类仓库，当然还有自己睡觉的地方。整个格局其实就是三室一厅概念的雏形，只是它们没有汽车，如果有的话，搞不好还会有车库。在洞的另一头还挖有多个出口，类似狡兔有三窟，都是进口和逃跑的通道。想想人家弄套三室一厅真容易。仔细琢磨，田鼠多挖几个进出口，也是被其他动物特别是人逼出来的。现在想起来有些残忍，人家拖家带口也不容易，我们不仅抢去了活命口粮，甚至还直接杀害生命。没办法，在那个饥荒年代，人鼠争食，只能它亡我存。

但是，动物做准备不是靠观念引领、方案制定、具体落实和监督执行，而是纯然的本能行为，它们是真正的跟着感觉走的生灵。它们甚至不知道自己会死，更不可能有全生命周期的“兽生”观念，当然断不可能有终生打算的行为。动物，从终极意义上说，它们存活一世是地地道道的本能至上、没有明天、不做准备的“动物化生存”。

我的亲身经历说明，现在要给年轻人讲做好终生准备，这实在是一个困难而又尴尬的话题。他们大多数只重视眼前，明明是典型的动物套路，你还不能直接捅破。否则，他们会觉得你上了年纪，老腊肉闲得要喷槽了！这种事情经历多了让我常常恍惚：人作为万物之灵，进化历史有了多少万年，有文字记载的历史也有几千年了，怎么还有那么多人只重视眼前，少数人甚至连田鼠都不如，连年度计划都不做，这常常容易使我们找不到他们和动物的界限，特别符合柏拉图对人的错误定义：“人是双足无毛的动物”。结果，学生亚里士多德提了一只去了毛的鸡问到：“这是人吗？”

是啊，人是什么？这个最简单的问题，可能也是这个世界上最难回答的问题。实际上，全部人类社会科学和人文学科的核心就是解答这个问题。我们今天讨论老年人问题、讨论 10 亿老年人长寿洪流问题，实际上也是在解答人的问题。这里，我们没有篇幅来铺开研究，只能做提示性描述，以便引发思考，最终回归到应对 10 亿老年人长寿洪流的主题上来。

人是从动物界脱胎出来的生灵。对于“动物化生存”，人不仅有深刻体验，而且也有反观思考，内心深处更有对“心为身役”、沉迷“动物化生存”的羞耻、内疚、鄙视和悔恨，而且常常深陷不能自拔的苦痛。但无论如何，“动物化生存”最多只是人存活一世的低层次需要，在人的内心深处，住着一尊高贵的灵魂，正是她，我们才会有羞耻、内疚、鄙视和悔恨；我们才会最终越出皮囊，引领我们向更高层次升华。对于高贵的灵魂来说，“动物化生存”也就是“工具化生存”，即维持皮囊正常运转不过是保持灵魂的工具。这有点像开车，人是灵魂，车乃皮囊，驾驭车的是人，驾驭身体的是人的灵魂。否则，就不是人驾车，而是车驾人，这在路上是不可能的。但在人的行为上，有些人就是皮囊驾驶着灵魂。瞧！车驾人有些人真的能做到！如果说偶尔给灵魂放假，轻度沉迷一下感官快乐，这也不过分。但如果长期让灵魂赋闲甚至退休，做行走的荷尔蒙、猪猡般的吃货，一句话，沉醉食色，伺候皮囊，这就是典型的车驾人。

既然灵魂才是驾驭者，那么，这一生究竟应当如何度过？如何安排好这幅不可多得的皮囊能够正常运转？在此基础之上，灵魂还应当做些什么？如何利用好这付难得的皮囊做更多的事？这些问题实在不是一句话能说清楚的，需要统筹考量，终生设计。这里，我们实际上真正触及到人生最大的问题！不同的是，现在，寿命延长了，我们的人生设计时段需要加长，设计视野也需要拓宽，这就是全生命周期的人生设计。这也正是我要讲的主题。

如果人人都有终生安排，家家都有终生准备，那么，10 亿老年人长寿洪流就不是什么洪水猛兽。当然，现在的严峻问题也正在于：目前这还只是一个“如果”和“假设”。

回到本节标题，人是唯一作终生打算的最高级生灵。这话仔细琢磨有点像骂人，好似没有做终生打算的都是动物。坦白地说，我没有任何骂人的冲动，我只是觉得：做人难！企图做长寿老人更难！要所有人都做终生打算去躬逢10亿长寿盛宴尤其难！

终生顶层设计国家责任首当其冲

一位转型从事老龄产业的企业家，在考察完欧洲、北美、日本以及中国台湾和中国香港之后，十分感慨："为什么人家什么都那么好？对于健康老年人、患病老年人、失能老年人、临终关怀老年人甚至贫困老年人，从养老、医疗、长期照护保障制度，到居家入户式老龄服务、院舍入住式老龄服务、专业痴呆老年人康复护理机构、专业临终关怀服务，到抗衰老保健品、药品、医疗器具、老龄日常辅助器具、康复护理用具，到大型老龄服务社区、老龄住宅、年龄友好型城市改造等老龄地产以及囊括年轻人口的银行、证券、保险、信托、基金等老龄金融，他们都有安排，我们的差距太大了！为什么？中国有那么多老人可怎么办？"这是他在某次高峰论坛会后给我讲的一番话。言辞不多，活脱脱一位使命感爆棚的老龄企业家。不过，这样的人才是未来应对人口老龄化和发展老龄产业的希望。

实际上，感叹别人先进我们落后的人除了企业界人士，还有政府决策部门的许多有识之士。现在，我们确实需要冷静看看我们的差距和原因，然后才能知道怎么办。

我们中国仿佛是在一夜之间，老龄社会就兵临城下，现在已经有19年的历史了。我们至今尚未缓过神来，仿佛还在年轻社会的梦里。的确，我们是在没有完成年轻社会的历史任务的情况下，就高速拐入老龄社会的新轨道，一切都显得猝不及防、措手难及。

回顾发达国家的发展历程，他们的人口老龄化进程相当缓慢，有的经历了上百年的历史，而且基本上是在实现现代化之后老龄问题才凸现出来。而且，即使是已经迈入老龄社会的国家，他们的老龄化水平提高也相对缓慢。例如发达国家人口最多的美国大体在 1940 年老年人口比例达到 10%，运行到目前也才达到 20%，前后用了近 80 年时间，平均每 8 年提高 1 个百分点。这说明，他们有足够的时间来做应对的各项准备。我们中国的情况则大不相同，不仅人口基数全球第一，老龄化水平飞速增长，预计从 1999 年的 10% 提高到 2021 年前后的 20%，几乎是用 20 年左右时间便赶上美国 80 年的水平。这还只是人口方面的情况。

更重要的问题是，我们和发达国家处在不同的发展阶段。这是当今观察中国问题的一个关键视野。改革开放经历了几十年，许多人可以出国亲眼目睹发达国家的发展盛况，加上全球化、信息化快速发展，发达国家的任何大的变动，我们都可以家喻户晓，现在通过手机更是可以即时了解别国的动态情况。时间长了，大家容易直接把我们中国和发达国家放在一个发展坐标上品头论足，而我们和发达国家在发展阶段上的巨大差异这个更大的发展坐标则几乎被淡忘了。甚至少数年轻人认为自己错误投胎来到中国。这些观察视角和发展坐标的误用，导致我们许多人看问题失之偏颇。

具体来看，上世纪 80 年代我们开始改革开放的时候，发达国家的现代化已经完成，并已经向后工业社会、智能社会迈进。而同期我们在这 30 多年时间里，先是解决吃的问题，也就是温饱问题，农村改革先行一步。90 年代才腾出手来解决住的问题，房地产市场发展起来，同时，解决行的问题，汽车产业也发展起来了。进入新世纪以来，特别是出现“非典”之后，医疗、养老等民生问题越来越成为政府关注的焦点。这中间，还有许多更大的问题也需要解决，例如国有企业改革问题、国家科技创新问题、教育问题、就业问题等等。可以说，我们正在解决的问题别的发达国家早已解决，或者已经到了另一个更高层面的深化改革阶段了。但突出的问题是，我们的人口老龄化发展速度太快，超越了现代化的发展阶段。实际上，我们的现代化任务仍然没有完成，但我们的老龄化水平却已接近发达国家。因此，总体上，我们是在现代化的爬坡路上遇到了老龄化，而发达国家则是在现代化上了坡之后老龄问题才凸现出来，而且之前已经做过了许多准备，例如养老、医疗、长期照护保障制度的建设等等。换言之，发达国家是有备而老，我们则是在没有充分准备时间条件下的无备而老。整个国家尚且如此，那么，要求民众人人做好终生顶层设计实在有些勉为其难。

无备而老不能重演

在一次应对人口老龄化战略论坛上，一位院士饱含激情地谈到："我们中国人人人都要做好老年期生活的准备。不仅要做好各方面的准备，而且从一出生就要开始做准备。否则，到老了再准备，等于临渴掘井；中年开始准备也是江心补船，最多老了有钱，但健康、知识、技能的问题怎么办，特别是行为方式、生活方式已经形成习惯，改起来太难。因此，应对人口老龄化，人人都要从出生开始就要做终生的准备！"我再补充一句：实际上，准备的起点应当是孕前。否则，不能优生，就不能优活，也不能优老，更难能优死！后来，一位养生界人士听到这些议论后补充道：从怀孕开始就晚了，应当从谈恋爱阶段就要有所准备。否则，稀里糊涂爱上一个有遗传病的帅哥或者美女，这无论如何也做不到优生。民间高人确实太多了。

老院士的话虽非名言，但却是至道至理。全局决定局部更决定个人。既然我们整个国家对老龄化都没有做好准备，那么，国家层面首先要率先行动起来，引领全民自觉行动。对此，习近平总书记已经庄严提出，必须加强顶层设计。这是针对目前国家层面战略设计缺失而言的。

老实说，应对人口老龄化，特别是面对未来10亿老年人口洪流，我们还没有一个像样的整体顶层设计。未来的10亿老年人，要吃饭、娱乐、旅游、看病、康复、护理，还要再就业、再创业、服务他人、实现自我，当然也逃避不了临终关怀和告别人生的铁律。我们现在相关最高层次的战略规划只有各级政府的"十三五老龄专项规划"和相关部门的涉老专项"十三五规划”。对于未来老年人口增长浪潮来说，仅有五年规划是远远不够的，在我们无备而老的背景下，更需要的是中长期的战略谋划，以此确保我们应对人口老龄化的具体主攻方向，也能确保让60后、70后、80后、90后、00后们吃个定心丸。否则，无备而老的悲剧就会重演。这实际上也是国家最高领导人之所以强调“加强顶层设计”的终极意义。

积极备老匹夫有责

应对人口老龄化，国家责任首当其冲，匹夫责任当然也不可推卸。国家责任代替不了匹夫责任，匹夫责任也不能扛鼎国家责任。现在的问题是，整个国家未备先老，措手不及，全体国民更是没有做好方方面面的准备。

中国人的智慧是公认的，对于个人特别是家庭发展，既善于谋划更长于行动，但前提是意识决定方法，观念决定方式。简单来说，怎么办好说，关键是办什么？所以，如果没有相应的意识、观念和目标，旺盛的智慧和高效的动能难以发挥，有些人甚至会错用智慧、歪用心思，能量无效消耗，浪费巨大。现在，最大的问题是全民对于人口老龄化、对于未来将出现史无前例的10亿老年人口洪流缺乏应有的充分认识。许多人还不知道人口老龄化为何物！他们对同时代人再就业时的白热化竞争体验深刻，想不到未来老去，“对手”们仍然健在，加上上下几代人夹杂在滚滚老人洪流中，将意味着什么还没有充分预见。有的只知道皮毛，感到茫然的大有人在；有的知之略深，但盲目乐观，抱着“车到山前必有路”想法的人也大有人在；更多的人即使看到了，却腾不出手来，比如80后，忙着赚钱买房子、购车子、养孩子，哪有那么多钱？最突出的还是60后和70后两代人，茫然、希望、纠结、担心等复杂心理相互纠缠，但他们想的更多的不是自己的老人怎么办，而是对自己的独一代孩子未来的巨大压力忧心忡忡、焦虑不堪。瞧！这就是中国人，先儿后己甚至无己，可爱殷切到了无以复加的程度！照此下去，恐怕10亿洪流可能真的会变成一场灾难。原因很简单，飞行安全提示的道理说明：自己先要把自己搞定，然后才有能力帮助别人！助人者必先自助！总体来说，中国人对每一个人自己未来的漫长老年期生活缺乏精神准备，意识模糊，行动自然可想而知！

在一次培训班上，我正在讲课："每一个人都要首先为自己的老年期做好充分准备。"不料，一位 50 后站起来质问："老师，您的意思是'人不为己，天诛地灭'吗？"看来，我们过去关于"国家兴亡，匹夫有责"的宣传教育影响久远。这种观念现在看，没有把国家和匹夫的关系完全讲清楚。在一盘散沙的旧中国，团结民众、凝聚人心需要强调国家观念，这是历史必然。但在和平年代的今天，如果匹夫人人不能自保，国家同样会危机四伏。

不过，话说回来，让每一个人为自己做理性打算，中国人还很不习惯。其实，那位 50 后的提问还有更深刻的原因，这就是我们关于国家与个人的传统文化。从孔夫子到今天，我们头脑中占主流地位的是集体主义的理念，这就是："先天下之忧而忧，后天下之乐而乐"，国家在前在上，个人在后在下。至于在日常生活特别是家庭生活中，我们的主流理念也是先家庭之忧而忧，后家庭之乐而乐。如此行为便是"君子"，否则便是孔夫子所说的"小人"。看来，现在许多问题都得重新认识。

毕竟，我们已经进入老龄社会，进一步还要迈入超老龄社会，人人必须从全生命周期的视角安排人生。否则，走年轻社会的路子，只重视上半生而偏视下半生，其结果只能是半吊子人生安排，老年期的生活生命质量和水平问题可能会演变成为新的社会危机。这正是我们现在面临的问题，表现为四大匮乏：匮乏终生准备的理念，匮乏终生健康准备的安排，匮乏终生知识准备的安排，匮乏终生能力准备的安排。

银行储蓄能保老年期生活吗

中国人对储蓄的观念由来已久，中国目前也是全球第一储蓄大国。截止 2016 年底，中国居民储蓄达到 60 多万亿。按理说，银行里存这么多钱，中国人的老年期应当是没有问题的。仔细分析，中国人往银行里存钱，无非两大动机：第一位的是老年期生活准备动机，存钱以备老来用度；第二位的是遗产动机，自己用不完的要留给儿女。但是，现在最大的问题是：钱放在银行能养老吗？

无备而老乃大患，错备而老亦大患。民间有一句话：花了的钱才是自己的，否则，户名是你的但使用权说不清是谁的！还有一位网友说得更邪乎：往银行存钱最好要保密，否则，惦记你存款的，还有一个很大的群体：配偶、儿子女儿、媳妇姑爷、孙子及孙女丈夫、亲戚、朋友以及骗子。这话说的有点过激，但却道破银行存款的最大破绽：放在那里只要不锁定，使用权真的不一定是账户户主的。道理十分简单，有至亲借钱你不能不借，不能多借，那也得少借。这个借一点，那个借一点，能不能还，这个确定性不太容易把握。能不能还回来，需要债权人自己拿捏。如果把存款分流出来，比如购买商业养老保险、疾病保险或者长期照护保险，这些钱都可以锁定。不到老年、不到疾病发生或者出现失能，这笔钱不能用，也就是彻底锁定，其他任何人都不可能惦记。这样就从根子上保障了自己的使用权。当然，用不完还可以继承转让。不过那是另外一个麻烦问题。呜呼！做人真难呐！

银行存款还有另外一个更大的问题是：不划算！利息那么低，连整天把银行当老年活动中心的老年人也嘟嘟囔囔，太吃亏！给那么一点点利息。噢，银行你自己又是投资又是贷款，赚得个盆满钵满，我们只能干瞪眼，眼巴巴地看着自己的钱让别人钱生钱。一位 80 多岁的老知识分子在银行取钱，和我聊天，说自己老了，再说金融政策还不够开放。否则，开一个老人银行，让老人除了利息还有分红，肯定生意红火。说完自嘲地对我说道：“我是说着玩的。”更有一位经济学家认为，我们老百姓把银行惯坏了。银行的人挣钱多不说，关键是银行业 500 万从业人员围着巨额的储蓄转，没有心思琢磨高深的金融业务。这个不改革，不仅老百姓的钱放在银行是巨大浪费，而且不利于金融业发展。不能说这位经济学家的观点没有一点道理。老龄社会本质上就是金融社会，光靠银行储蓄这种单一的办法，不仅老百姓的钱难以为老年期生活锁定，更重要的是，银行业乃至整个金融业没有办法成长起来，以适应老龄社会长期投资运营的金融需要。而且，还限制了证券、保险、信托等其他金融业务的广泛深入开展。的确，要应对10亿老人长寿洪流，银行业必须全面深化改革！

需要强调的是，银行存钱有它的突出作用，虽然起不到做老年期生活准备的锁定作用，但也还不至于流失。因此，除了去银行存款之外，我们迫切需要的是其他金融创新，特别是其他投资渠道，确保老百姓自己在储蓄之外，也能分享钱生钱的红利。现在，中国的中产阶级正在崛起，这是未来中国发展的希望。但是，我们大多数人只知道撸钱，不知道如何保障已到手的钱的实际价值，对钱生钱的金融知识更是匮乏。这是当前和未来中国中产阶级需要恶补的一门必修课程。许多人甚至不懂得证券、基金为何物？有一点可以明确，金融准备是老年期生活的压舱石，如果人人都是金融客户，这样未来10亿老人长寿洪流就不是什么问题。否则，我们大多数人随着国家发展都进入全面小康，但又不懂得老年期生活的金融安排和准备，那么，这样的中产阶级就是没有远见的中产阶级。

已经步入老年期的人当然需要具备金融知识，但更重要的是年轻人口特别是40－59岁金融人口，也就是未来60后以后各代在老年期以前，除了考虑银行储蓄，更要考虑其他金融手段，为自己的老年期做好金融安排。

商业保险能保未来吗

一位人寿保险销售经理曾经给我讲了他的一个职业案例。他曾经遇到一位潜在客户鄙夷不屑地对他说：“我宁愿多买几条狗，也不愿意买所谓保险。”这位客户接着议论：“等我老了，狗能陪伴我解除寂寞，光有冷冰冰的钱有什么意义？你们这些卖保险的只顾自己挣钱，捞一把就走，你当我是傻子！”这位销售经理忍无可忍，回敬道：“是的，狗能陪你玩，但它可不会替你买单。再说，我在这个行业干 13 年了，给你张名片，10 年 20 年后，我还在这个行业。我倒很奇怪，还真的有相信和尚跑了庙也能搬家的人。”后来，这位潜在客户成了他的实际客户。原来这个客户是个企业家，已经在香港为全家买了人寿保险。原因是对国内保险企业不了解，只是听朋友说，国内保险业不保险。当然，这位销售经理的“狗不买单”的理论打动了他。他好奇，一二再，再二三，两人就成了朋友。后来，该客户又从这位销售经理手里为全家人买了同样标的的人寿保险，还介绍了一些他的朋友。“多买保险少养狗”的这个故事说明，我们保险业还有很多文章要做。

保险业是应对人口老龄化的战略举措，也是人们解决老年期问题的压舱石。人人退休之后，除了社会保险之外，有一张两张大额保险单，这是未来 60 后以后各代老年期生活准备的必选题。但是，考察保险业的发展情况，中国整体上的居民保险意识严重缺失，保险能力极度脆弱。到 2016 年底，全国人寿保险资产收入 17442 亿，健康险和意外伤害险资产收入 4297 亿元。全国保险深度为 4.16%，保险密度为 2258 元，属于保险业落后的国家。如果仅从行业自身发展看，中国的保险业发展速度是不慢的，但仅仅和现有潜在保险人口相比，这个所谓天文数字简直不值一提。到 2016 年底，全国 40 岁到 59 岁人口共 4.24 亿，平均下来，这 4.24 亿人口的平均保费才 4113 元。不要说和发达国家相比，靠这一点钱，60 后以后各代的晚年生活如何才能既有保障又有质量？

家庭计划一头沉是要出大问题的

一位初中一年级学生为了买游戏机和父母吵架，振振有词：“你们懂吗？少年富则国富。这是梁启超先生的名言。你们把我弄得苦哈哈的，将来国家也没有希望！”这一通抢白弄得没多少文化的父母一时大脑断电，不知如何应对。我真想知道，这位少年究竟是哪位先生教出来的？究竟是哪个学校培养出这样的初中生！还有一位年少网友感叹：“少年有房则国强，少年无房则国不强。”真是对梁启超先生的奇葩解读！更为奇葩的是，放大到全国，现在的父母无论穷富，几乎都是尽其所有，确保孩子们应有尽有。似乎都在践行奇葩式的“少年富”！

如果梁启超先生的“少年富”果真是这种含义，那么，梁启超先生也就不成其为梁启超先生了。我想，“纨裤子弟少伟男”的道理梁先生不可能不知道。问题是，现在席卷全国的对子女们奇葩式“少年富”教育的父母们，既知道“纨绔”式教育的恶果，又竭力实施“纨绔式”教育。孩子们的苦难教育几乎是一片荒野。果真如此，未来的希望恐怕就不是国富，而是国难了。显然，梁启超先生讲的少年富主要是指青少年在知识和能力上的富有。这个少年富的概念容易纠正，但天下父母们的“少年富”的行为如何纠正恐怕就难了。

我们都熟知“少年不识愁滋味”这句诗，但教育学理论和实践特别是历史告诉我们，青少年需要苦难教育，需要苦难经历。虽然他们不一定能够完全理解，但教育的秘密就在于老牛吃草，反刍式训练才能成就教育的使命。这就是年少时记录下来，然后不断用成长的经历去咀嚼、升华并把人塑造成为一个识别、应对和解决苦难的斗士。对于苦难教育，我们身边也有类似的案例。例如，一位高中生上大学后才知道父母原来是腰缠万贯的富翁，为了教育他忍受 18 年两居室窝居的简朴生活。这样的父母是有远见的，也是真正的对子女负责。

现在，更大的问题是：几乎所有家庭都是“往下疼”，对老人的考虑不足不用多说（这是公开的秘密，也是孝道中国的最大耻辱），关键是大多数父母连自己都忘记了，其间，许多老人也参与其中，跟着子女往孙子那里“疼”，甚至到了“忘我”的境界。我们祖上那么多先哲禅师强调“忘我”的重要性，没想到许多人以此方式实现，真不知道先哲们如果复活当作如何感想？几乎大多数家庭计划都是“一头沉”。

最典型的案例是，父母为了儿子在北京买天价房，将他们的养老钱倾囊相送。开始，儿子特别是儿媳感恩万分！发誓一定要好好孝敬公婆。但经不住时间这个天杀的利器的销蚀。一天，小夫妻因还房贷吵架，小媳妇忍不住发作起来："不要再提你父母那 80 万首付款。人家小张他爸一掏就是 300 万。找你算我倒了血霉！"问题是儿子也不成器。时间长了，经不住职场的失败，他也在反思："对呀！我怎么投胎在这么穷的家里！"瞧！这就是这对父母的教育成果。一味往下疼的后果就是如此严峻！其实，天下哪有天生的不孝之子，他们大多是父母们教育的"成果"！

家庭计划是家庭延续的根基。如果我们的家庭计划都是如此"一头沉"，不考虑中年人自己，牺牲当前老年人的利益，那么，未来 10 亿老人洪流中将裹挟不孝之子们的泥沙，来考验未来老年父母们的生命力。

富人更需要单独做好老年期准备

我曾经提出过一个观点，富人先要做好老年期的金融准备。结果，一位学者对此很不以为然，甚至批评我站在富人角度说话，为富人打算。他认为，未来中国的富人越来越多，他们有钱，他们的晚年生活无需政府担忧，他们自会安排。政府要做的主要还是兜底工作，面向低收入以下人群做好老年期生活准备和安排。

听上去貌似有道理，而且主要还是站在弱势群体角度思考问题，既有人文关怀，更有对政府和市场责任的清晰界定。但除了政府必须履行兜底责任这一点外（这是毋庸置疑的），实在经不住深入推敲。其实，在准备漫长老年期生活这一点上，富人群体才是真正的高危群体。首先，今天的富人不等于明天的富人。青壮年时有钱不一定老年期就有钱。现在，经济下行压力较大，不少曾经叱咤风云的有钱人一夜之间变成了穷光蛋，甚至负债累累，反而不如穷人。这在市场经济历史上比比皆是。年轻富豪老来穷者大有人在。富人如果不专门作出准备老年期的财富隔离安排，他们的晚年可能就没有保障。因此，拉长时间看，究竟谁是低收入以下群体这个问题不能简单处理，还要防止富人变穷，特别是要防止富人老来变穷。别忘记，我们大多数人是要成为中高收入的富人的。其次，年轻时穷困老来富裕的日子好过，但年轻时富裕老来穷困则度日如年。如果在这方面有所安排，将来变穷了的富人将会加入穷人群体，不利于社会稳定。他们的能量巨大，我们必须高度警惕。2016 年真正意义上的中国养老信托产品只有兴业银行一家推出。这类老龄金融产品在中国十分匮乏。它是专门为富人打造的准备老年期的老龄金融产品，体现单独安排的特征，可以隔离于富人的其他财富，将富人的老年期富裕生活进行锁定。除非老了，这笔钱一般不能挪作它用，即便负债累累也不能提取。这是未来应对人口老龄化的一个重要方式，也是今后老龄金融业的一个重要机遇和战略主攻方向。

参考文献

1. 邬沧萍. 社会老年学[M]. 北京：中国人民大学出版社，1998.

2. 党俊武. 老龄社会引论[M]. 北京：华龄出版社，2004.

3. [英]庇古. 福利经济学[M]. 金镝译. 北京：华夏出版社，2007.

4. [美]奥特里. 退休精神[M]. 曹文丽译. 北京：生活·读书·新知三联出版社，2010.

5. 王梦鸥. 礼记今注今译[M]. 北京：新世界出版社，2011.

6. [英]威廉·乌斯怀特，拉里·雷. 大转型的社会理论[M]. 吕鹏，等译. 北京：北京大学出版社，2011.

7. [日]有吉佐和子. 恍惚的人[Z]. 海口：李炜译. 南海出版社，2011.

8. [日]渡边淳一. 优雅地老去[Z]. 吴四海译. 杭州：浙江文艺出版社，2011.

9. [美] 维沙尔布扬. 投资秘要——人口老龄化和资源枯竭带来的投资机会[M]. 郭书彩，等译. 北京：人民邮电出版社，2015.

10. [美] 马里达·伯托奇，等. 人口老龄化、退休安排与养老金困境的优化[M]. 赵建国，等译. 大连：东北财经大学出版社，2015.

11. 党俊武. 老龄社会的革命[M]. 北京：人民出版社，2015.

12. 孙建国, 薛承会, 王琴. 从社会参与角度探讨“后职业发展”概念及其与老年教育的关系[J]. 老龄科学研究，2015, (2).

13. 石璠. 宋代给侍之法：“养儿防老”的古代实践[J]. 老龄科学研究，2015, (9).

14. 李晶, 罗萌. 全面建成小康社会背景下的老年人生活质量研究[J]. 老龄科学研究，2017, (4).

15. United Nations. *World Population Prospects: The 2012 Revision*[R].

第四章　要生先要准备死

“有父母在的时候，你看死亡好像隔着一层纱幔，没有什么感受，因为有父母将你和死亡隔开，等到父母过世了，挡在你面前的帘子不在了，你才会直面死亡。这时候你又是你孩子和死亡中间的那道帘子。亲戚，朋友，邻居，隔代，他们去世对你的压力不是那么直接，父母是隔在你和死亡之间的一道帘子，把你挡了一下，你最亲密的人会影响你的生死观。”

——[哥伦比亚]加西亚·马尔克斯

10亿长寿洪流乃生命流

10亿洪流来，必然10亿洪流去。这是人类历史中一段壮观奇绝的生命流！规模宏大，难能重复，值得期待！不过，面对未来洪流盛世，大谈死亡不仅颇煞风景，而且也不吉利，更重要的是讨论死亡是否必要？一位学者曾经打趣说：“天堂是个好地方，去了的人都不想回来。”他的幽默是智慧的，也是发人深省的。

我经常去给各种人群讲课，其中，我最想讲的话题是死亡问题。我个人方面的原因很简单，因为我是学哲学的。我也经常开玩笑说：“什么是哲学？没辙了就要学，这就是哲学。”还有一个原因就是，古希腊哲学家柏拉图认为，“哲学就是学习死亡”。换言之，哲学家毕生都在为死做准备。因此，经常也有不少听众回应我说："这么定义哲学，那哲学就有点吓人。"瞧！大家都是害怕死的，而死又是那样的不可避免，每时每刻都横亘在每一个人的日常生活中。

虽然我讲课的内容很广，几乎涉及老龄社会的方方面面，但是，迄今为止，还没有任何组织、单位或者团体以及个人邀请我讲死亡问题。我更有一个深刻的体验是，虽然时刻都有讲授死亡话题的冲动，但只要台下有老人，我都极力遏制自己的冲动，以免老年听众不高兴。当然，年轻人就豁达多了，不仅可以插入死亡的话题，他们还一起参与讨论。但如果推而远之，等他们老了，恐怕也不一定喜欢讨论死亡这个话题。

不过，在这里，这个话题无法回避。规模已经庞大的老年群体，而且越来越庞大，对死亡问题讳莫如深又盘踞灵魂深处，如果不从根本上应对，就会演变成为影响深远的社会病。老实说，这种社会病已现端倪，全社会对老龄社会的恐惧疑云重重，这也是一个重要原因。

10 亿生命洪流，既是老人洪流，分时看又是 10 亿死亡洪流。如果再加上那些活不到老年的人的话，这个死亡洪流可能更大，大体上接近 11 亿。在这个洪流中，我们所有人无一例外。对此，每一个人都需要有所准备，以免我们在死亡洪流到来之前被死神恐惧占据我们的灵魂。

个人的死亡对个人来说是最重大的事件，但是我们讨论死亡问题，虽然也强调每一个人都要重视自己的死亡问题，还要做好充分准备，但更重要的是，10 多亿死亡流里，除了自己以外，赫然地还有我们的父母、祖父母、爱人甚至还有孩子。对此，我们更需要清醒头脑。如果你是一个负责任的儿子、女儿、孙子女等，你也要做好准备，在为他们的幸福生活拼搏奋斗的同时，还要为他们的安康善终做好安排。

中国人的死亡质量堪忧

死亡质量是关系全人类的重大"民死"问题！也是老龄社会面临的重大

社会问题！人类既要考虑怎么来，更要考虑怎么去。这是有史以来的永恒话题，但在老龄社会的背景下，如何生如何死又有了新的时代含义。

在日常生活中，我们往往强调生活质量，有时也强调生命质量，但在讲生命质量时，其实潜台词也主要侧重讲生的质量，基本不提也避讳提到"死亡质量"这个概念。其实，这正是年轻社会的一个重要特征——注重生而忽视死。

"死亡质量"是一个新词汇，也是一个新概念，它和中国传统文化讲的"善终"的理念有关联，但无论从界定、立意、衡量标准等方面看，都是两个不同的范畴。因为，这是老龄社会的一个新的重要理念。

"死亡质量"的新理念源于"死亡学"。"死亡学"20世纪初在法国创始，不久后被引进美国。这一阶段没有受到学术界的重视。二战以后，在法国存在主义哲学全球性传播影响下，特别是世界性自杀防治运动的兴起，死亡学在美国才成为一门新兴学科，并逐渐产生全球性影响。死亡学立足科学领域，涉及自然科学、社会科学和健康科学等诸多学科门类。"死亡质量"这一新理念之所以声名鹊起，也是死亡学建树的一个重要成果。

作为活到21世纪的所有人都应当知道"死亡质量"的重大意义。它关系每一个人内心深处的最大隐忧，这就是死亡疼痛。具体来说，它主要是衡量一个国家或地区可以为临终前患者提供缓解死亡痛苦的医疗护理安排。广义地讲，这种医疗护理安排也包括对患者亲人的精神慰藉。当然，衡量"死亡质量"还需要具体的量化指标。其中，最核心的理念是对死亡前疼痛的基本管理，它的终极目标是"无痛死亡"。这样看来，死亡质量这个新范畴不仅符合人性，关切每一个人的死亡疼痛状况，而且凸现人文关怀，关切每一个人亲人离别时不能替代的疼痛。对此，过去我们讳莫如深，在应对10亿生命流的过程中，我们必须掌握科学理念，坦然积极地处理和应对。

2015年10月，具有全球影响力的经济学人智库（EIU）发布了《2015年度死亡质量指数》报告，该报告对全球80个国家和地区"死亡质量指数"

进行了调查并排名，其中，中国排名第71位。该报告的主要指标是整体医疗支出、政府政策制定与实施、临终关怀服务、具有临终关怀服务能力的医生护士数量、医疗护理的可负担程度、护理质量、心理干预的可获得程度以及公众参与度等多项具体指标。应当说，中国的这个排名相对还是比较符合实际的，也和我们对死亡现象的日常经验吻合。道理十分简单，以上指标都是需要花钱的指标，如果参照人均GDP全球排名的话，我们大体上也是类似的排名。此外，该报告对中国以及其他发达国家提高国民死亡质量提出不少建设性的意见和建议，值得我们借鉴。

问题在于，这份报告有阴谋论和唱衰中国的嫌疑，许多国内媒体不明就里跟着报道说："中国死亡质量全球排名倒数第10"。好笑的是不明真相的网友跟贴骂娘："XX！居然排在印度后面！"其实，在经济学人智库之前发布的同系列报告中，对全球所有国家都进行了评比，其中，中国也排在80名左右水平。诡异和奇葩的事情在于，这份报告在发布时选取80个国家公诸于世。看来，即便是权威机构也有他们的小九九，只不过水平太LOW。对于科学研究之外的其他世界政治企图，我们头脑里有根筋就是了，也许EIU财务紧张拿了别人的钱，我们不必太在意！林子大了，鸟如何叫唤，我们没法管理！

重要的是我们自身的问题。首先，EIU的报告指出，人均经济水平、人均GDP、收入的高低等与死亡质量的高低关系十分密切。想想我们的经济状况，再想想我们国家所处的发展阶段，把我们的国民死亡质量与发达国家放在一个平台上比对，这种游戏本身就是有欠推敲的。客观而论，这个排名可以理解，但我们不能因此而安之若泰，必须警醒！其次，目前，全社会对死亡质量问题基本还没有概念。好像死者的疼痛和苦难是恶魔，谈癌色变、退避三舍，只有交给医生处理，除了祈祷剩下就是恐惧和无奈。显然，我们全社会对死亡质量问题的社会参与度十分低下。再次，全国专门从事死亡质量的临终关怀机构数量凤毛麟角。对于我们这个世界上第一老年人口大国来说，这也太寒碜了。最后，死亡质量中关键的环节就是缓解疼痛药品的使用。诸如冰毒、吗啡等麻醉药品的合法廉价使用，我们还做不到。这些药品的制作成本其实非常低下，否则，少数农民怎么会躲在村子里就能“生产”出毒品？根子上还是由于我们在药品管制机制的滞后才造成其价格畸型昂贵。我们许多人遭遇疼死和死疼，无法享用这种本来廉价的药品，这也是一些国际组织诟病中国死亡质量问题的一个原因。因此，临终麻醉药的平民化使用，这是必须即刻就要解决的急迫问题！因为，就在我们阅读的此时此刻，就有成千上万人正在承受死亡的疼痛，也许我们可能有一天也会用到。同时，我们也不能在如此低层次问题上授国际社会以柄。

一位老干部局的领导曾经跟我谈到：“现在老人去世，我最关心的问题是去者是否走得安详。”这位局长的关心和我研究的焦点刚好对上，我担心的正是，如果不改变现状的话，越来越多的人可能难以走得安详。我曾经采访过殡仪馆整容的老同志，他说，“现在，死得安详的人越来越少了”。他强调说：“我们的整容工作也越来越难，技术含量也越来越高。开玩笑说，有的比活人整容还难，原因是整容对象已经失去配合的能力。”想不到，这位老者还有点黑色幽默！难得呀！他的胸怀豁达可能不是我们常人所能比拟的。听着他的描述，我不禁对他肃然起敬！想想也是，许多人死前患有多种疾病，特别是很多老人有长期治疗史，经历了难以想象的疼痛，用过许多进口国产药品，受尽折磨，走的时候要想安详的确不容易。我的父亲去世多年，唯一让我安慰的是，他走得十分安详。

富商李嘉诚是个争议人物，但他做了一件大善事，这就是成立了李嘉诚癌症基金会。这个基金会在一些肿瘤治疗机构（目前是 23 家）注入基金，用于癌症病人的临终关怀治疗，比如疼痛治疗，减轻病人痛苦，为患者免费提供镇痛药物。坊间一般叫做“癌症止痛药免费发放活动”。目前，中华慈善总会、中国癌症基金会以及不少肿瘤药厂商合作开展药物援助的项目。如果你或者亲属朋友目前是在大的医院就诊的话，可以咨询一下你的主治医生，现在有哪类对症的药是有援助项目的，可以申请免费使用。这一义举不仅大大缓解了患者的极大痛苦，也大幅减轻了家庭的负担。但问题在于这类活动的规模远远供不应求。我们必须从根本上想办法，创新制度，让有需要的普罗大众能够廉价、合理、合法使用这种本来低廉的命药。否则，仅仅靠慈善是不能从根本上解决问题的。如果这个问题从制度上解决了，我们不仅是生而平等，而且在“死而平等”上也能迈出一大步，这是今后整个人类进步事业的一件大事！

巨疼着来但绝不能巨疼着走！辛辛苦苦一辈子，承受了生活的苦难，决不能在我们最脆弱的时候再承受加总式的巨大疼痛，甚至疼死！除非是那些真正应当进入地狱的人。即使是这些恶人，现在的趋势也是强调人道主义，倡导无痛结束其生命。我们每一个人来到这个世上，生的疼痛是由母亲承担的，我们把生日也尊称为“母难之日”，为了表达感恩，我们用终生奋斗来报答母难。那么，我们每一人离开这个世界，有可能要亲自承受死亡的巨大疼痛，亲人们还要承受巨大的死别苦难。对此，我们应当直接面对，积极作为，有所准备，确保我们人人能够无痛登仙。

“死亡管理”关系社会治理的根

在一次内部学术沙龙茶歇期间，有学者开玩笑对我说：“死亡管理一般是阎王殿的职能，你讲的死亡管理好像是说人间也要有职能部门管理，这会不会有夺权的嫌疑？”我回应道：“现在不是流行跨界嘛！”结果旁边的几个年轻人狡黠地说到：“党主任，您这个跨界有点吓人！”而来自台湾的一位从事“地下房地产业”的企业界人士立刻纠正道：“阎王殿已经多次反馈意见说，你们男女老少各个都整天收拾得干干净净，为什么送到我们这里来的时候，遍体鳞伤的怎么越来越多？而且身上药味越来越重，有的还脏兮兮的，小鬼们各个都想跳槽换工作。据打听，人间好像也没有发生大的战争。你们再不想办法，我们将考虑上地面办公。”听完大家大笑不已。最后我补充说：

"死亡管理的活看来我们还得接过来，不然，阎王殿和我们同界办公，阴阳两界跨界让阎王殿抢了先，这才真的吓人!"

的确，死亡必须管理!

管理在终极意义上都是不同程度地实现对人的管理。"死亡管理"有史以来都是人类关心的重大问题，也是原始氏族部落以及后来的所有统治者手中的重器，更是所有宗教组织凝聚人心的不二法门。面对未来10亿生灵的陆续登仙，我们必须彻底反思"死亡管理"的历史，清醒认识现状特别是相应问题。更重要的是，面对未来巨大的管理需求，我们必须从观念、战略、制度、政策以及行为方式等诸多方面开拓创新，做好准备，为人们解除死亡恐惧，提升死亡质量，从根子上抓好关系人人切身利益的社会治理问题。

老实说，世界上三大宗教是抓住死亡关切、开展死亡管理实现更高目的的典范。基督教把人的现世生存罪恶化，假定人在死前将面临上帝审判，要么灵魂升天，在天国投入上帝怀抱，得到救赎；要么下地狱，接受严厉惩罚。因此，死亡是基督教管理信众的万能钥匙，抓住它，就可以凝聚规模庞大的信众。因此，基督教利用这种死亡管理治理信众，并期望以此进行高高在上的社会治理。佛教把人的现世生存苦难化，主张来世才是福音，但要获得来世的最高幸福，就得通过修行实现涅磐。涅磐实际上就是把死亡神圣化，本质上也是死亡管理的变种，借此引领信徒终生为神圣的死亡做准备，最终通过涅磐实现灵魂超度。但客观地说，佛教对死亡管理的包装远远比基督教高超。说实话，让人们相信现世的苦难比相信自己有罪更容易接受，也更接地气。这就是为什么现在真正的佛教信徒虔诚有加，但也缺少怀疑精神，而基督徒不能说没有虔诚的态度，但常常更容易怀疑自身罪恶的前定性。伊斯兰教紧紧抓住死亡这个生命节点，宣称行善的人将进入天堂，永享欢乐；作恶的人将被驱入地狱，永食恶果。和否定现世的基督教、佛教不同，伊斯兰教提倡现世和来世两世兼顾，教导穆斯林要在现世努力创造美满生活，同时也应该以多做善功为未来的后世归宿创造条件。这里，我们可以看出，这三大宗教的共同点在于抓住死亡这个生命节点，假定后世可以倒过来制约人们的现世行为，从方法论上是利用死亡这一节点，进行逆向全生命周期管理。现在看来，这三大宗教的理念特别是利用死亡管理来管住所有人的全生命的顶层设计是高超的，一旦成为信众，必将一举彻底拿下。这种思路是值得后人认真总结的。虽然套路各异，但对一切管理乃至整个社会治理颇富启发意义。

至于原始部落以及后来的统治者抓住死亡这个生命节点进行死亡管理，进一步实现统治秩序的终极目的，就不言自明，显然在管理的精细和高妙上与三大宗教相比，简直就是云泥之别，虽然十分管用，但启发意义不大。不合者一杀了之。不过，死亡这个生命关节点算是抓住了。

对于中国来说，在死亡管理问题上，我们的祖先建树不多，唯一有所建树的还是外来的佛教。因此，如何反思死亡管理的传统文化，为应对 10 亿生命流提供思想滋养和方法借鉴，我们还得重新思考。

值得强调的是，自新中国建立以来，我们逐渐建树起一整套殡葬事业，并取得重要成就，但总体上还难以应对未来死亡人口的增长浪潮。截至 2015 年底，全国共有殡葬服务机构 4530 个，其中殡仪馆 1821 个，殡葬管理机构 1127 个,民政部门管理的公墓 1567 个。殡葬服务机构职工共有 8.4 万人，其中殡仪馆职工 4.7 万人。火化炉 6063 台，火化遗体 459.5 万具。火化率 47.1%，比上年增加 0.1 个百分点。但是，面对未来的 10 亿生灵先后升天，目前的殡葬事业格局恐怕难以胜任。首先是管理落后。目前，全国平均死亡 1000 万人口，管理机构涉及民政、公安、人社、土地等部门，各管一摊，需要协调。经常出现的情况是民政部门处理火化了，公安部门那里的户籍还没有消除，结果人社部门的养老金还照发，阳界吃阴间的现象难以根除。其次是火化率不高，火化技术落后，环保型殡葬业务开拓不够；再其次是殡葬服务供不应求，每年的清明节已经成为管理难点节日。更重要的是许多农村村民不愿意火葬，农村墓地占据有限耕地面积问题日益突出；城市的焦点问题在于土地紧张，造成墓地价格飞涨，加上一些人利用“忌讳文化”漫天要价，导致地上房地产业兴旺发达的同时，也带动地下房地产业野蛮生长。在墓地价格不断攀升的情况下，老百姓惊呼 “死不起!”人口老龄化既是老年人口大幅增长的过程，同时也是死亡人口的大幅增长过程。据预测，2030 年前后，中国在进入人口负增长阶段的同时，也开始迈入死亡人口增长高峰。面对未来 10 亿生命流的严峻形势，包括墓地以及连带一系列殡葬服务的死亡价格问题日益凸现，牵动人心，恐怕人人不敢死，但又不能不死。考验我们的大规模应对死亡的能力。如果不彻底改革，处理不好，关系社会稳定。

其实，死亡管理并不是一死了之的简单问题，而是牵涉方方面面，诸如人死观、恐惧感、疾病和濒死疼痛、临终关怀、亲属精神慰藉、殡葬、死亡成本以及财产遗留、债务、人情等等身后之事。所有这些问题都是活着的人必须面对的。我们既不能逃避自己死亡的命运，也逃避不了面对逝者遗留下来的诸多问题。客观地讲，人们常说，人死一了百了。其实，人死后，留在人世间、留给活人的各种有形无形遗产以及要处理的各种问题，远比我们想象的要多、要复杂。也许，这才是人生，否则，像动物那样死后便销声匿迹，就不是人类，也就称不上人类社会了。

千百年来，我们重视人的生命，但我们在死亡管理上关注太少。现在，总体看，全社会基本上还没有做好面对死亡的应有准备！这是我们面临老龄社会到来感到恐惧和焦虑的重要原因和结果，也是我们当前社会治理的一个真空地带。如果处理不当，影响深远。

我们可以设想，人人都有一个好的结局，奋斗一生之后有一个尊严、安全、优雅、舒心如归的死亡安排，这样的期待不也是我们人类的一个重要梦想吗？

人生是一个倒序结构

刚结婚时，一次我爱人不舒服，我给她铺床让她休息。边收拾床铺边思考：我们在本质上也和动物是同构的。我给爱人收拾床铺，这和雄性动物给雌性动物筑窝、打扫场地没有本质的差异，只不过道具不同罢了，雄性取悦雌性的本质没有变。器变道不变是也。

还有一次，A 分管领导和 B 分管领导吵架，听了半天，原来是 B 领导越权管了 A 应该管的事。我当时的第一印象是吵架场面太有冲击力，大脑中受到强烈刺激，不断回闪《动物世界》雄狮、老虎宣示领地边界的如雷咆哮。说穿了，仅就职能边界的守护来说，我们人的争斗并不比动物高妙多少。

“猪在污泥中取乐”“驴子宁要草料不要黄金”（赫拉克利特语）。动物纯粹走的是本能路线，走到哪吃到哪拉到哪。它们到死都不知道死是怎么回事。因此，它们的生活是典型的顺序结构。简单地说，动物的“兽生”是无需安排的顺序结构。当然，我们也有少数人走的是动物路线，他们从严格意义上说是“它们”，是属于动物界，而不属于人类。

但是，人毕竟是最高级的动物！人生在根本上高于“兽生”。人既知道自己会死，更重要的是，人会根据自己的死亡倒过来安排自己的人生。因此，人的高贵之处就在于：人的生活是一个按照意图、理念和价值观指导的倒序结构。顺序是“兽生”，而倒序才是人生。简言之，人生就是以死亡为起点倒过来设计生命的过程。用普罗大众的话来说，人生就是死后要留点什么，无论留给孩子、社会还是国家乃至人类，总要留点什么，这就是典型的倒序生活安排，也就是在自己离开之前要做什么。现在，我们的社会风气特别是年轻人的生活方式值得关注，什么“活在当下”“开心就好”的“风尚”疑点重重，带来及时行乐、今朝有酒今朝醉等诸多顺序“兽生”般的生活，引发诸多有识之士担忧，连在中国生活的国外专家对此类社会问题也忧心忡忡。一位外籍专家曾经和我讨论年轻人问题，他说在他的国家，年轻人同样也存在活在当下的现代社会病，但他着急地拉着我的手说：“我们是小国家。你们中国情况就不同了，那么多人如此生活，后果是我们国家不能比拟的！”

老实说，这还只是问题的浅层次，更深层次的问题是，我们现在把生命和生活混为一谈。生活，简单地说就是吃喝拉撒睡，主要强调物质层面；生命，简单地说就是作为区别于动物界的更高贵的价值和意义，主要强调精神层面。更进一步说，“兽生”是单面的顺序结构，而人生是包含顺序结构和倒序结构的双层复杂框架。在物质生活上，人的生活是顺序结构，这是人不能完全脱离动物界的基础；在精神生活上，人的生命是倒序结构，在追求高贵价值和意义理念的引领下，人们不断反思生与死，不断解构自己的生活，又不断重构自己的生活，最终实现生命的归宿，体现自己终生追求的价值和意义。因此，止于生活，人只能把自己限定在动物界的层面，而超越生活追求生命价值，人才能超拔出动物界，宣示自己是基于动物性又高于动物界的高贵生灵。

从整个人类社会来说，死亡扮演的角色绝非恐怖死神那样简单，它既是对整个人类生命过程的倒序规制，更是生生不息的人类历史延续不断的关键中介。那么，对于中国来说，为什么我们面临那么多死亡问题还没有解决，导致整体上国民死亡质量不高？这是我们必须回答的问题。

“讳死文化”让国人死亡免疫力低下

在中华民族第六个千年早期的今天，我们面临全球化大潮下重新反思传统文化的重大课题，背负伟大文化复兴的重大使命。那么，我们的传统文化究竟是什么？如何继承创新？如何实现文化复兴进而实现民族复兴的宏伟目标？这些都是宏大叙事般的系列重大难题。在此背景下，我们同时还面临未来10亿老年人的滚滚潮流，如果不从文化上进行战略考量，仅仅从物质层面作出安排，我们不仅难于成功应对，而且更重要的是，这样做无异于把所有人的老年期生活限于动物界层面，失却对所有人生命关怀的价值考量和意义引领。因此，我们有必要反思传统文化，考察祖先关于死亡的文化态度和文化内涵。

概括说来，我们的传统文化穿越几千年，赫然只有一个“生”字，对于“死”，我们的传统文化主要是两个字：“忌讳”。从某种意义上可以说，我们的传统文化就是“讳死文化”。我们大谈芸芸众生，忌讳芸芸众死。如果坚守这种讳死文化，那么，面对10亿死亡流，我们应当缄默金口，也无需应对。这，既不科学，更会削蚀人文精神，这是传统文化内在的消极因素，是让享誉全球的以人文关怀为最高指归的传统文化大打折扣的重要原因，也是目前我们中国死亡质量不高的文化原因。

中国的传统文化无非“儒释道”，也就是儒家文化、佛教文化和道家文化。我们都知道孔夫子“未知生，焉知死”的至理名言，孔门典籍从四书五经到宋明理学经典，从孔夫子、孟子到朱熹，我们看到对死的文化态度就是早已定了调子的“讳死文化”。当然，我们历代的士大夫以至民族英雄大都是气节高尚、绝不畏惧，留下了“人生自古谁无死，留取丹心照汗青”等许多壮绝诗篇。甚至到今天，我们中华民族都是一个不怕死的民族。但这是另一回事。不过，这不影响我们说，我们中华民族也是一个忌讳死的民族。

至于道家文化，从老子、庄子开始，对于死的文化态度并不避讳，倡导“道法自然”，强调顺应自然，其中也包括顺应死亡。这种对死亡的文化态度在历史上难得占据文化主流，因为主流文化是坚如磐石的儒家文化。相反，源于道家思想的道教文化，高度重视老庄的“长生久视”，也就是长寿不老，追求养生之道，冥索养生之术，从至圣皇帝到士大夫，从各路精英到黎民百姓，纷纷追求长寿富贵，不老成仙。从道教的经典文献来看，这种广为流传的道教养生长寿文化，话题焦点主要是如何活得更长久，至于如何处理死亡则少有建树。如此文化导向更进一步放大了占据主流的儒家的“讳死文化”。

再来看看佛教文化。从某种意义上说，佛教文化就是超越生死苦的文化，对死的文化态度是解脱，而且关于死亡的文化内容十分丰富，是我们建构老龄社会的死亡文化的重要精神宝库。遗憾的是，佛教文化在传统文化中占据次位，而且，佛教的死亡文化几乎无力抗衡占据主流的“讳死文化”。

总体来看，“讳死文化”是中国传统文化的重要特征，也是中国传统文化博大体系中的一个大硬伤、大漏洞、大短板、大矛盾，这也是中国人对死亡缺失免疫力的文化根子。既然我们的文化在死亡问题上是如此态度，那么，作为文化结果的国民死亡质量不高，就是可以理解的事情。对此，我们必须从应对未来10亿死亡洪流甚至不绝的死亡流的泱泱态势的高度，扬弃传统文化，构建新型死亡文化。

死亡教育中国人旷课了几千年

记得从上小学起，我逐渐知道了三个字：人生观。至于人生观的含义直到上大学时才知道它的份量，但仍然懵懵懂懂。而立之年，慢慢体会到其中的滋味。不惑之年可以说，逐渐就这个话题产生了讲课的冲动。现在我50多了，我才知道，人生观的另一半我们拉下了太多的课程，这就是死亡准备课。

死亡准备教育课究竟应当从何时起？这是一个人生难题。目前还没有一个公认的时间起点。从幼儿园开始？孩子还不懂事。从高中开始？好像已经晚了。有的高中生已经有了亲人离世的苦难经历。但从50岁开始，显然不仅晚了，而且甚至有可能是马后炮。因为，少数一些人已经在这个岁数上提前走了。从死亡率的变化来说，在寿命不断延长的同时，也交织着死亡低龄化的现象，特别是中年人死亡率有小幅上升的趋势。

媒体大腕白岩松曾经大声疾呼："中国从来没有真正的死亡教育。"这个判断不仅客观，但更多的是呐喊！那么，中国目前的死亡教育究竟做得怎么样？白岩松的判断更加形象：中国人谈论死亡就像个小学生！原因很简单，"讳死文化"导致我们既没有"导师"和"教师"，也没有"课程设置"和"课程计划"，自然就不可能有"教学内容"。可以说，我们中国人在死亡教育必修课上旷课了几千年，迄今为止依然如故。所以，要说中国的死亡教育现状，无需数据论证，也没有这方面的数据支持，只能说我们集体深陷"禁忌"的黑暗深渊。

揭开"讳死文化"的面纱，中国人的死亡应对实践惨不忍睹：对死亡的预防知识十分匮乏，对死亡的无知更是俯拾皆是，对亲人死亡的应对态度的幼稚和响应技能的低下，对自己死亡的谋划安排的杂乱无章，对身后事的处理特别是遗产周全处理的极度欠缺等等，结果造成死亡千奇百怪、死者抱憾离世，甚至人还没有死，家人就先争端四起，在道德沦丧和拜金主义影响下，造成许多家庭问题和社会矛盾。一句话，围绕死亡的社会问题已经越来越突出，引发社会各方面的高度关注。面对未来 10 亿死亡流，如果我们再不抓紧补上死亡教育这门必修课，其后果将不堪设想！

有人可能会说，你这是危言耸听！难道在这个问题上又是老外比我们发达先进？答案是否定的。其实，发达国家比我们也好不到哪里去。旷课的不仅仅是中国人。他们只不过先进了几十年而已。追溯历史，美国是死亡教育的发源地。到 1976 年，才有 1500 多所中小学校实施死亡教育的课程。英国皇家学院直到 1976 年才建立了死亡教育机构，并开设了远程教育课程。其他国家也只是上世纪下半叶才开始发展死亡教育事业。联合国至今还没有提出死亡教育的全球性倡导。因此，纵观全球看，有文明历史的人类活了几千年，但在死亡教育上全体旷课了几千年。这也是未来人类应对老龄社会必须要解决的一个重大问题！

值得强调的是，关于死亡，中国的传统文化是一个双层结构，表层是“讳死文化”，但里子中却是“好死不如赖活着”。不然，仅仅一个“忌讳”，中国人是撑不到今天的。但充满希望的是，对“好死不如赖活着”这种生存哲学，我们虽然人人日日实践，但我们几乎人人诟病、人人自责，表达出我们对死亡教育、死亡哲学乃至整个生存哲学的渴望。这也是未来大力弘扬老龄社会新型死亡文化的根基和土壤。

需要指出的是，自古以来，中国人虽然忌讳死亡，崇尚“讳死文化”，但中国人在死亡准备上并非一片空白。历代帝王一登基就开始准备墓地建设，立太子更是题中应有之义；民间做子女的要早早给父母准备寿材，这是孝顺父母的重要指标；更重要的是，我们还有 55 个少数民族拥有丰富灿烂的死亡文化。这些都是我们面向10亿洪流、全社会做好死亡准备的重要基础。

安乐死的议题已经上了梁山

生的权力至高无上，这是天经地义，但理性地选择结束生命，这是人作为人的重要尺度，是人类社会文明进步的重要标志，也是人把自己从动物界超拔出来的重要分界线。因为，动物没有理性，更没有选择结束生命的自觉意识，更不可能像人那样做好结束生命的周密安排，诸如法律、程序等等。

什么是理性地选择结束生命？目前还没有一个公认的理论和操作体系。不过，我身边的一件事让我对这个问题有了清晰的感悟。2016年5月的一天，我的一位同事因病住院。因为第二天要去做一场节目，我考虑录完节目再去看他，加上我估计没有什么大的问题（他刚刚才57岁）。结果，等我刚录完节目走出演播室，就接到另一位单位领导的电话，听不清她说什么，我就问怎么样了，一定要找最好的大夫，不要考虑钱的问题。没等我反应过来，她说："党主任，你没听清楚，现在要拔管子。"听完我脑子里如同断电，怎么回事，怎么这么严重。后来才了解到，患者是大面积心肌梗死。他的夫人从国外还没有到京，是他的父亲做的决定。后来看望老人家的时候，我才了解到：老人家是位医生，大半辈子在急诊室工作，这种情况已经见多了。作为大夫的他，这个决定是理性的。如果接着治疗，结果和代价不言自明。但是，作为父亲的他懊悔不已。老人哭着对我说："是我对不住他。星期六他做饭，我们吃完饭，他就回家，晚上就不舒服，呕吐，心慌。这是典型的心脏病前兆。我没有告诉他相关预防知识。害得他以为没什么大事，折腾了一晚上，第二天自己步行下楼梯走了六层（没有电梯），还自己开车去医院，准备拿点药回家。结果被大夫直接送到了重症监护室。其实，下楼那会正是黄金救援时间。唉呀！是我对不住孩子！"看着老人的泪眼，听着老人的陈述，白发人送黑发人的全部悲怆令人涕下。看得出来，基于职业的理性选择，作出这个拔管子的决定，何其难哉！他嘶哑的嗓子，特别是我从小害怕老人痛哭的战栗，让我对这位仁厚长者肃然起敬。做这个父亲何其痛哉！现在回想起来，他的决定实际上就是准安乐死。撕心，裂肺，直叫人灵魂梗死，但又不得不毅然决然地结束！

心肌大面积梗死只是多种疾病的一种，导致人痛不欲生的疾病多种多样。据预计，未来在人口快速老龄化特别是高龄化的背景下，没有治疗价值、有安乐死需求的人数会有较大增长，问题将日益严峻。

安乐死的理论和实践都有很长久的历史。斯巴达人为了保持健康与活力，直接处死那些先天病态的儿童。亚里士多德曾在其著作中表示支持这种做法。在《理想国》一书中，柏拉图赞成把自杀作为解除无法治疗的痛苦的一种办法。毕达哥拉斯等许多哲人、学者、政治家都认为，在道德上对老人与虚弱者实施自愿的安乐死是合理的。目前，全球只有荷兰、比利时、瑞士和美国的一些州等少数国家或地区通过了安乐死法案。在大多数国家，安乐死还没有合法化，但从全球范围看，人们对给予病情危重而又无法治愈的病人以死的权力和自由、借以摆脱残酷的病痛折磨的做法，愈来愈多地采取同情的态度。因此，值得关注的是，虽然在法律上实施安乐死是犯罪行为，但在民间，支持实行安乐死的人数正在不断增加。

谁的腰疼谁知道。站着说话不腰疼。从看客的立场看，我们可以慢慢消磨时间，仔细所谓考量，培养所谓社会接受力，等待所谓立法时机，甚至冷漠地旁观。但从患者及其家属的角度看，这种对待安乐死慢条斯理的社会态度是那些患者及其家属不能等待的。看到老妻伺候多年痴呆老公决然不顾牢狱之灾举刀夺命的新闻报告，让我们扼腕长叹，老人家情何以堪！更大的问题是，未来类似的家庭悲剧可能还将重复登场，而且数量难以估量。现在，实施安乐死的必要性，特别是对无治疗价值和无意义生存的社会认知已经逐渐趋同，问题在于技术层面，即如何制定严格的法律和科学的操作规程以及刚性的监管机制，才能确保实施真正有需求的安乐死，预防故意杀人。解决任何问题，无非道和术两个层面。对于实施安乐死，今后恐怕要做的工作首先是培养社会共识，但重点是技术层面。需要强调的是，我们不能以技术层面的疑难和操作层面的复杂而失去对真正有需求者的生命尊严的尊重！更不能以非患者的其他伪善理由从患者身上渔利！

正是在以上背景下，从上世纪末以来，中国人大代表、政协委员、医生、律师、患者家属以及相关社会组织（如罗点点的尊严死），就积极努力，呼吁安乐死尽快立法。当然也引发社会各方面的广泛关注、热议乃至争论。因此，尽管热议不断，但问题目前还没有解决。我们社会中有很多议题永恒争议，例如贫富差异等，但这些问题一般不触及生命。但安乐死不同，可以说，安乐死是近些年来社会话题中最触及灵魂的议题。因为，是否有必要、如何实施安乐死以及实施后果如何等问题，涉及的不仅仅是道德、伦理、法律等问题，更是从根本上考验人类共同的全部生存发展的综合底线问题。

任何危险试验都有一个逃遁机制。也就是说，一旦试验失败，有了逃遁机制，就可以确保试验者不至于当场丧命。人生其实也是一个充满不确定性的探险。对于时间越来越漫长的人生来说，我们既要有美好憧憬，更要有最坏事件的事先安排。只知道生的铤而走险，不准备死的逃遁机制，这是不完满的人生，也是危险可怖的人生。关于安乐死，无论争论如何沸腾不懈，无论技术问题如何复杂，面对未来 10 亿生命流，特别是患病老人大潮的到来，安乐死应当作为一项重要制度安排，这也是从法律体系上应对老龄社会的重大必选准备工程。问题只在于时间早晚，而我们的关注焦点也主要是：尽量缩短这项制度安排的立法进程。否则，心里悬着这么一个扑朔迷离的不确定预期，我们对明天的生活将失去应有的确定性。

学会对死亡举重若轻

想透了就会视死如归。大哲学家庄子的妻子去世了，庄子的朋友惠施前去吊唁。惠施来到庄子家，看见庄子正盘腿坐在蒲草编的垫子上，敲着瓦盆放声而歌。惠施很不理解，忍不住责备他说："你的妻子与你日夜相伴，为你生儿育女，身体都累坏了。现在死了，你不哭也就罢了，却还在这里唱歌，这不是太过分了吗？"庄子回答："你这话不对。你知道吗？当我的妻子刚死的时候我怎么不悲伤呢？可是后来想了想，也就不悲伤了。因为想当初，我的妻子本来就是没有生命的，不但没有生命，而且连形体也没有，不但没有形体，而且连气息也没有。后来恍惚间出现了气息，由气息渐渐地产生了形体，由形体渐渐地产生了生命。现在她死了，又由有生命的东西变成了无生命的东西，之后形体也会消散，气息也会泯灭，她将完全恢复到原先的样子。这样看来，人生人死就像是春夏秋冬四季交替一样，循环往复，无有穷尽。我的妻子死了，也正是沿着这一循环的道路，从一无所有的大房子中走出，又回归到她原来一无所有的大房子里面休息，而我却在这里为此号啕大哭，这不是不懂得大自然循环往复的道理吗？正因为如此，所以我停止了悲伤，不哭了。"这就是著名的成语——"鼓盆而歌"的来历，也是庄子关于生死智慧的集中体现。的确，想透了生命的这一从无到有再从有到无的本质，我们就会从悲伤中超拔出来，视生为来，视死如归。

谈多了就会提高免疫力。人对死亡的悲伤在早期阶段是没有免疫力的，或者说是比较脆弱的。我从网上看到，一位女同学有一个怪嗜，喜欢听哀乐，对葬礼的悲哀氛围十分沉醉。居然有一次，她连续播放了56遍哀乐。看到这一信息让我深受启发。其实，我们每一个人内心深处都住着一位悲剧天神。记得读研时看过影片《周恩来》，其中一个桥段是贺龙葬礼上的周恩来，承载国运的苍老身躯鞠躬不已，每一次抬头下巴的战栗，仿佛表达的是整个中国的悲痛。那个时候没有现在欣赏影片这么容易，每次电视台重播，这个桥段我没有落过一次。后来思考这个行为，其实就是人的悲剧天神在其中运作。我们对悲剧有一种天生的情结，既恐惧又放不下手。现在看来，其实这是对死亡的某种预演。随着年龄的增长，这种预演通过参加葬礼、亲历亲人死别的加深，我们逐渐培养起面对死亡的知性、情感和意志，以至对亲人亡故和自己归去的近乎哲思般的态度。说穿了，死亡虽然可怕，但经过反复讨论、思考特别是对他人死亡的重复体验，应对死亡的免疫力就会完成建构过程。借此建构，谈死色变就自然而然地会转换为谈死如谈生。可喜的是，年轻人富有创新精神，许多地方出现模拟死亡的各种活动，这是一大进步，值得鼓盆而歌。

准备了就会泰然自若。气定神闲来源于准备若定。免除了对死亡的恐惧，学会从悲剧情结中超拔出来，做好系列充分准备，虽然死亡本身还充满许多不确定，但一旦死神光临，早先安排好的一系列快速响应系统即行启动。因此，面对死亡，我们还必须作出长远的打算和周密的安排。年轻时这种准备主要是精神层面和身体层面（追求善终，做好身体准备），到了中壮年就需要从金钱等方面着手准备，到了老年期就要进行更加系统的准备。有了这些完善的最后逃遁准备，我们就有了充分确定的预期。我想，在这种情况下，谈起死亡，我们不仅不会紧张，而且还会泰然，也能够笑对死亡。因为，笑除了幽默这种小笑，还有大笑，这就是对生死的超越，此乃大定者的人生态度和高妙境界。

来自长寿之国、现年 86 岁高龄的日本当代著名诗人谷川俊太郎，在谈到生命与年岁时说：“生命于我，剩下的时间就是笑着等待死亡的到来。”我想，他是做了长期准备的，才能达到如此放达的境界。那么，我衷心期望 40 后以前各代健在者能够接近或者达到如此境界，至于 50 后以后各代，首先是要争取活到谷川俊太郎那样的高龄，同时，经过终生的准备，最终达到笑迎登仙的境界。

那么，真正的问题是：您开始不忌讳死的问题了吗？您开始做准备了吗？

参考文献

1. 陈蕃，李伟长. 临终关怀与安乐死曙光[C]. 北京：中国工人出版社，2004.

2. [法]米歇尔·沃维尔. 死亡文化史[M]. 北京：中国人民大学出版社，2004.

3. [美]汉娜·阿伦特. 人的境况[M]. 王寅丽译. 上海：上海人民出版社，2009.

4. [英]雷蒙德·弗思. 人文类型[M]. 费孝通译. 北京：商务印书馆，2010.

5. [哥]加西亚·马尔克斯. 百年孤独[Z]. 南海出版社，2011.

6. [德]威廉·狄尔泰. 历史中的意义[M]. 艾彦译. 南京：译林出版社，2011.

7. [法]德日进. 人的现象[M]. 范一译. 南京：译林出版社，2012.

8. [英]特里·伊格尔顿. 人生的意义[M]. 朱新伟译. 南京：译林出版社，2012.

9. [德]倭坚. 人生的意义与价值[M]. 周新建，周洁译. 南京：译林出版社，2013.

10. [美]查尔斯·霍顿·库利. 人类本性与社会秩序[M]. 北京：华夏出版社，2015.

11. 党俊武. 关于建构人类老年期理论的若干考量[J]. 老龄科学研究，2016，(2).

12. R. L. Rubinstein. *Anthropology And Aging* [C]. Netherland, 1990.

第五章 人活一世为了什么

"没有反省的人生不值得过。"

——[希腊]苏格拉底

开始就业就要想着退休

现在，社会上的流行文化琳琅满目，但绝非精彩纷呈。其中一些理念就是"活在当下""人生在于过程"。这些 "心灵鸡汤"灌顶，听着似乎颇富哲思。不过，仔细思量，其中的道理实乃动物哲学。因为，在整个动物界，这是一个普世之理。动物没有文化，也不懂得反省，它们没有过去，没有未来，甚至不知道自己会死。因此，它们永远是活在当下。这样看来，"活在当下"的流行文化不费吹灰之力，把我们从人类竭力进化攀上万物之灵的高位阶上，一下子拉到了若干万年前的低谷，高度文明的人类生活变成了"动物化生存"！悲哉！哀哉！所谓的"流行"，看透了其实是没有"文化"！

在一次参加某大学的班级学术沙龙上，我建议大家讨论"年轻时开始做退休准备"的话题。因为知道我是研究老龄科学的，加上比他们大了接近三轮的年岁，开始大家有些拘谨，好像碍于面子不好直话直说。经过我对自我承受力强大作了一番宣示之后，大家开始发表意见。好家伙！这帮 90 后还真"口无遮拦"，一连串问题和阐述论证听起来直"顶"得我承受力爆表。他们说来说去，归结起来就是三句话：菜鸟还没有学会飞就想着准备趴窝确实有点早！还没上山就考虑如何瓜分虎皮确实有点滑稽！现在就考虑爷爷正在考虑的问题回家爷爷会揍我们的！更“过分”的一句话是一位高个帅哥说的：“党老师，我知道您是研究老龄科学的。听说老年大学缺老师，您可以考虑兼职。”结果弄得哄堂大笑。言下之意是我找错了人，进错了门，话题也跨错了界。

还没等我回应，一位小个子男生幽幽地说到：“你们看来真的是菜鸟！”据说他是班上的学霸。他舔了舔嘴唇，略有些诡黠地开始论道：“你们可能上当了！我们做学生至少都有十多年了。题一出来第一步先要审题。我认为最高境界的审题思维就是：出题人想要我们回答的真正问题是什么？出题人可能会希望我们如何回答？是规定动作还是自选动作？如果是自选动作，掉进陷阱的风险可能更大。别人说我是学霸，其实非也。我只不过是始终围绕出题人的动机考虑问题。”嗬！不愧是学霸！接着他有几分得意地审题：“党老师想要我们讨论什么？年轻时开始做退休准备。看来，做退休准备的必要性不用讨论，问题的关键在于做退休准备的时间起点在哪里？根据题意，快退休之前做准备看来有些晚了，事实也是如此。由此可知，中年时就要做准备这是毋庸置疑的。陷阱性的问题在于，年轻时是指什么时候，是指我们这个岁数吗？20岁？如果说我们不用，那出题人出这个题目干什么？看来答案就是：20岁就要开始做准备。”听完他精彩的审题和答题，掌声雷动，我和大家都对他投以钦佩的目光。只有几个同学没有鼓掌，目光充满质疑。

没等这几位不服气者的反问，学霸接着补充说：“至于把人和动物放在一个层面来讨论，这一点不用我辩驳。问题在于，爷爷会不会因为孙子早早开始做退休准备就揍自己的孙子，这一点，我的答案是：孙子不会挨揍，爷爷们可能会尴尬，因为大多数爷爷们可能正在后悔当年没有攒下钱来；而少数有钱的爷爷们可能会夸自己的孙子比自己觉悟得早。”又是一阵掌声。

沙龙进行到这个份上，留给我作总结的空间，已经被学霸挤占了一大块，快哉90后！其实，学霸的分析也已经回答了本节的问题，而且，他把做好退休准备的时间又提前到了就业前的大学时代。当然，这里还没有正面讨论更深层次的问题，这就是我们下面要研究的人生重大课题。

如果人人没有终生预期

在一次培训课堂调查期间，我问大家，想象一下你到 2053 年多大了？我听到一位 80 后漂亮女生倒吸一口气说到："天哪！我都 70 了。成老太婆了！"这是 80 后的代表的感叹！在场所有人大体上都是 80 后 90 后，都唏嘘三叹年华恨短，老境难以接受。我接着说："成为老太婆就不错了，搞不好还有人活不到那个时候，我真诚希望在座的所有人都能活到那个时候，而且还要多活若干年，活到 90、100 甚至更加长寿！我再一次真诚地祝福大家！"听众一致真诚且热烈地鼓掌回应我的祝福。这样的调查我进行了很多次，反应几乎高度一致，这就是：年轻人普遍感到很难接受自己的衰老。在另一次访谈中，一位 60 后代表、49 岁的企业家说："我感觉人到 45 岁以后就有些走下坡路的感觉，日子好像过得更快了。这也许就是人生相对论。不过，你让我想象 2053 年的远景，到那个时候如果还活着的话，也已经 90 多岁了。天哪（又一个天哪）！这个数字虽然是可以计算的，但我从未认真想过。我还能不能独立生活，真不知道！"瞧！中年人也很难接受自己的衰老。

我们中国人有一个"虚岁文化"，历来都盼望早日达到受人尊敬的高龄，为此，都往往把自己的实际年龄要适当加大，计算方法是：从生日前算，他比实际年龄要大两岁，而从生日后算，要比实际年龄大一岁。连 4 岁小孩都经常说，我小时候如何如何，小孩子内心里更愿意人们把他们当作大人对待，期望长大的愿望是也。现在时代不同了，我们越来越崇尚年轻，全社会都迷恋"小鲜肉"，而且工于用技术手段掩盖自己的衰老，这种美好的自欺和传统中的"虚岁文化"形成鲜明对比。

过去，人们愿意夸大生理年龄，主要目的是提高社会年龄，原因主要是孝道文化中的高年往往受人尊敬，这实际上就是我们祖先精心设计的老年期理想。从某种意义上说，孝道文化就是人人都要尊重敬爱老年期的人。孔孟虽然没有全生命周期的说法，但却紧紧抓住了人生的后半段，依此倒过来要求其他年龄段的人都要爱戴处于后半段人生的人。这个设计非同小可。它是中国社会长期稳定也是中华文明绵延不断的基础元素。受人尊敬的老年期成为众望所归，这种理念引领全社会往上疼，形成对老年期生活的美好社会预期，家庭和睦，社会有序，文化不衰。

现在的情况大相径庭。人人都希望自己年轻，全社会又都无意识有意识地集体往下疼，疏离和回避老年期的社会心理已经形成某种惯性机制，这也是我们对老年期生活缺乏社会自信的某种表现。在这种所谓“小鲜肉”青春文化的影响下，正如前面的年轻女生和中年老总对晚年的某种不情愿，全社会特别是中青年对老年期生活的社会预期充满不确定性，在人口加速老龄化，特别是在未来茫茫老人洪流的强烈冲击下，人们对下一代的不信任、社会心理的焦虑，加上少子化特别是生育二孩的艰难选择，未来老境的社会预期已经成为重大社会问题，不仅不利于解决老年期问题，而且影响家庭安定有序、社会和谐稳定。这就是社会缺乏对能够倒过来指导终生生活的老年期预期的社会后果。

我们碰到问题的时候，除了要学习发达国家的经验，还要回到我们的祖先。因此，重整社会预期，我们还得回到传统、回到源头、回到来的路上，师法先哲，找到再出发的灵感。

理想终生预期是什么

这个问题太难了！我在做博士论文时曾经涉及这个问题，也一直是我关注研究的一个重要问题，至今也只有一些思路性的想法。看过很多文献，似乎也没有公认的说法。但马斯洛的需求理论在回答这个问题上的解答有众多粉丝追随。不过，他的这个伟大理论也有硬伤。它的伟大，在于揭示了人的发展理论的真谛；它的硬伤，在于忽略了人生老年期这一重要阶段，这就是人生末期的需求。

马斯洛关于人的需求理论风靡全球。他认为，人的需求可以分为两个层次：一个是基本需求，包括生理需求、安全需求、归属和爱的需求、尊重需求四个方面；另一个是发展需求，即自我实现。他认为，基本需求也可以称之为因匮乏而产生的需求，属于低级需求。发展需求实际上是存在的价值，他称之为“后需求”，即基本需求满足以后产生的需求，是一种高级需求。他还认为，高级需求以低级需求为基础，而人类最高境界的需求则是审美需求。

毋庸置疑，马斯洛的心理学具有重要的理论意义，在教育、医疗、防止犯罪以及企业管理等领域产生了深刻的影响。但是，从生命全程和人类个体老年期的需求来说，马斯洛的需求理论还有尚未揭示的领域。首先，马斯洛心理学没有对老年期的需求作系统的说明。随着人类平均预期寿命的延长，老年期也大大延长了。在老年期，除了马斯洛已经指出的两类需求之外，人类是否没有其他需求了？如果有，是什么需求？这些需求是低级需求还是高级需求？这些问题马斯洛理论没有回答。其次，马斯洛心理学视野上没有涉及老年期普遍的失能现象。面对老年期特别是高龄期失能风险发生率的提高，老年人会产生什么样的需求？用“安全需求”难以解释。对于青年人特别是中年人来说，从生命全程的角度来看，面对自己未来老年期或高龄期失能风险发生的不确定性，他们会有什么样的心理预期？从行动上他们将如何应对？这些问题马斯洛的理论也难以回答。再次，马斯洛的理论没有穷尽人类共同的价值观和道德标准。例如，人类如何面对死亡？人类如何面对死亡前长时段的失能状态？或者说，在面对失能风险上，人的需求是什么？应当建立什么样的价值观和道德标准，以便从文化上进行应对？总之，马斯洛关于人的需求理论有一个重要缺项或者空白，这就是人类个体对不同于青少年时期和成年时期的老年期有什么样的特殊需求，这个问题目前还没有满意的说法。

马斯洛的理论之所以存在这一空白，主要在于以下原因：一是马斯洛的理论缺乏生命全程的理念。他较多关注青少年和成年人，而对于老年人则较少关注。从生命全程的理念来说，他关注的是青少年和成年期阶段，而看不到日益延长的老年期。二是马斯洛的理论是一种精英理论。他关注的是从精英当中发现和研究人类的需求。但是，精英是人类的少数群体，他们的需求和芸芸众生的需求不可同日而语。我们主张，既要研究伟人精英，也要研究芸芸众生。毕竟，任何理论的服务对象不是精英（精英知道自己的需求，不需要任何理论来指导他），而是普通老百姓。三是人口老龄化现象在他那个时代还没有凸现。众所周知，人口老龄化现象的发现是20世纪40年代，而且当时主要限于学术圈子，人口老龄化真正被广泛认识是20世纪80年代的事情，而马斯洛在1970年就辞世了。这可以说是客观原因，也是我们不能苛求马斯洛的重要理由。

那么，人的终生预期究竟是什么？这个问题我们还需要探索。面对越来越长的老年期，我们需要有更好的人生设计，否则，没有经过设计的每一个人汇聚的煌煌10亿老年人长寿洪流就是一个没有希望的、没有发展可能的自然过程，而不是一个充满憧憬和美好引领的社会过程。这一点无论他是属于XX后，都是确定无疑的人生必修课题。

五子登科如浮云

终生预期是一个概念，变现到日常生活，需要具体的支撑。那么，究竟什么东西能够托付我们的终生？我的一位50后老朋友常说一句话："金钱当然是粪土，不过它很管用。所以，大家都是边骂边在粪土中取乐的一群口是心非的家伙！"而且，他在说这句话的时候，因为有些口吃，需要间断性地咽口水。我们都说他才是口是心非，一边骂粪土，一边咽涎水。一位60后收藏家也说过一句话：我一辈子都在搜集古董，搜来搜去，其实都在搜钞票。因为古董的价格是波动性的，逼得我这个有文化底蕴的人随时有可能掉进钞票的陷阱。他总结他的古董人生曰："搜集现金比搜集古币更难！"一位70

后企业家也感叹，现在做生意太难！做什么行业好像都很不容易。真羡慕上世纪八九十年代，他们赚钱太容易了！看来，当下就已经十分困难了，要说终生预期似乎更有些缥缈。

现在，我们似乎处在一个十分奇怪的时代。什么稀奇古怪的事情都有可能发生。开始，我这个 60 后“老腊肉”对 90 后漂亮女生腿上、手上的文身感到极不适应，现在连普通打工族的男生女生文身似乎已经十分普遍。有一天，一位 30 多岁的 80 后小时工帮我做家务，在不经意间，我突然发现她的手背上赫然有一个漂亮的小蝴蝶。还没等我反应过来，她居然问：“不漂亮吗？”我不停地点头称是，也不知道说什么好。更奇怪的是，我的一个远方朋友诡异地聊到，他的一位朋友的男孩子一天回家，突然告诉妈妈说：“我把我的两个蛋蛋取了。”母亲震惊地问：“哪来的钱做这个手术？”孩子平静地回答：“零花钱攒起来的。”看来是富裕人家。这个孩子做了个变性手术。我听了以后第一感觉是下腿发软。现在想起来还既战且栗。我由衷地感佩所有那些做变性手术的人士（有时还真不好称呼）。他们的生育、生计等关联着老年期生活的安全。

也许，我们已经走得很远了。真搞不清我们是从哪里来的？也弄不清我们是怎么过来的？记得有一次看到委内瑞拉关于退休妓女入住养老院的资料，十分令人震惊。那些吃青春饭的人到了老年，境况惨淡，端的是我们常人的一面镜子。老实说，她们是典型的没有终生设计的群体。只顾当下快乐而不管长远安排，只管人生前半段不管后半段。以这种方式靠诸多男人当然是靠不住的，至于那些靠富婆的“鸭子”们断然也是伯仲相当。

那么，回到常人日常生活中，人们津津乐道的“五子登科”其实也值得我们重新思考。的确，我们所处的时代是一个需要不断重新思考一切的时代。这也是年轻社会转向老龄社会的一个重要特征。先说“孩子”，当然必须好好养，但不能去指望，他们可能大多是有心无力；再说“票子”，合理合法得来的多多益善，而且还要多流汗甚至流泪，这是终生预期的压舱石；还有

"位子"，这不是个人能决定的，埋头苦干耕耘，不要纠结于它的得失，将来全国退休制度改革，统一的社会保障制度将会弱化人们当官的非合理性冲动；再有就是"车子"，这只不过是个工具而已，不足挂齿，钱多买好的，钱少是四个轮子的都可以把你运到天涯海角；最后就是"房子"，现在许多人没有现金，就有一套两套甚至三套房子，大家把"五子"的重心放在房子上了。因为大家似乎觉得，房子是比钞票还硬的硬通货。那么，假定这些都有了，而且实现这个希望可能性很大。否则，全面小康还有什么意义？因此，真正的问题来了：如果我们人人实现"五子登科"的目标，这是我们真正想要的吗？如果经过一辈子努力，我们给后人说，爸爸、妈妈我这辈子实现了"五子登科"。好，孩子们接着实现他们的"五子登科"。如此循环往复，人类史就简单了，就是"五子登科"史。10亿老年人洪流无非是"五子登科"者的大汇聚而已。显然，这里有一个大问题，这就是：我们来到世上究竟是为了什么？难道是年轻时好好干，老年后好好享受，如此简单吗？果真如此，那么，我们和动物也没有太大差别。正如孔子所说，富贵于我如浮云。他虽然倡导孝道文化，但他的意思不是让小的"五子登科"者孝敬老的"五子登科"者。他并不排斥富贵，但在富贵之上也就是所谓"五子登科"之上，孔子还有更加高远的价值诉求，这就是人作为人的价值，也就是人作为人的存在意义。否则，我们从出生、学习、就业、退休到最后走人，就纯粹是在走程序，走过场，在人世间留下登科的五个大小不同各有轻重的痕迹，那么，我们就是行走的尸体。换言之，我们人类首先是有低级欲望的动物，同时，也是有高级需求的高贵动物。因此，我们不能把高级需求归结为低级欲望，把人归结为动物。这是我们思维方式的误区，也是我们常常犯的低级逻辑错误。

那么，比游弋不定的浮云更高层次的这个人生意义究竟是什么？这是我们需要进一步讨论的问题。

老年期是前期人生的必然延续

我们身边有许多聪明人，谙熟处世之道、工作技巧以及各种雕虫小技。也许是看着小和尚“一休”的节目长大，抖机灵的功底了得。但是，在人生道路的设计上，他们一筹莫展。他们甚至认为，再大的困难无非抖抖机灵就可以搞定。那么，这靠得住吗？

学术研究上有一个有名的“蚁行沙滩模型”。主要是说蚂蚁生活的复杂性。其实，蚂蚁在沙滩上觅食是一个简单的本能行为。但蚂蚁觅食的路线十分复杂。在蚂蚁看来，沙滩上“巨石林立”，道路“崎岖不平”，从出发点到食物所在地之间的行动轨迹，如果用数学线条表示，看起来“曲曲折折”“跌宕起伏”。因此，蚂蚁路线的复杂性不在于觅食冲动，而在于觅食路上的背景复杂。蚁行沙滩模型给我们的启示良多，是我们观察许多现象和处理许多疑难问题的重要思维方法，甚至也是艺术创作的重要方法。比如爱情电影或者电视剧，说穿了无非就是两个人相爱相守那点事，但经典爱情作品就在于背景复杂，路线曲折。所以，情节及其处理是衡量创作艺术的关键。

但是，人生的复杂性远远超过蚁行沙滩模型，除了满足食色这些本能需求过程中遇到的背景造成人生复杂性之外，提升复杂性水平的还有另外两个要素：一个是时间要素。人生毕竟是一个过程，从出生到离世几十年上百年，时长超过蚂蚁等许多动物，即使是重复性满足本能需要经历的时间长度，也会增加人生整个过程的复杂性，何况除了本能行为之外，人类的更高层次的活动例如恋爱、婚姻、家庭、社会交往以及文化、艺术等精神、情感活动在长时段范围内形成的复杂性就毋庸讳言，至于团体、民族和国家以及国际层面的活动，其复杂性更是远远突破了个体人生复杂性的边界，这当然也倒过来增加了个体人生的复杂性。

另一个要素就是意义引领。人不是简单的食色动物，而是依靠意义引领的高级动物。人区别于动物的根本标志在于：人在满足本能需要之外，还要寻找生存的价值和意义。否则，人就与动物无异。这也是家长、老师常常抱怨子女和孩子：吃货！就知道吃。潜台词实际上是说：能不能干点有层次的事情（现在，我们许多长辈已经失去直接教导晚辈的话语权了！）。我们的祖先历来也是强调食色之上的东西。一位北京老人（北京人善于自嘲这很著名）经常刻薄地说：现在的日子就是吃点喝点去了。言下之意是指责那些光知道吃喝的吃货族。民间常说的“嫁汉嫁汉，穿衣吃饭”，似乎很有道理，但实际上是把人们追求至上爱情归结为满足低层次需要。不过，生存的意义和价值是什么？从有文字记载以来，这是史上最难的课题，耗费了一代又一代哲学家、思想家、文学家等大师们的精力。因此，寻找意义引领不仅增加了人生的复杂性，而且还把人生的复杂性提升到了新的更高境界。

从蚂蚁和人生的对比中，我们可以加深对人生复杂性的认识。面对如此复杂的人生，我们断然是没有办法靠抖机灵来应对的。所以，“一休”的教育存有重大硬伤。实际上，人生是一个链条，而且是一个由“意义”连接起来的链条。从出生到死亡（准确地说是意识死亡或者大脑死亡），整个过程我们都在苦苦寻觅，为的就是不能把人生混成“兽生”，在人世间徒行吃喝的程序。因此，我们就需要把人生作为整体来考量，把人生整体作长时段的处理，既要考虑青少年期的梦想，又要考虑中壮年期的奋斗，还要考虑老年期的安排。

既然要把人生作为一个整体来考量，这里就有一个考量起点的问题。那么，究竟是从青少年出发，还是从哪里出发？从我们已经看到的资料来说，似乎我们的观念是一切从娃娃抓起。严格地说，这个结论是正确的，但论证逻辑有严重错误，也是我们由来已久的一个理念硬伤。

系统论有一个著名的定理：系统的整体运行，特别是长时段运行，对系统的初始条件有高度的依赖性。换句话说，就是人生老年期生活质量，与前老年期特别是人生早期的生活状况高度相关。这意味着，人生其实是一条严密的逻辑线条，更是联系密切的链条。俗话讲：种瓜得瓜，种豆得豆。讲的也是这个意思。君不见，少数人老来穷困潦倒，而他们在年轻时既没有设计，更没有付出。这是我们必须引起重视的。老百姓的生活经验也说明，如果不考虑老年期的需要，这样的人生可能就是失败的人生。大哲学家黑格尔曾经说过，人实际上是用脑袋走路的动物。现在还要加上一句，人生其实是倒着活的过程。“老了怎么办”，这始终是人生过程的一个重要指引。因此，人生的时间起点虽然是早期，但人在举步间，头脑里时刻都要有终生的连续设计。

晚年命运老前定

一位 90 后年轻人曾经发帖子说：“将来那么多老人吓死宝宝了！我得为自己打算了。不过，看到现在的老年人，我不敢想象将来会怎样？”一位专家曾经测算过，要想有一个尊严体面的老年期生活，需要老前准备好 500 万。我还看到过另一个帖子说：“老了出家是个好办法，断绝红尘琐事，就可以从一切烦恼中得到彻底解脱。不过，青灯黄卷，烦恼没有了，无聊又会找上门来。做人真难！”

每每看到这些说法，我都十分欣慰且振奋。不管人们的看法和结论如何，但总的精神是对老年期生活的思虑、讨论和设计，都是对人生长时段的反省。实际上，80 后 90 后年轻人思考自己的老境问题，这是国民人生哲学素养提升的具体体现。至于 60 后 70 后中壮年人，他们既重视思考反省，更重视行动操作。

当然，出家养老只不过是个戏说，少数人可能真的如此行为，但如果人人出家养老，这事情可能就大了。此说不足论说。至于准备 500 万，这是一个刺激灵魂的论调。如果算上房子和通货膨胀，加上未来几十年 GDP 稳定增长，500 万也不算什么。仅社会保障中的养老保险金数量就已经十分可观，何况还有商业保险等其他金融准备。何况，水涨船高，人人都要老，究竟需要多少钱，这个问题虽然值得高度重视，但也不用忧心如焚。问题在于：要过一个怎么样的老年期？什么样的老年期更有意义？否则，光谈金钱，我们就无法回答：为什么有些人老来坐拥豪华别墅，物质生活优渥，但精神仍然无以寄托，“孤独、空虚、怕死、舍不下”四大苦难缠身？

现在，许多80后90后年轻人知识量远非以前各代可比。对人生意义的思考，他们可以举出很多大思想家的名字。其中，德国悲观主义哲学家叔本华的观点人们耳熟能详，年轻人十分欣赏，但很多人常常看不到叔本华人生哲学的硬伤。叔本华认为，生命就像钟摆，一端是痛苦，一端是无聊。当人的欲望得不到满足，就会感到痛苦；当人的欲望得到满足以后，又会觉得无聊。因此，人生活像钟摆，在痛苦和无聊两端不停摇摆。他提出，摆脱痛苦的方法主要是三个：一个是同情，即同体大悲；再一个就是从事艺术来转移痛苦；最后就是佛教的涅槃。今天看来。这三种方法都不能根本解决问题。他还认为，生命毫无价值，因为出生就是通向死亡，两者之间活动的唯一目的似乎就是重复地产生后代。人生之所以如此，根本就在于非理性的“意志”主宰了人类。叔本华所说的“意志”就是欲望。后来的大哲学家尼采、萨特、弗洛伊德之所以欣赏叔本华，根本就在于沿着叔本华的“意志”，他们分别找到了建构各自哲学的起点。但假定人生真如叔本华所描绘的如此悲惨，那么，生命的意义实在就是他所说的“虚无”，人生还有什么价值？正如莫泊桑所说，叔本华是“人类历史上最伟大的梦想破坏者”，他“毁掉”了人生全部意义的梦想。不可否认，叔本华对生命意义的悲观主义解读，实际上是对人生失意的哲学宣泄。对于追求生命意义的人类来说，他的“钟摆说”把人类刻画成为受“意志”控制的傀儡，不仅具有破坏意义，而且在理论上极端荒谬。的确，在“意志”或者欲望的“控制”之下，人类难免会在痛苦和无聊中徘徊，但人之所以为人，之所以高于动物，正在于摆脱“欲望”的控制，而人生的秘密也正在于，从痛苦和无聊的丛林中寻觅更高层次的快乐和价值。实际上，人生的意义也就是对痛苦和无聊的超越，而建构人生意义和价值，正是哲学的最高问题。所谓自杀是哲学的最高问题只不过是正话反说而已。

叔本华人生哲学还有思维方式和观察视角的问题。他对生命意义的思考限于人类个体的小格局。他忘记了，在个体之外，还有父母、兄长、亲戚、朋友、同事以及整个人类等构成的人类社会。如果不把个体置于家庭、社会的更大格局中，人生的意义可能真的很难找到答案。爱因斯坦晚年回顾自己的人生时提到:“有三种情感主宰了我的一生,对知识的渴望,对真理的追求和对人类苦难的极度同情。”他也非常严肃地指出:“我从来不把安逸和快乐看作是生活目的本身——这种伦理基础，我叫它猪栏的理想。” 但他的另一句话才是真正的答案:“人只有献身于社会，才能找出那短暂而有风险的生命的意义。” 他甚至还嫌说得不够明白，进一步阐释道:“一个人的价值，应当看他贡献什么，而不应看他取得什么。” 把爱因斯坦的格局和叔本华放在一起进行比较，我们可以看到，人生意义的寻找，不在智慧，而在格局。

那么，老年期的生命意义究竟是什么？过去，我们常常教育青少年，希望他们树立科学的人生观，对老年人的教育则被抛在脑后。现在，面临越来越多的老年人、越来越长的老年期，生命教育的意义日益凸显，这里还需要开启许多新的课程。

老年或者退休是人生的重大拐点。现在，许多人一退休便跌入精神低谷，所谓“人到老年万事休”。人生“凉茶感”“失落感”“徒劳感”“无意义感”扑面而来，大有“万事皆空”之顶峰体验。的确，作为年轻人现在也可以想象，进入职场之前，怀揣忐忑但充满憧憬，但几十年之后，突然间退出职场，原来的事情不能做了，原来圈子里的熟人见得少了、见不着了甚至离开人世，和当年进入职场不同，退休后空虚入怀似若遭弃，儿女的殷切关照反而徒增烦恼，人生情境十分“不堪”。如果这就是年轻人未来退出职场的预期，这样的人生也未免趣味完丧。

但是，我们也发现，现在，越来越多的新新一代老年人观念新潮，引领风尚，义举为人，古道热肠，自己愉悦了，同时也愉悦了他人，让人们感到他们的正向存在感。看到这些老人，我常常艳羡不已。什么是天堂？其实，他们已然迈入天堂。这样的老年期才是我们的期许和理想。当然，老年期的生活意义是年轻时候积累起来的，比起老来再重过，倒过来设计的老年期色彩更鲜艳、味道更醇香，而且，长寿之神也会找上门来！

人生的意义就像人的终生伴侣，人要和它恋爱一辈子，可以和爱人离婚，但和它不能离婚，它是第一夫人或第一丈夫，还是兼职导师。

2017 年 3 月 8 日妇女节，四川西南航空职业学院的两名准空姐突发奇想，用化妆的方式体验女性的一生，从 18 岁青春美丽的大学生到白发苍苍的老妪，一天时间走过女性的一生。她们后来说："每个阶段的体验时间虽然很短暂，但是对我们的震动却是非常大的。时光易逝，我们一定要珍惜生活中的每一天。"体验结束以后，两位女孩给自己的母亲打电话，感谢她们的辛勤付出，并祝她们节日快乐。这两个小女生的创意之所以迅速传播，根子在于它触及人们心灵深处的柔软敏感部分，当然也是最脆弱的部分。的确，时光易逝，年华不返，她们的人生是经过反省的！不过，这只是年轻时的反省。实际上，这种反省应当伴随人的终生。

在本章开始，我们用苏格拉底的名言——"没有反省的人生不值得过"开章。那么，究竟什么样的人生才是有意义的。我想起一个答案："只有为他人而生活的生命才是值得的。"说这句话的人不是别人，正是爱因斯坦。这句话似乎是很熟悉的洞见，而且不少伟人也持同样的见解。也许，我们只有离开小小的利己打算，在他人身上才能看到自己的价值。这恐怕是人类价值的独特性。这就是高于动物的人的生命的价值。

不过，每一个人都是一部戏剧。将来的老年期究竟应当如何度过？只要反省，每一个人都会找到自己的答案。

参考文献

1. 吴学昭. 吴宓与陈寅恪[M]. 北京：清华大学出版社，1992.

2. [美]约翰·拉塞尔. 现代艺术的意义[M]. 陈世怀, 常宁生译. 南京: 江苏美术出版社, 1996.

3. 胡鸿保. 中国人类学史[M]. 北京: 中国人民大学出版社, 2006.

4. 钱穆. 晚学盲言[M]. 北京: 生活·读书·新知三联书店, 2010.

5. 梁漱冥. 中国文化的命运[M]. 北京: 中信出版社, 2013.

6. 梁漱冥. 东西方文化及其哲学[M]. 北京: 中华书局, 2013.

7. 傅佩荣. 西方哲学与人生[M]. 北京: 东方出版社, 2013.

8. 周国平. 人文精神的哲学思考[M]. 武汉: 长江文艺出版社, 2014.

9. [美]加雷斯·B·马修斯. 童年哲学[M]. 刘晓东译. 北京: 生活·读书·新知三联书店, 2015.

10. [美]迈克尔·加扎尼加. 人类的荣耀[M]. 彭雅伦译. 北京: 北京联合出版公司, 2016.

11. 楼宇烈. 中国文化的根本精神[M]. 北京: 中华书局, 2016.

第六章　滔滔洪流影响深远

“有关进化和复杂性的新科学告诉我们，我们不能走回头路，我们必须前进。不过，我们还是有选择的余地。我们可以有意识有控制地前进，也可以被潮流卷着前进，把我们卷到不是航道的、危险的水域。我们已经可以开始准备塑造新的时代……我们总是可以打一场后卫战，并拖延进化的过程。但是，每延期一次都会使危险增多，要付出更高的代价。”

——[美]E · 拉兹洛

中国式“多老化炸弹”

上世纪“二战”以后，全球迎来史无前例的人口大爆炸时代。当时，只有少数人口学家意识到，60 年以后，也就是本世纪第二个十年以后，全球将迎来史无前例的“银色炸弹”时代。事实证明，人类的死亡率下降速度超过预料，老年人口寿命延长的步伐超出大多数专家的想象。在人口大爆炸时代，人们想的是如何减少人口，于是，计划生育、家庭计划等少生孩子的政策在全球推开，形成目前人人担忧、引发社会焦虑的“少子化”现象（小孩越来越少）。与此同时，经济社会加速发展、特别是医疗康复护理技术突飞猛进，60 岁以上老年人口寿命快速提高，速度超过人类诞生以来的任何时期，从而酝酿形成目前我们人人忧虑、激发社会不安的“多老化”现象（老人越来越多）。现在，在全球许多国家，少子化和多老化交相缠绕，深度激荡，造成老龄社会似乎阴云密布，活力渐丧，风险环生，引发从联合国到国家政要、社会各界特别是各路专家学者的高度关注。如果说少子化令人担忧的话，那么，多老化则令人生畏，而银发浪潮的不可逆转，特别是鼓励刺激生育的全球性大失败，又进一步放大了人们对老龄社会特别是对多老化的集体畏惧心理。

从人口体量来说，美国最多是只小羊（总人口 3.1 亿），日本最多是只小兔（1.27 亿），美日人口加起来和中国总人口的零头差不多，其他发达国家（都已步入老龄社会）人口更少。中国人口的体量无论如何都像一头大象。少子化在美日等国的确形势十分严峻，但和中国相比不可同日而语。至于多老化在美日不过小泉流溪，而中国则是波澜壮阔的道地井喷。不仅未来几十年超过 10 亿的总流量，到本世纪 70 年代始终保持第一老年人口大国的地位。之后，印度老年人口总量超过中国，但增长速度慢于中国。原因是他们的人口增长速度相对较慢，因而老年人口增速也没有中国快。

对于如此规模巨大的多老化现象，我们不仅没有做好充分准备，更重要的是我们还没有这方面的经历和经验。对史上如此前所未有的滔滔洪流，我们十分陌生！我们人人都像首次下海冲浪的运动员，既没有教练，也没有实践，虽然在池塘里学会了游泳，但面对滔天巨浪，我们还没有稳操胜券的把握。呛水是必然的。要想挺过来，我们尚待不断呛水，从中找到驾驭巨浪的过人本领。

有人说，我们可以学习美国、日本、欧洲发达国家。但可怕的是，这些发达国家应对多老化教训大于经验。欧洲正在多老化泥潭愈陷愈深，日本的情况未来可能更糟，而美国似乎情况要好一些，但他们应对未来多老化浪潮的前途未卜。更为理性的逻辑是：大象如何向羊和兔子学习？这是一个值得思考且并不高级的问题。此外，各国经济社会发展水平、制度安排、文化习惯以及自然禀赋卓然殊异。因此，尽管联合国自从 1982 年以来力倡各国加强老龄领域的合作交流，但迄今为止，还没有一个通用的应对多老化的可行性系统方案。当然，我们不否认，从先行多老化发达国家可以得到许多启示，但启示代表不了可以直接拿来就用。

中国的问题只能用中国方案来解决。中国式的多老化炸弹只能用中国式的系统方案来拆除！这就需要我们首先多方面分析多老化现象对未来中国发展乃至人类发展的深刻影响。

悬在千家万户头上的利剑

过去，特别是上世纪70年代，家里一帮大孩子，七尺男儿好几个，待嫁女儿也好几个，做父母的既要发愁找工作，还得考虑迎娶婚嫁大事，家里的经济情况又普遍拮据。现在过来了，回想起来真为他们扼腕唏嘘！这就是40后、30后们的真实经历。未来的情况正好相反，家里一帮老人，太爷爷太奶奶、爷爷奶奶、父亲母亲、太姥爷太姥姥、姥爷姥姥，还有经常串门的爷爷奶奶们，当然还有自己的孩子，有可能是一个或者两个（独生子女夫妇及其子女），也可能是两个或者四个（两对夫妇及其子女），这将是90后们未来的生活场景。00后们大体也是如此，所不同的是，家里有可能还有百岁老人的概率更高。想象如此场景，从感性角度看，好像“老气横秋”，不像当年年轻人多，虽然困难重重，但不乏冲劲活力。对此，我们从现在开始就得慢慢适应！因为，这是未来不可逆转的客观趋势！无论我们抱有何种情绪和何种认识，都改变不了它的到来，我们也无法逃避。当然，也不能逃避！因为，他们都是我们的亲人！

我曾经和一位当过幼儿园园长、现在是养老院院长的行业精英聊天，我们正在谈笑风生，突然我问到：“院长，小的那头和老的这头，哪头好管？”她还沉浸在刚才的幽默桥段里，听到这个问题，一边笑个不停，一边对我上气不接下气地说：“两头都是小孩，一头是真小孩，另一头是老小孩，都不好管。真小孩爱淘气，老小孩有主意，不好简单比较。”她的回答让我意外，我以为她会认为老人难管。接着她突然严肃地对我说到：“如果说有不同的话，最大的差异是应对家庭的差异。”她叹了口气，几乎是以批评的口吻接着说到：“小孩管不好，家长会和幼儿园拼命。老人管不好，有些儿女也会和养老院口头上‘拼命’，但心里想的却是钱。这在幼儿园那头是不可能的。我们处在道德风口上，很难办！”听完这话，让人如坠冰窟，刚才的谈笑氛围即刻凝固。

这次聊天是我平生聊天中最让人心里出血的几次之一。人在幼儿园，父母用生命作支撑；到了养老院，做子女的却企图以父母之身换钱，畜生是也！其实还有更过分的。另一位养老院院长告诉我，一位儿子送老人家住进来，儿子走时说：“钱我不会欠你的，我每月会准时打给你。记住：人不死，不要给我打电话！”这个儿子已经连畜生都不如了，简直就是“魔鬼”。想到这些人渣，虽然数量不多，真的让人不寒而栗。好在人渣毕竟是少数，否则，这个不可逆转的老龄化趋势也着实让人难以接受。

客观地说，小孩子相对比较好管，他们虽然好动，想法虽然多，但很难持久，也容易改变。青年人更好管了，上好学、找好工作、办好婚姻大事三件事就可以了，剩下的事他们可以自行安排。老人的情况就比较复杂了。他们有想法而且比较执著；低龄健康老年人不是问题。问题是高龄、半失能、完全失能老年人，他们除了睡眠，其他时间都不能离开“管理人”视野，一不小心就可能出现问题。

如果说这种状况只是少数家庭面临的境遇，这当然不会成其为问题。问题在于，这种境况是全国性的，长远看也是全球性的。因为，我们人类正在经历一场从年轻社会转向老龄社会的深刻革命，所有家庭将席卷其间。

老实说，我们现在处在一个急剧转型的历史阶段，小孩子的问题目前还有不少短板。过去，我们主要精力放在了幼儿园、基础教育、高等教育上，而且取得了巨大成就。但是，二孩政策的出台把幼儿日常照料问题推向社会前台。对于家庭来说，既要准备应对老年人口增多带来的诸多问题，特别是高龄、失能老年人的长期照护问题，现在还需要解决好孩子入幼儿园前的问题。中坚力量面临两头沉的巨大压力，这是未来老龄社会的一个常态。

家庭是支撑社会压力的前沿阵地，一旦千家万户难以承受，家庭矛盾外化为社会矛盾就是不可避免的必然现象。对此，社会各方面必须引起高度重视。

满院子都是老人的光景

中国现在几乎是全民流动。过去，从家乡出来打工的主要是中青年，所谓民工潮就是中青年汇成流动大军，遍布各城市的大街小巷。近些年来，在全国流动大军中还有一支庞大军团，这就是各地老年人漂流城市，似乎给流动人口大军增添了新的色彩。过去几乎是清一色的黑头发，现在，白头发大军越来越多。北上广甚至中小城市都有老漂族的身影。有的帮子女看孩子，有的是投奔子女一起生活，有的是常年在城里打工，当然还有旅游的、看病的。总之，中国历史上从未出现过老年人这么大规模的流动现象。这自然引起诸多媒体的高度关注，也许，许多媒体人的父母就是其中成员。这个群体到了城里生活得如何？他们习惯吗？他们碰到哪些困难？他们是不是老想着回老家？他们的到来，似乎收纳的城市根本没有为他们做好相应准备，这个群体平添给城市的银色，究竟意味着什么？对这些问题，我们似乎还没有一个清晰的认识。

我住过一个社区，一大早大人（包括外来的老漂族）送小孩上学去了，整个白天，似乎是老人世界，有的在散步，有的在遛狗，有的在锻炼身体，有的出门购物、办事。有的是成双成对，但也有不少是孤零零一个人溜达。一天，因为在家有事没有上班，我发现我的母亲一个人（我父亲刚刚故去）在小区走来走去，好像想和另一位老太太聊天。两个人说了半天，突然，我母亲笑笑打了个招呼走开了。我希望她能认识新的朋友，可以解解闷、聊聊天。回家我问她，是不是认识新朋友了，她轻轻叹了口气说："听不懂。我说的她听不懂，她说的我也听不懂。我想回老家。"想想爱交朋友、能听懂许多方言的父亲若是在，他们肯定能交上朋友，搭伴聊天，一起散步。想到这，眼泪只能往心里流。抬头看，我母亲已经双眼泪花。无独有偶，在网上看到一个女儿诉说和我一样经历的帖子，让我泪流满面。仔细想，这样的老人和儿女还有多少，可能真的不计其数。我们真的没有做好准备。也许我们走得有些太快了。

还有一次，我的岳母来北京看病，康复后经常在小区一个人活动（我岳父要看家走不开），我的外甥女无意间拍了一段老太太和另一个老太太的聊天视频，看完让我心里五味杂陈。整个视频 5 分多钟。两个老太太都是来自农村，我岳母是湖北的，另一位大妈似乎是福建的。两个人坐在长椅上，好像在聊天，又好像不是，一个朝东，一个朝南。突然，我的岳母问：你是哪里的？另一个尽量用醋溜普通话说：是福建的。停了停之后，另一个问我岳母：你是哪里的？我的岳母回答说：我是湖北的。然后一直到视频结束，两个人东张西望，再没有说一句话。她们似乎想说，又不知道说什么；她们似乎在张嘴，但又没有声音；她们似乎是有交集，但显然是一个空集……视频在寂静中嘎然结束，留下两个茫然老太太的画面，刻进了我的脑海，至今难以退去。真想知道当时她们在想什么？我一直自信学富五车，却没办法解读这段视频。我的外甥女这段视频拍得很随意，但却拍出了老漂族世界难以言表的一角：无奈、无助、无语，堪称经典。但在镜头的外边，还有多少这样的画面在无语中演绎无奈和无助！更加值得强调的是，有多少人会注意到大大小小社区中这一幕幕的无语画面！也许，你我有一天也会加入其中，肯定会，因为我们都会老。虽然我们会普通话，但我们内心会想些什么？想说什么？不想说什么？也许这是一个个沉重的谜！

现在，老龄社会刚刚出演，后面超老龄社会才是真正的大场面！

不过许多现象的出现已经不是端倪而是昭然若揭。比如，中西部和东北农村地区的老人村现象还在继续，那些回乡创业的年轻人主要还是活动在离城里比较近的地区。现在又出现新的情况，到了冬天，许多城里的子女把父母接到城里过冬，老人村里的人数又少了一些；东北农村老人没有条件去海南，但城里的社区老人也少了。冬天的海南反而热闹非凡。这些新现象值得我们认真研究分析。比如，由于老人的减少，社区安全问题是否会有变化？毕竟，有人在和没人在大不相同。从窃贼角度看，都是老人这是好事，老人数量少了岂不是“更好”。但从社区治安来看，偏远地区老人村严重刑事案件的发生，提醒我们这个问题不容忽视。我曾经接受央视采访，是白岩松主持的新闻周刊。主题是安康农村多名老人被杀。现在，这个地区通过监视、报警和加强治安等措施已经固若金汤，但还有更多广袤农村特别是偏远地区，现在还做不到。真想不到，我们整天都在研究如何应对人口老龄化，没有想到还有诸如窃贼、骗子也在研究“人口老龄化带来的机遇”！

说到骗子，这是现代社会的“精英级人渣”。他们熟练掌握互联网、电讯科技，充分利用中老年群体的知识技能弱势，巧舌如簧，曲尽其巧，弄得许多老人受骗上当乃至倾家荡产。这是老龄社会条件下的“新社会病”。老年人主要生活在城乡社区，活动在社区驻地的商场、银行、餐馆等公共场所。我们除了要解决他们面临的生活难题，还需要多个视角，看住小偷、骗子等这些人渣。未来 60 后、70 后、80 后们老了，会不会发生如此情况，我们不得详知，但道高一尺、魔高一丈的古训，值得我们警惕。

这些年，我们常常能看到，国外报道老人死在家里长时间无人知道，日本在这方面尤为突出。据报道，日本每年有 3 万人“孤独死”长时间无人知晓。中国这方面的情况零星也有报道。对此，我们在城乡社区层面还有很多工作需要做！我们的老年人口总量现在已经比日本总人口多出 1 个亿，未来 60 后、70 后和 80 后们老了，如何防止“孤独死”发生，日本是前车之鉴。

经常出国的人常常说，国外的城乡社区服务十分发达，几乎是按照老年人的需要设计的。但住在那些老人社区，总让人有一种透不过气的感觉。原因十分简单，老人多，年轻人少。更重要的原因是，这些出国的人毕竟是中国人，他们的心态还是年轻社会的心态。用年轻社会的心态看老龄社会的社区，当然会感觉不舒心不习惯。我相信，中国的发展速度很快，用不了太长时间，我们城乡的社区服务体系就会超过他们，但那种透不过气的感觉需要我们换脑子来解决。

民族整体健康水平会下降吗

一位学者曾经在饭后直言：人口老龄化越快的国家，国民健康整体水平下降越快。说完在座所有人都表示赞同，没有任何人表示异议。老实说，这个问题十分复杂。国民健康整体水平如何界定？这个问题似乎还没有搞清楚，怎么能把人口老龄化与国民健康整体水平划等号？再说，不少地方人口年龄结构非常年轻，本世纪下半叶才会步入老龄社会，那里的人口不用说疾病，单说营养不良一个问题，直折腾得联合国相关组织呼吁了几十年，仍然改进不大，我们能说这些地区的国民健康整体水平高吗？此外，在远古社会，老年人少得可怜，几乎是清一色的年轻人。一场瘟疫下来，人口所剩无几。可见，在人口老龄化与国民健康整体水平之间没有简单的等号关系。

不过，这位学者提出了一系列严肃的问题，这就是：人口老龄化对国民健康整体水平究竟有多大影响？我们关于国民健康整体水平如何界定？年轻社会和老龄社会是否可以用同一把尺子来衡量？未来，随着老龄社会从低级阶段向高级阶段迈进，我们从健康、医疗卫生、康复护理服务上应当如何从战略上转型？如何作出新的战略部署、制度安排和政策跟进？全民应当如何调适健康观念、生活方式和行为方式？这些问题都有待 50 后、60 后、70 后甚至未来各代人认真思考和积极回应。

写到这里的时候，刚好听到一条消息：《中国人睡眠白皮书 2016》报告显示，2016 年中国人日均睡眠时长 7 小时，比 2015 年减少 14 分钟，失眠人群高达 22.5%。从这条消息可以看出，睡眠质量如果继续走下坡路，国民健康整体水平必然下行，这似乎跟老龄化没有任何关系，甚至和衰老也没有必然联系。实际上，人口老龄化必然带来众多老年人口，但众多老年人并不必然地带来身体健康水平的下降。因为衰老和疾病之间并没有直接必然联系。

现在，我们之所以看到许多老年人患病，特别是身患多种慢性疾病，认真排查，首位的原因并非衰老，而是生活方式病或行为方式病。否则，这个世界上也就不会有长寿老人了。

还有一个怪现象，就是各单位和殡仪馆的讣告，某某某因病医治无效，于何年何月何日去世，享年 91 岁（别忘了，我们现在全社会的平均预期寿命才 76 岁）。这里有一个潜台词：似乎我们的医疗技术无能，如果医疗技术再发达一些，该逝者还能多活一些时日。这种千篇一律、毫无创意且硬伤赫然的讣告文化以及背后的健康观念和死亡文化，真需要改一改了。其实，许多人就是正常衰老并去世，而我们却错误地逞医疗科技之能，这种观念也确实需要重新深思。

自从新一轮全球化以来，美国文化席卷全球，其中，美国医疗文化包装下的西药、西医、医疗科技特别是高端医疗器械、康复护理器械以及高值耗材，在全球所向披靡。我们在西医医疗科技上和美国可能无法比肩。但是，人们忘记了一个基本的事实是：衡量医疗科技水平、特别是检验疗效的平均预期寿命却给了美国一个巨雷般的耳光。医疗科技最先进的美国，2016 年人口平均预期寿命全球排行第 35 名，为 78.5 岁，比日本的 83 岁少了 4.5 岁。如果要考虑美国的医疗费用的话，美国目前的这个排名还应当往后排列。一位专家曾经断言：美国是全球排行第一的“过度医疗”国家。这恐怕比较符合事实。

不过，话说回来，中国老年人口的健康状况的确值得担忧。按照权威机构的测算，目前，发达国家老年人口的平均健康寿命是 20 年左右。相反，我们中国老年人口的平均健康寿命大体在 10 年左右。如果我们的健康观念、生活方式和行为方式不改变的话，未来 8 亿多流量的老年人，也就是 50 后、60 后、90 后们老了以后，可能不一定比现在的 2 亿多老年人的健康水平能高到哪里去。也许医疗科技水平会提高，但如果不改变医疗科技只管治病不管健康的发展模式，结局是很清楚的。

问题在于，我们现在要改变健康观念、生活方式和行为方式难上加难。

根子上的原因有两条：一个是我们尚属于发展中国家，经济还在爬坡。我们的生产方式要彻底转变还需要一个比较长的过程；更难办的问题和原因是，50后到90后乃至00后、10后们，许多人已经接受环境“熏染”多少年，要想彻底排毒这几乎是天大的难事。

更重要的问题是，如果用美国医疗科技及其文化来应对未来这几代人的健康疾病问题，恐怕我们花巨大力气增长起来的经济总量，单单健康疾病这一项就要废掉一大块。这显然不是我们所要的。

该是重新考虑全民健康问题的战略主攻方向了。我们有些人一味往外看，学习所谓先进经验，结果学来先进的科技，花费了巨额资金，收效不好，还忘记了中医治疗这种低成本应对健康疾病的祖传大方。我们把精力放在了一味学习先进经验上了，已经看不懂祖宗了，更没有把精力用在继承祖宗的这种真正先进的适应老龄社会的医道医术。相反，世界上最长寿的日本继承中医的认真世人皆知，日本韩国中成药生产销售也十分发达，而作为师傅的我们，中成药生产销售总量当然最大，但有些方子和工艺已经丧失，居然还有人还想取消中医。

历史上师傅往往弄不过徒弟，不过这是个体之间的问题。在国与国之间，似乎也存在这种问题。日本先学我们，后来学西洋，日本腾飞发达了。但是，日本在学西洋的时候没有把中医扔掉，而我们呢？难道要等到我们高龄化的时候，再从日本进口中成药，给未来几代老年人补身子看病？

由此来看，未来人口老龄化过程中的健康疾病问题，其影响已经远远超过健康医疗问题的边界，需要我们重新审视，重新安排应对方略。

老年人会拖垮中国经济吗

央视曾经要拍一个有关人口老龄化的专题片，导演要求我用几句话就要描绘出人口老龄化的深刻影响。于是，我用了一个比喻：人口老龄化意味着，拉车的人越来越少，坐车的人越来越多，到一定程度经济这架车就会负重前行，如果不能正确应对，有可能会引起宏观经济发生系统性风险。后来，在《老龄社会的革命》一书中，我再次用这个比喻来说明人口老龄化的影响，从方方面面也就此问题展开讨论，旨在说明人口老龄化带来的最深刻的影响是经济风险甚至经济危机。但是，迄今为止，社会各方面仍然认为人口老龄化带来的主要是社会问题、民生问题，造成许多政策文件的主导思想锁定在解决老年人的日常生活关爱问题，美其名曰：解决养老问题；导致老龄问题难以摆上地方各级政府的重要议事日程。这种思想如果不彻底扭转，势必会造成应对人口老龄化和解决老年人问题出现重大历史性偏差，我们迟早要付出巨大代价！换言之，如果不转变观念，就是对未来各代人的犯罪！

不光人口老龄化这种结构性问题是经济问题，老年人问题同样是经济问题。道理很简单，如果养老院管理不善，一把火烧掉，不仅人命关天，经济损失也是巨大的。高龄孤寡老人在家用煤气不当，如果消防不及时，烧了自己的房产，还会殃及邻居、社区，这当然就不仅仅是个民生问题或者社会问题了。其实，经济问题和社会问题只是为了理论分析的方便，在现实中，它们是互相缠绕、互相界定的。问题在于从哪个角度看问题。至于站在社会发展或者民生角度看人口老龄化问题和老年人问题，从党中央到普罗大众谁都知道，现在的问题是从上到下都要转变观念，真正把老年人问题当作重大的经济问题来对待。

从理论上来看，老年人大幅增长表面是人口问题和社会问题或者民生问题，但根子却是经济问题。道理非常简单，老年人增多也就是退出生产领域的消费者增多，年轻人口减少则是生产者减少，这就是我说的拉车人和坐车人此消彼长的问题。现代宏观经济学家凯恩斯及其追随者，在上世纪 40 年代曾经掀起过一个人口老龄化（人口缩减）导致经济长期停滞的大讨论。他的道理是认为，人口老龄化不仅是老年人口增多、年轻人口减少，更重要的是总人口的缩减。有效需求主要取决于人口和生活水平的变动。凯恩斯认为，只要人口发生缩减，如果生活水平没有充分提高，或者说，如果没有一个消费水平的提高与之相抵，就会造成有效需求不足，便会导致经济长期停滞，慢性失业随之而来。如果人口继续缩减，那么，经济长期停滞的局面就会变得更加严峻。

迄今为止，我研究老龄问题已经有 25 年时间了。当初第一次看到凯恩斯关于人口老龄化会导致经济长期停滞的这些论述时感到胆战心惊。原因是我一直担心人口老龄化会影响经济增长，对于中国这种人口大国来说，特别是我们的经济还不强大，如果果真如此，后果不堪设想。后来，看到国际上关于这个问题的研究几乎没有太大进展。基本上无非两个论调：一个是延续凯恩斯的长期停滞论。比如老龄化会拖垮经济等等；另一个是“未崩溃论”，比如迄今为止还没有一个国家因为老龄化而发生经济崩溃。仔细研读这些文献，几乎没有多少新意，但有一点是共同的：还没有人认为人口老龄化会促进经济增长，最多只是认为，如果应对得当，可以从中找到新的发展机遇。这是我多年来的一个心结。国际国内经济理论关于人口老龄化还没有一个满意的新理论。这个问题我们留给中篇进一步讨论。

回到现实，中国人口虽然在快速老龄化，但中国的总人口仍然在增长。过去预计在 2030 年前后，中国人口开始缩减。但愿二孩政策扎实有效，能够把人口缩减的步子拖慢一点。但无论如何，本世纪 30 年代迎来人口负增长确定无疑。我们过去一直担心的人口增长炸弹的引信现在已经拆除。问题是人口缩减后我们会在经济上面临什么样的命运？这是关系 50 后以后各代前途命运、个人家庭生计和人生安排的重大问题，需要我们引起高度重视。

对 50 后 60 后来说，2030 年之后，他们已经退休，50 后已经 70 多岁了，60 后也 60 多了，如果经济减速，过日子尽管没有问题，但要提高生活质量，恐怕就需要提前作出安排了。70 后已经进入 50+阶段，正值黄金时期，如果经济减速，要想存足养老的钱，恐怕就比较困难。80 后已过不惑之年，要想财务自由，还得打拼，问题在于打拼容易，获得太难。90 后血气方刚，他们面临的情况没有办法和他们的父辈也就是有幸躬逢经济快速增长时代的 60 后、70 后相比。他们刚上路没多长时间就有可能堵车。如果再往后推到2050年之后，也就是00后们的50+阶段，那个时候，60后有一大部分人已经走了，70后也80岁左右了，真不敢想象！

我期望凯恩斯的长期停滞论是错误的，我也期望“未崩溃论”者能够永远振振有词，但我没有办法期望人口老龄化能直接促进经济增长。

也许，我们真的需要换换脑筋、转变观念、彻底改变思维方式了！

“唱衰论”可能会不绝于耳

这些年，国外有关机构拿中国老年人说事的例子不胜枚举。

上个世纪90年代中期以前，国外机构主要是拿人权说事，说中国的老年人如何悲惨、如何可怜，一句话，就是说中国的老年人没有人权。我曾经也写过这方面的批判文章。随着中国经济快速腾飞，特别是跻身第二经济体宝座以来，拿老年人权说事的机构和人越来越少。有些干脆已经无语甚至失语。原因除了经济之外，还有一个更大的原因，常常拿老年人权说事的机构和人所在的国家都是发达国家，在中国经济迈上新台阶的同时，这些国家都已步入中高度老龄化状态。人口老龄化问题有一个普适性的特点：无论什么国家，无论制度、文化还是自然禀赋，最终都要走上老龄化的轨道；一旦进入老龄化轨道，老年人的问题都是共通的，无非程度或具体样态有所差异而已。所以，再拿老年人权说事无非百步笑五十步。但是，与此同时，中国也迈入高速老龄化轨道。因此，有关机构和人见风使舵，转而拿中国的人口老龄化说事，有的说的虽没有根据，但用词十分刺激，至少从言辞上使“唱衰中国”的强烈冲动得到某种自以为是的宣泄。

我第一次看到一篇题为“老龄化的中央王国”的报告。标题十分抢眼，看来看去，除过讲了几个吓人的数据外，剩下就只有宣泄了。看完索然无味。颇有些像某些网站的广告，除了标题党的全部雕虫小技之外，剩下就是骗人眼球和深层次的“只要你过得比我差”的卑劣心态。

另一篇报告据说是高盛公司曾经发布的一篇关于中国老龄化的评论，有的人说是希拉里的言论。文章用辞犀利，气势吓人，但不堪一击。文章认为，中国到2020年可能是世界上最穷的国家。因为中国的老龄化发展快速，到2020年，中国的劳动者和被抚养者的比例是世界上最糟糕的国家之一，届时，中国经济将会撞墙。还没看完，文章就把读者赶跑了。这种写文章的水平实在让人“感佩”，一边招徕读者一边轰跑读者的做法，颇有些像开车，一边踩油门一边踩刹车。这车开得，连二把刀都不服。

但是，我也看到过一篇所谓的严肃文献，文章认为，中国老年人的问题现在还不是真正的问题，因为中国经济动力巨大，而且，现在老年人都有好几个子女。但是文章认为，未来，当少子化遭遇经济减速，在这种情况下，老年人的问题才是真正的问题。文章甚至还关切地说道：“未富先老”是中国老龄社会的重要特点，中国能不能破解“未富先老”，关键在于下一代能不能在年轻时候积累财富。但是，这些年轻人正困于买房买车养孩子，拿不出钱为他们自己着想。文章末尾还关切地说道：这是北京面临的一个难题。字里行间不乏对中国的“关心”。言外之意“你懂的”。

说实话，我们已经听惯了鸟叫。而且，近些年来，似乎许多机构和个人已经意识到，中国根本不在乎他们的怪喊怪叫。

但是，撒切尔的那句话，我们可以愤怒，但我们需要认真对待！她曾经轻蔑地议论中国说：中国不可怕，因为中国只能生产电视机（撒切尔时代，中国生产电视机总量巨大），而产生不了学说。

的确，面对未来50后以后各代垂垂老去汇成的10亿老年人口长寿洪流，对个人、家庭、国民生活质量和牵动全面发展的宏观经济的影响深刻而持久，如果我们不能从学说、理论上进行创新，只是简单地采取多种措施，解决老年人的各种具体问题，那么，40后以后各代就会落入撒切尔的陷阱！

现在，剩下的问题就只有一个，40后以后各代能自己解决好自己的问题吗？这是一个现实中不断向前延展的接续性操作问题，更是以后几代人首先要解决的重大理论问题！

参考文献

1. [法]阿尔弗雷·索维. 人口通论[M]. 查瑞传, 等译. 北京: 商务印书馆, 1982.

2. [美]丹尼尔·贝尔. 后工业社会的来临[M]. 高铦, 等译. 北京: 商务印书馆, 1984.

3. 于学军. 中国人口老龄化的经济学研究[M]. 北京: 中国人口出版社, 1995.

4. [美]蕾切尔·卡逊. 寂静的春天[M]. 吕瑞兰, 等译. 吉林: 吉林人民出版社, 1997.

5. [美]巴里·康芒纳. 封闭的循环[M]. 侯文蕙译. 吉林: 吉林人民出版社, 1997.

6. 李军. 人口老龄化经济效应分析[M]. 北京: 社会科学文献出版社, 2005.

7. [美]保罗·肯尼迪. 大国的兴衰[M]. 王保存, 等译, 北京: 中信出版社, 2013.

8. [美]弗里德里克米什金. 下一轮伟大的全球化[M]. 姜世明译. 北京: 中信出版社, 2007.

9. [英]威廉·乌斯怀特, 拉里·雷. 大转型的社会理论[M]. 吕鹏, 等译. 北京: 北京大学出版社, 2011.

10. [英]乔治·马格纳斯. 人口老龄化时代[M]. 余方译. 北京: 经济科学出版社, 2012.

11. [美]罗纳德·英格尔哈特. 发达工业社会的文化转型[M]. 张秀琴译. 北京: 社会科学文献出版社, 2013.

12. [意]詹尼·瓦蒂莫. 现代性的终结[M]. 李建盛译. 北京: 商务印书馆, 2013.

13. 李军. 老龄经济学的宏观经济内涵及学科价值分析[J]. 老龄科学研究, 2013, (3).

14. 孙娟娟. 关于老龄法学学科建设若干问题的探讨 [J]. 老龄科学研究, 2014, (9).

15. Sauvy, A. *Social and Economic Consequences of the Ageing of Western European Population* [J]. Population Studies, 1948, (2).

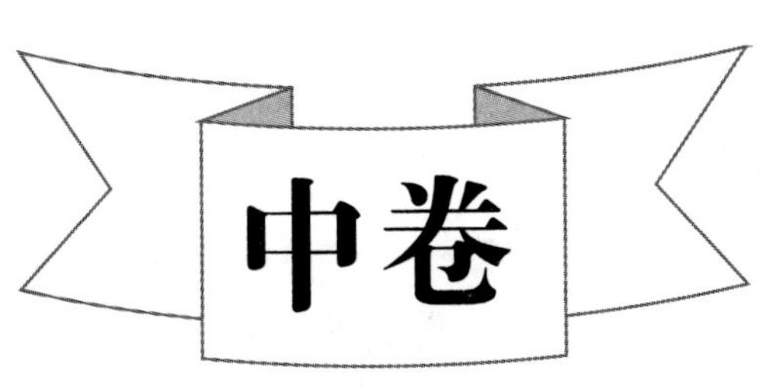
中卷

第七章　私人事务进入公共领域

"我们的生命是有历史的，事情不会没有联系地发生。我们做的任何事情或者我们已经形成的任何状态都是从遥远的过去发展至今的一个过程的一部分。我们的每一句话、每一个动作、每一个想法，都是我们的祖先所说、所作、所想、所感受的结果……在我们的生活和他们的生活之间有一个实在的历史的延续，我们在不断地试图追溯这段历史，来探明事情的原委，使我们更好地理解它们并学会怎样去使那些我们所希望的事情出现。"

——[德]查尔斯·霍顿·库利

世间最难是人事

上世纪 80 年代，刘晓庆曾经有一句名言：做人难,做女人更难，做名女人尤其难。其实，感叹做人难岂止她一人。从伟人到百姓人皆有此感受。难道不是吗？这些年还流行一句话：钱能搞定的事情那都不是事。诚哉斯言呐！

这个世界上的事情无非两种：一种是人的事情，另一种是除人以外所有的事情，其实也就是物的事情。物的事情好办，比如想吃美味珍馐又没有钱，我们可以不吃；比如航天技术很难，可以代代薪火相传，迟早一定能够攻克；比如住不上大房子我们可以买小的等等。但是，当我们的视线移开所有物的事情，回过头来看我们人自身的事情，确实比自然界、比物的事情更加复杂更加难办。原因很简单，物的世界是冷冰冰的客观存在，人的世界充满了情感、意志、欲念等主观世界的诸多因素，具体比如喜怒忧思悲恐惊等因素交错缠绵的精神世界，让人欲罢不能。就连现在许多小孩子的精神世界似乎也远远超过其父母小时候的状况，他们似乎已经成为不少70后80后作父母的、50后60后作爷爷的烧脑根源。毕竟，人类的精神世界是不断进化提升的，不然，当代人就成了原始人。这也是人事难于物事的另一缘由。

不过，如果从整个人生阶段来看，青少年是好过的，中壮年是艰苦的，但老年期才是最难的。不然，自从盘古开天地，三皇五帝到如今，我们没有听说过青少年整体苦难的记载，也没有听说过中壮年整体的苦难叹息，单单流传下来的是《老来难》的记载，穿越几千年，至今不衰。这是值得我们深思的重大人文现象！

一位作家曾经评论《老来难》这部千古经典：与其说是劝人孝老，而毋宁说是对年轻者的警示。一部《老来难》言简意赅，描述细腻，道尽人到老年期的万般苦痛。小时候，第一次看到有人用这首《老来难》写出一个老人拄杖的画像，颇为好奇，上小学能看懂之后，觉得老了好像不太妙，加上身边活灵活现的不孝事件时有耳闻，更觉老了无趣。大体上许多人都有同样的对老的认知经历。实际上，不想长大、渴望年轻以及无处不在的美容广告等等，所有这些某种程度上都是对老的恐惧、对老来难的抗争。但是，除了对美容产品厂商销售商永远有用外，这些抗争最终都将徒劳无益。除非选择离开，我们谁也难逃此劫！

“老来难，老来难，劝人莫把老人嫌。当初只嫌别人老，如今轮到我面前……面对老人莫要嫌，人生不能只少年……日月如梭催人老，人人都有老来难……”

由于《老来难》鞭辟入里、语言精炼、句句入神，常常被改编成各种小剧目诸如二人转、二人台、西河大鼓等的经典节目，广为流传。也有人根据《老来难》的风格，写成若干现代版的《老来难》。不过，还鲜有网络版本，如果有高手能做出个网络版的《老来难》，没准会一炮网红，赚足眼球！实际上，在孝道上，我们的祖宗十分高明，正面有《孝经》等经典供人们代代传授，反面有《老来难》等经典给人们以警示，形成孝文化的传承机制。这是我们今天应当学习的智慧。不信，您可以灵活运用，穷尽一生验证此一人生智慧，离开前一定会叹服祖先的英明和伟大！

有些人就是看不上我们的祖宗，认为我们许多东西都是学西方的。一位美国留洋回来的博士曾经在论坛上说道：全生命周期是一个西方的概念，我们要进行中国化，并运用它来指导我们解决养老问题。听罢此言，深感无语。会后我问他：你知道《老来难》吗？他大言不惭地回答：没听说过，是什么？是书吗？对这种黄香蕉（黄皮肤、洋里子）我只能退避三舍。忘记祖宗的人怎么这么多，我们真得好好反省反省了。再这样下去，我们得进口总理和部长了。

今天读来，《老来难》这部人生圣经，岂止是警示和劝孝！这是地道的中国版的全生命周期思维的经典之作。不过，和西方版的全生命周期理念相比，它的历史意义、当代意味和未来视角都更胜一筹；更为难得的是，它不仅有人生长时段的视野，而且抓住了人生链条的焦点。从教育、宣传和培育观念来说，大俗即大雅，《老来难》堪称文学艺术上品、教育宣传上品和培育观念的上品。它产生于短寿时代，但是，在当今长寿时代和未来老龄社会条件下，《老来难》的深厚含义、艺术形式和中国文化底蕴的经典融合，堪称敦促、教导和引领人人备老的动员令！也许，《老来难》这部人生圣经的现代意义更大，值得人人研读，并用以警醒自己，为自己、为儿女做好充分的养老准备！

世间最难的是人事！人生最难是老年！没有准备的老年期是悲惨的！这是我们每一个人必须树立的重要理念。

老人事务本是家庭私事

谈到“老来难”，人们往往会想到“过去的好时光”。的确，在历史上，老年人曾经拥有过至高至尊的家庭地位和社会声望。不用引经据典，像我们60后甚至许多70后小时候也是在老人的“威权”氛围中长大的。估计我的许多同龄人都感同身受。在家里，没人敢跟老人叫板；在公共场合，年轻人的话语权十分有限。实际上，这是自古以来中国传统老年文化的延续。现在已经今非昔比了，回头我们再论。

说来也怪，老人和孩子的关系复杂又简单：棍棒底下出孝子、溺爱子女遭欺凌，此乃千百年来的通例。条分缕析，其间自有缜密的逻辑构架。自古以来，我们奉行的家庭文化是一个纵横文化结构，纵向即全生命周期生活安排是以养儿防老为贯穿，横向即上以孝道为核心、中以尊老爱幼为本根、下以严父慈母为基底，形成独具特色的中国式一竖三横家庭文化超稳定结构，保障了中国家庭延续几千年经久不衰。这也是中国文化和中国文明延续不断的重要秘密。近现代以前，中国家庭是一个严密的闭环逻辑。养儿防老确保老幼代际相互扶持和代际交换，家庭世代延绵不缀，加上森严的宗法制度之固化，所有家庭成员的事务都能够在家庭范围内得到严格安排和妥善处理，除非大逆不道外，无需家族更无需社会来干预家庭内部事务。如同鲁迅所说，人人可以躲进家庭成一统。在家庭内部，孝道是引领和规范家庭成员的根本指归，老年人的绝对威权地位牢不可破，中间的子女只有尊敬和孝顺的份儿，直至上面的老人离世。甚至老人离世，做子女的也要遵行老人生前定下的规矩。做孙子女的基本上被父母严厉管制。当然，严父慈母实际上是一个红白脸平衡机制，也可以是一个基于阴阳平衡理念的严母慈父结构。但无论如何，严字在家庭内部当头，孩子心里时刻有一条底线是不能碰触的。做爷爷奶奶的实际上也是一个平衡机制，以免严厉过头。如此三代人四代人在敬上严下的逻辑安排下和谐相处，持续运行，生生不息。在这种情况下，父子、夫妻、兄弟伦常有序，几千年几乎恒定不变。一句话，中国人的事务主要是家庭事务，中国人的人生主要是围绕家庭的人生。换句话说，除了官员、学人、商人、将军、战士等（当然，他们同样遵循家庭文化的逻辑，当遇到忠孝两难全时一般只能牺牲家庭）外，普通中国人除了徭役赋税外主要活在家庭私事上。

问题出在近代以来。随着西学东渐，西方文明和西方文化给中国家庭文化形成巨大冲击。可以概括为三次家庭解构浪潮。第一次是清朝后期到解放前期：首先是近代工业的引入逐渐改变了传统家庭的农业社会生产方式，城市社会的逐渐兴起，也逐渐改变了传统家庭的生活方式，西方文化的摧枯拉朽之势又改变了传统的家庭、婚姻观念，先是一部分知识分子和工商业界人士冲出家庭藩篱，后来逐渐形成全社会反抗家庭的浪潮。第二次是解放以后到改革开放以前：随着工业化、城市化的持续推进，城市个人成家立业，家庭的整体经济功能逐步分化；随着新婚姻法的实施，婚姻问题上个人做主的潮流，把城乡父母的家庭作用几乎完全剥离；城市分家单过的情况日益普及，特别是随着幼儿园、小学以至大学教育的发展，家庭育儿功能也不断分离。这一阶段，农村家庭变化不大。但在这一阶段，随着现代工农业生产方式的不断引进，特别是随着与老分居的普遍化、子女经济地位的独立化，老年人在家庭中的绝对威权地位受到深刻削弱。更为严峻的问题是，自从“五四运动”开启“打倒孔家店”的潮流，特别是由于“文化大革命”的灾难性冲击，到改革开放以前，孝道文化受到前所未有的清扫，只能“大隐”于心。有时想到这一点不免不寒而栗。上世纪 70 年代批林批孔浪潮中，儒家文化培育出来的近 10 亿人中，站出来反对批孔的仅有梁漱冥、吴宓、容庚三位文弱教授。在这种情势下，一竖三横的家庭文化结构遭到史无前例的解构。养儿防老仍然发挥重要作用（但一部分老年人基于退休制度已经可以拿到退休待遇，实现经济独立），孝道文化的绝对地位基本颠覆，形成几千年孝道文化的深刻断层。尊老爱幼也还在发挥作用，但“文化大革命”已经迫使老年人收起了他们的威权“利剑”。至于严父慈母文化，虽然还没有彻底涤荡，但随着老年人地位的衰落，青年人越来越感到难以压抑他们独当一面的冲动，“以下犯上”者越来越见怪不怪了。

改革开放以来几十年古所未有的超速发展，中国传统的家庭文化结构几乎已经依稀难见，遭到了史无前例的解构以至根基摇动，甚至在短时间内看不到彻底转变的势头。近 50 年来，从广度和深度上来说，中国经历了史上发展变迁最深刻的时期，比几千年创造的物质文明的总和还要多。从家庭文化变迁来说，也是史上最深刻的。除了经济、科技等硬实力大幅提升外，标志软实力之一的家庭文化受到了古未有之的挑战。工业化、城市化的纵深推进，让年轻一代的社会地位更加稳固，而不断衰落的老年人威权地位已经日落西山。全球化、信息化浪潮的深度冲刷，特别是电视、手机、家用汽车普及等要素的影响，西方时尚文化的涤荡，现代文化的崛起，人们的生产方式和行为方式发生了翻天覆地的变化。家庭、婚姻、性别观念也走到了真正的十字路口，老年人甚至成为落后者的代名词，中壮年人稳坐江山，数量急剧减少的小孩子反而成了真正的“小祖宗”，传统家庭文化的一竖三横结构几乎彻底解构。首先是包括养老、医疗等现代社会保障和退休制度替代了传统家庭养儿防老的经济功能，全生命周期代际经济相互扶持的闭环被彻底打破，人人可以从物质上金鸡独立。其次是引领人们家庭行为的孝道文化，在许多人那里已经成为口号，孝道文化的断层和传承断电，加上拜金主义的催化、不孝行为的失之惩罚，导致孝道文化甚至已经成为许多人的社会伪善的装饰。再次是尊老爱幼文化在许多人那里已经成为摆设，已经被全国性蔓延的轻老重小的“新文化病”（全社会“往下疼”）所掩盖。最后是严父慈母文化已经在“和孩子交朋友”的社会错误氛围中几乎彻底流产，父母主权主动出让，成就了一代“新人”们对长辈们的不耐烦，而“不可一世”的一代“新人”们中，一些人越来越把老一辈和父母一代当作成长的工具。当然，这是传统家庭文化的悲剧！以至小平同志一直讲两手都要硬，以至 2015 年春节前夕习近平总书记大声疾呼："加强家庭建设"。的确，中国传统的家庭文化已经到了必须重整河山的时候了！

一句话，中国家庭及其背后家族和亲属的功能，目前主要以生育、亲情为要，经济功能和其他小社会功能等等正在剥离出来。中国人已经感到自己可以"独立"了！越来越原子化了！原来团在一起的家庭、亲属和家族网络在许多人那里已经没有太大意义了。正如一位学者所说，中国人现在"胆子大了""上不跪天，下不跪地，中不跪父母"，对家庭的敬畏、信念和信仰已经真空化了，似乎是无所畏惧了。老人似乎已经"交给"社会了。原来属于私人领域的养老问题，现在已经"交给"公共领域了。

家庭把老人事务向社会"开盘"了

一位中年女性白领曾经振振有词地说："我爸妈都有退休金，用不着我们为他们操心。"现在，一些发达地区的老年农民每月有几百元钱，还有新农合解决看病问题，加上他们也有储蓄，子女们觉得用不着管他们了。至于那些欠发达地区，吃饭已经不是问题，一些地方的老年人还有高龄津贴，少数子女不仅不补贴父母，甚至反过来以孩子为工具到老人那里套现，网民斥之为"人肉套现"。似乎老人真的用不着儿女管了。更有甚者，不少子女"光明啃老"。这样的事越来越多，以至于不少老年人感到难以承受。可怜天下老年人，还没有学会家庭厚黑学，结果被少数子女弄得"精光"。最突出的情况是，随着房价飞涨，许多老年人把血汗钱倾囊而出，陪着子女共同营造"资产泡沫"。这样的老年人也许队伍还在膨胀。如此下去，等"熊孩子"变了心，做父母的就只有望儿兴叹了！

无论如何，只要老年父母大人身体康健，而且还能服务子女，包括看孩子、料理家务甚至照看生意等等，也就是说，只要老人还有用，"廉颇尚能饭"，老人事务就是一个伪概念，既不是公共事务，也不是家庭事务。一旦老人失能，一切问题都来了。当然，老人暂时患病倒下不是大问题，康复之后还能“有用”。一旦子女感到老人进入不可康复的退化状态，时刻需要他人的照料护理，各种怪事便会接踵而至。老人和子女之间的和谐关系就会进入另一个新的程序，不孝行为便开始演变、升级以至引发家庭冲突。目前许多电视台、网络报道的不孝事件、儿女争夺房产案件频发，都有一个共同情节，就是涉案老人都不同程度地面临失能。但是，大家知道，恰恰正是失能这一标志性事件，正是传统上“养儿防老”的关节点（需要子女伺候），也是今天老年人问题凸现并进入公共领域的引信。

老人生活不能自理了，究竟应当由谁来管？按照传统文化，答案很清楚，这是家庭内部的事情，家庭要做的就是调整家庭安排，无论子女分工，还是经济费用分担，都十分清晰，这种机制已经运行几千年了。现在情况不同了。支撑这种运行机制的一竖三横的家庭文化结构打破了，生产、生活和居住方式都发生了深刻变化，特别是传统上往往担任照料护理老人的妇女已经进入社会，不仅经济上独立，而且还是社会经济发展的主力，加上家庭人力资源急剧减少，还有“与老分居”现象十分普遍，本来是家庭事务的老年人问题，现在从隐蔽的家庭内部被推上社会的前台。从子女方面来说，子女多的天南海北，天各一方，有的在海外，有的在别的城市，许多同城不同居，农村子女大多都移居他乡，他们要负责亲自照料护理老年人几乎需要放弃目前的一切。这几乎是不可能的。和传统农业社会家庭简单调整就可以解决老年人的问题不同，现在做这样的调整，需要付出巨大的代价，工作、晋升、子女教育等等，这些都不是开个家庭会议就能决定的。从老年人来说，他们深深知道，失能开始便是老年苦难的开端。他们最担心的就是拖累儿女！真是可怜天下父母亲，自己都失能了，还在担心拖累孩子。我们不知道动物界是怎么回事，但人间的至亲也只有首推父母了。那么，今天的孝子们已经进入各种因素推动形成的“难能”孝敬父母的被动境遇。这就是作为私人领域的老年人问题为什么被推上社会前台的真相。

既然推向社会，究竟应当由谁来管？这还真的是一个十分烧脑的问题。

在清朝灭亡以前，政府不管家庭事务，政府部门设置中的礼部主要管孝道文化的倡导工作。到了基层，县官也只管家庭诉讼案件，难断的家务事是家庭自治的事。政府真正管的涉老事务只有一件，就是那些鳏寡孤独老人的救济帮助。再有就是树立风尚的敬老事务，比如朝廷举办“千叟宴”，县里村里办个长寿老人宴，给老人送拐杖等。这还要看经济情况，是否发生战争等。一句话，政府管的老人事务主要是今天民政部门管的“三无老人”和“五保老人”事务。即使到了解放以后直至 1999 年中国进入老龄社会以前，政府管的老人事务也主要就是民政部门的传统业务，也就是传统政府的涉老事务。其他还有人事、劳动部门也承担了企业和机关事业单位的退休制度事务，但老人失能的事务，这些部门是不管的，也管不过来。这个阶段，老人仍然是家庭事务，虽然已经出现新的情况，但由于老人子女众多，掩盖了老人事务的外化问题。经过改革开放的迅猛发展，特别是经济社会的快速变迁，尤其是无奈的计划生育政策的有效实施，到了 1999 年，中国几乎是跑步进入老龄社会，老人事务日渐凸现，必须由政府出面给予制度性安排。当年成立了全国老龄工作委员会，具体日常工作由民政部门承担。这一决策实际上是延续了传统政府的治理思维，让民政部门承担这一职能，在当时看这似乎是顺乎逻辑的。

经过近 20 年的运行，现在看，由民政部门牵头负责老人事务困难重重，除非增强其职能。特别是在中国经济深刻转轨、社会深刻转型、文化深刻变迁的背景下，尤其是在家庭功能发生巨大变化的情况下，随着城乡一体化快速推进，老人事务方方面面的问题全面爆发，不仅影响深刻，而且牵动全国，已经成为中国未来发展的全局性问题，需要众多部门通力合作，更需要强有力的超越众多政府部门职能的领导机制，采取某一部门来充当牵头部门的体制机制勉为其难。其实，在 1999 年成立全国老龄工作委员会时，一位富于远见的某省民政厅厅长就认为，民政部门难能承担如此重任。现在看，他的看法是正确的，目前已经应验。针对这一问题，习总书记已经提出，必须“党委领导，政府主导，社会参与，全民行动”。现在要做的就是，要落实好习总书记的指示精神，按照十九大的要求，把事关国家发展全局的老龄工作的体制机制的全面深化改革纳入重要议事日程。

社会接不了老人事务这个大盘

反思问题是为了更好地前进。这也是强调“问题导向”的基本依据之一。已故著名社会学家陆学艺先生曾经反思中国发展的教训，提出“一国两策、城乡分治”“城市化落后于工业化”是中国面临诸多问题的重要原因。其实，党的文件也深刻指出，我们还有一个重要教训就是：社会建设滞后于经济建设，这也是我们面临诸多问题的重要根源。我们长期把发展的重心放在了经济建设上，在当时这是正确的，但忽视了社会建设也是客观的，结果造成许多问题扎堆涌现，这是必须深刻反省并予以解决的。

在人的老年期事务上，当前面临的诸多问题之所以如此尖锐，其根子在于发展理念和发展方式问题。既然家庭已经难能承载老人事务，而老人事务已经外化为社会问题，这就需要社会有强大的接盘能力，以便从制度上作出统筹安排，确保能够妥善解决人到老年期的各种问题。但是，由于社会建设严重滞后，我们几乎是在还不具备足够接盘能力的情况下，老年人问题已经兵临城下，导致我们措手不及。

在传统家庭范围内，人的老年期问题相对比较容易解决，谁的老人谁负责。这也符合保险学原理，风险一直处于分散化状态，对国家治理不可能形成巨大压力。一旦人的老年期问题跨过家庭门槛，外化为社会问题，对于国家治理来说，这是典型的风险集聚化。如果不能正确应对，容易引发诸多问题和矛盾。这是目前我们感到人的老年期问题压力巨大的根本原因，也是千百年来治国理政者重视家庭建设的根本道理。

虽然人的老年期问题错综复杂，但归根结底，无非以下七个方面：一是老年期贫困风险问题，通常也称作吃饭问题；二是老年期健康和疾病风险问题，通常也称作疾病预防和看病问题；三是老年期失能风险问题，通常也称作长期照料护理问题；四是老年期的精神文化问题；五是宜居环境问题；六是老年期的社会参与问题；七是老年期的权益保护问题。针对这些问题，虽然我们已经采取了一系列政策举措，但由于整体社会建设发展滞后，许多问题难以在短期内做好安排，造成问题环生的直觉印象。在这些问题之外，还有一个更大的问题是，我们不能等人老了以后再解决他们的问题，我们应当而且必须从年轻时期开始抓起，有的问题甚至要从出生前抓起。比如健康问题，如果出生就不健康，上学他就可能落后，也考不上好的大学，就业也不可能找到收入高的工作，老了不仅没有足够的积蓄，而且是一个离不开医生的“药罐子”。这些人到了老年期问题就更加复杂。因此，在继续发挥家庭养老功能的同时，需要转变发展方式，经济建设与社会建设统筹推进，建构强大的接盘能力，系统性地安排好人到老年期的各种问题，这是我们目前应对人口老龄化的重大而紧迫的任务，关系千家万户，关系 30 后、40 后、特别是 50 后、60 后及以后各代老年人的切身利益！

参考文献

1. 经合组织秘书处. 危机中的福利国家 [M]. 梁向阳, 等译. 北京: 华夏出版社, 1990.

2. [德] 路德维希 ·艾哈德. 来自竞争的繁荣 [M]. 祝世康, 等译. 北京: 商务印书馆, 1995.

3. [德] 路德维希 ·艾哈德. 大众的福利 [M]. 丁安新译. 武汉: 武汉大学出版社, 1995.

4. 周弘. 福利的解析 [M]. 上海: 上海远东出版社, 1998.

5. [美] 威廉姆, 等. 当今世界的社会福利 [M]. 谢俊杰译. 北京: 法律出版社, 2003.

6. [德] 弗兰茨 - 克萨韦尔 · 考夫曼. 社会福利国家面临的挑战 [M]. 王学东译. 北京: 商务印书馆, 2004.

7. 原新. 以少子化为特征的人口老龄化进程及其对家庭变迁的影响[J]. 老龄科学研究，2014，(2).

8. [美]W · W · 罗斯托. 这一切是怎么开始的[M]. 黄其祥，等译. 北京：商务印书馆，2014.

9. 王飞，王天夫. 家庭财富累积、代际关系与传统养老模式的变化[J]. 老龄科学研究，2014，(1).

10. 董彭滔. 建立健全中国家庭养老支持政策探析[J]. 老龄科学研究，2014，(2).

11. 党俊武. 老龄问题研究的转向：从老年学到老龄科学[J]. 老龄科学研究，2014，(2).

12. 欧阳铮，庄明莲，孙陆军，等. 香港老年人精神文化服务对内地的启示[J]. 老龄科学研究，2014，(6).

13. 党俊武. 年龄结构分析法是老龄科学的基本方法[J]. 老龄科学研究，2014，(8).

14. 罗晓晖. 老年社会工作学科发展初探[J]. 老龄科学研究，2014，(12).

15. 纪竞垚. 只有一孩，靠谁养老？[J]. 老龄科学研究，2015，(8).

第八章　改革本身需要深刻改革

"一切照旧愈来愈不现实……也许，我们应该试着抬起头来，眼观四方。我们有可能辨明方向，确知我们自己在什么地方，我们是怎么到达这里的，以及我们应该走向何方。然后我们可以设法向那里行进。"

——[美]E · 拉兹洛

未来老了靠什么

我在家中排行老大，和许多老大一样，从小就感到肩负着某种"使命"。在我成家立业之后，我的父亲却不把我当老大看。自从退休后，他否定我作为老大的看法更加坚定。他是一名退休煤矿工人，没有上过太多的学，但在人生智慧上，至今仍然让我自叹弗如！在一次聊天中，他说："你当然不是老大。我的大儿子是共产党。这个大儿子比你强，每个月都按时给我退休金，一分也不少。你虽然说是排行老大，我问你要钱，还有一个给与不给的问题。你说说看，究竟你是老大，还是共产党是老大？"听完我只能咧嘴傻笑。对呀！在这个意义上说，他是正确的。他老人家 9 年前已经离世。想起有一年经济拮据整年没给过他一分钱，现在想起来就心痛，又不得不叹服他把共产党排在我前面的据理扎实。的确，在保障老年期的生活上，和人的弹性（自觉性、能力、愿望等主观性）相比，制度更可靠；和家庭制度安排相比，社会制度安排更可靠。这也是现在许多人感叹"熊孩子靠不住"的重要缘由。

更有黄永玉的名言为这种感叹作注脚："狗和人，你讲句公道话，谁忠诚？"这样，问题就更加复杂了：狗、人和制度，究竟应当如何作出选择？

现在，很多人无论男女老少，喜欢养狗者甚众。老人中的养狗人士尤其众多，除了消遣，主要还是陪伴。但是，狗是有寿命的，不但活不过人，连普通老人它们也熬不过，更不用说长寿老人了。在当下长寿时代，和老年期日益超过就业准备期相较，只有十几年寿命的狗狗活得实在太短。曾经有一位养狗老人"天真"地问我："有没有办法让狗延长寿命，陪我到终？"答案当然是否定的。看来，老人的确太孤单了。而且，如果靠狗而老，或者说，在年轻时把老年期之希望寄托于狗，无论它多么忠诚多么通人性，这无论如何也是对人类社会的一个莫大讽刺。因此，对于40后以后各代老年人来说，狗可能对一些人很重要，但绝非上选。

一次，在央广做完节目后，一位80后漂亮美女主持人一边关设备一边问我："党主任，请先留步。能不能先告诉我，我们将来老了怎么办？我和我老公上面有四个老人，我也刚刚生完孩子。我的孩子将来怎么办？他上面的老人更多？我是其中之一。"这位美女原来主持时尚节目，刚刚转行主持老年节目。所以，她提出这些问题显然发自肺腑。因为一言难尽，我只好回应道："咱们可以设计一个系列节目，共同探讨。"

话说回来，年轻时考量老了怎么办，这是老龄社会时代的人的一个重要标志！进行全生命周期人生设计，这也是现代人更是未来人的必答命题！老了到底怎么办？一句话：上选靠制度，中选靠人，下选可以靠狗、靠机器人，当然，也可以选择电子机器狗。

过去有一句话："爹有娘有不如自己有。"实际上，这是农业社会青壮年人对拥有话语威权和掌控家庭财富的父母的抗争。现在，青壮年人经济日益独立，子女挣得比父母多的现象越来越普遍。相形之下，老年父母积攒不多，加上退休之后收入来源逐渐减少，许多老年人萌发了"子有女有不如自己有"的感慨。实际上，无论父母有还是子女有，只有人人都有，这才是全生命周期的最佳选择。要实现这一目标，除了制度安排和个人谋划，迄今为止，还没有别的更好选择。

收入保障靠创造也要靠积累

从终极意义上说，一切财富都需要从创造中来。但是，如果没有积累，千金散失不复来！在农业社会，财富创造十分有限，积累方式也比较单一。工业革命以来，特别是进入现代社会以来，社会财富创造超过以往，财富积累方式方法突飞猛进。其中，伴随退休安排的养老金制度也日渐成熟，成为现代社会高于传统社会的一个重要表征。的确，年轻时拼搏阶段收入水平不断上升，从中截取部分财富，通过养老金制度，为老年期做好准备，可以确保富足而老，免于老年阶段收入水平剧减造成老年贫困。从整个人类历史来看，这种以全生命周期为长时段视野从制度安排上对每一个人进行人生设计，这无疑是人类社会的一个巨大进步。否则，我们将会回到壮时富而老时穷的历史常态。这种制度安排的进步，是我们作为现代人人人都应当感恩的，因为前人曾经为此付出过巨大代价！

新中国以后，我们在城市开始实行计划经济时代的退休制度，农民却没有类似养老金保障安排。改革开放以后，我们经历了深刻的制度改革，迄今为止，形成各类保障老年期收入的社会养老保障制度。今后的方向是，中国公民无论城乡，最终都要纳入全国统一的社会养老保障体系，目的是通过年轻时的积累，确保人人退休之后都有养老金。这是一项国民权利待遇，也是国民的责任和义务。否则，如果人人在年轻时吃光花尽，那么，未来 10 亿老人长寿洪流必然是“洪水猛兽”。

社会养老保障制度扛得住吗

现在是全球化时代，我们随时都可以知道地球村的大事奇闻。我们知道，欧洲是高福利国家，他们的养老金制度已经岌岌可危，难以支撑越来越多的老年人。降低老年人的养老金水平，老年人不答应；提高养老金水平必然会提高税收水平，这又会导致企业外迁，高收入人群逃离国外，年轻人也不愿意。一句话，这些国家在人口老龄化的冲击下，养老金这种本来是设计科学的制度安排正面临进退两难的冏境。我们还常常听闻美国学者呼吁：美国的养老金制度只能支撑若干个月了。连高度发达的美国也扛不住巨大的老人浪潮来袭，这使我们不得不担忧中国的养老金制度，会不会在未来 10 亿老人的冲刷下面临崩盘？会不会进一步拖垮中国的宏观经济？

老实说，作为一个负责任的当代中国人，思考养老金制度与个人的老年期生活预期、与家庭的命运、与国家的经济命脉的关联，这是中国人走向成熟的标志，也是当代中国人和未来中国人的人生必答命题。客观地说，不改革养老金制度，中国必然扛不住未来 10 亿老人洪流这一全球之冠的巨大压力：一是养老金缴费者越来越少，而领取者却越来越多。据人社部资料，目前，中国养老保障制度中养老保险潜在缴费者和养老金领取者的比例是 3 比 1。据预测，2050 年，这一比例将达到 1 比 1。二是公共财政面临巨大压力。人社部资料显示，从 1982 年到 2016 年，公共财政补助全国企业职工基本养老基金支出从 544 亿元增长到了 2430 亿元，10 年间年均增长率为 18.1%，超过同期公共财政增长水平，未来的公共财政补助需求也是可以预见的。三是养老金保值增值压力越来越大。钱放在一个地方，如果跑不过物价水平，那么，几十年后，生活水平有可能面临明升实降。这正是人到了老年以后最担心的！如果考虑国际金融的不稳定因素，后果更不堪设想。四是机关事业单位退休制度还需要深化改革。如果继续实行计划经济沿袭下来的退休制度，那么，退休金制度将不堪重负。五是企业职工养老保险制度尚须扎实深化改革。六是必须建立多支柱多层次社会养老保障制度。如果我们仅仅依靠基本养老保险制度，而没有补充养老保险、商业养老保险和其他储蓄式养老保障，那么，即使到老基本生活问题能够得到保障，仅够吃饭的养老金制度将使我们对未来老年期生活的全部憧憬丧失殆尽。总体来看，中国的养老金制度必须全面深化改革。这是从上世纪以来社会普遍关注的重大热点话题，也是外媒时刻紧盯的一个长期关注话题，当然更是中国政府发力的一个战略和政策重点。

养老保障制度改革本身也面临改革

应当说，现行正在改革的养老金制度为千千万万老年人的晚年生活提供了保障，但是，着眼长远看，面对滔滔老人洪流，中国社会养老保障制度改革本身也到了需要重新深刻反省的十字路口！

目前，表面看，中国社会养老保障制度存在制度碎片化、保障水平低以及个人账户“空账”运行、多种退休制度并存、延长退休年龄等诸多问题，在这些问题当中，虽然有些问题例如延迟退休年龄等属于阶段性问题，将会随着制度的健全完善逐步得到解决，但着眼长远看，解决这些问题的改革战略思路背后还有许多问题需要重新定位。

具体来说，我们需要认真考量社会养老保障制度的顶层设计问题。主要包括三个层面：首先，顶层设计必须考虑建树“制度精神”，即以此制度造就什么样的人、建设什么样的社会。简言之，建立一项责任和导向不明确的制度是没有灵魂的制度。进一步说，要明确以制度保障养老的理论基础、法律依据、各养老主体的责任边界、责任伦理及其共担机制以及整个制度长期均衡的运作机制，在此基础上，形成全社会广为共识的精神引领。目前，养老的责任不明确带来诸多问题，例如政府责任过重、抱有过度依赖政府思想者甚众等。更重要的是，全社会还没有形成社会养老保障度的精神引领，少数专家学者仅限于在技术层面锱铢相究。其次，顶层设计必须考虑四条曲线：即刚性的养老金收缴曲线、刚性的养老金支付曲线、刚性的人口老龄化曲线和波动性的经济增长曲线。从公民的角度来说，谁也不愿意提高养老金收缴水平，而且，如果提高到承受极限，将直接不利于经济发展。从养老金支付来说，和工资一样，养老金待遇一旦上去就很难下来，它的刚性中埋藏着社会风险甚至政治风险，降低养老金待遇是谁也不愿意的事情。从人口上来说，中国的老龄化曲线直线上升，本世纪中叶达到峰值以后仍然高位运行，大势难以逆转。从经济发展来说，中国的经济增长曲线不可能改变经济发展的周期性和波动性规律。因此，综合考虑这四条曲线，中国的社会养老保障制度建设必须汲取“福利国家”的深刻教训，首要的顶层设计理念只能是“保基本”，必须牢牢坚守社会保险保基本的原旨。同时，适当降低制度待遇的刚性、增加制度待遇的弹性以适应经济增长的波动性。最后，顶层设计不能从当前出发，而只能从未来的人口老龄化态势出发，倒过来进行设计，必须按照未来中国人口老龄化的实际情况量体裁衣，确保养老保障制度的基本框架不仅能够承受人口老龄化的持续冲击，而且能够在本世纪中叶人口老龄化进入高位运行的状态下持续发展，保持制度自身的长期均衡。从根本上说，欧美发达国家的养老保障制度并不是为了应对人口老龄化和老龄社会而设计的，中国同样如此。从 1984 年开始试点到 1997 年出台的一系列政策措施，基本上没有考虑到应对人口老龄化的长远需要。目前，社会养老保障制度的改革主要还是参数性的改革，需要从根本上增强应对人口老龄化的改革取向，从建设适应老龄社会要求的社会养老保障制度的高度上进行建设和改革的设计，避免未来进入重度老龄化阶段面临二次改革的风险。

我们还要解决社会养老保障制度的共担机制问题。从未来适应老龄化要求的社会养老保障制度的改革与发展来说，需要让公民真正树立自我养老的理念，按照人生的长时段结构，有计划地做好人生安排，并把个人的贡献作为社会养老保障制度的基础。否则，所有人都把养老的希望和预期的实现寄托在政府身上，后果将不堪设想。从理论上来说，政府养老实质上就是纳税人养老，因为政府并不直接生产一分钱，所有政府的钱包括用于养老金的钱均来源于纳税人。政府的责任是有限责任，即拿纳税人的钱主要应当用在免于公民老年期生活陷入贫困上，即保基本。补充养老保险和商业养老保险等的作用也是以个人的贡献为前提，旨在提高公民晚年期的生活水平。总之，在每一个人青壮年期努力为个人积累养老资源的基础上，也就是遵循人类社会历史发展建基于每一个公民的艰苦奋斗的历史规律，养老保障制度各个层次发挥各自作用，为公民晚年期的幸福生活提供多层次物质保障。换句话说，养老保障制度的改革与发展，必须坚持个人贡献为前提的“多层次”制度安排。现在的突出问题是人们在思想上过度依赖政府，补充养老保险和商业养老保险等显著滞后。虽然制度设计是多层次的，但目前的精力大多放在了政府责任上，存在“所有鸡蛋入一篮”的风险。在 2022 年 60 后退休潮到来之前，这种状况必须扭转。否则，养老保障制度所承载的压力，将不仅仅是养老金财务的可持续问题了。

现在，欧洲发达国家的养老保障制度纷纷进行改革，其大势是努力使之适应人口老龄化的客观要求。对于他们来说，社会养老保障制度超前于人口老龄化的发展，改革起来积重难返，风险重重。中国的特点是老年人口洪流大势快速逼近，但我们的社会养老保障制度尚在完善当中，应对人口老龄化进行顶层设计、操作层面进行改革完善的回旋余地较大。其中，最大的问题是时间紧迫。具体说，必须在 2022 年之前，倒过来设计改革，按照“保基本”“多层次”“可持续”“全覆盖”等现代社会保障制度之精义，努力使之适应老人巨流的持续冲击，保持长期均衡和可持续发展。

医改不能沿用为无底洞补漏的思路

中国的问题十分复杂，绝不能就事论事、局部论事和一概论事。否则，祖先会穿越几千年警告我们切勿“头疼医头、脚疼医脚”。可是，目前我们还是很难摆脱这个顽固的错误思维方式。前些天，一大早开车去中日友好医院看病人，门口既有警察维护，还有协警帮衬，虽说秩序井然但巨堵无比，在门口盘桓了近一个小时才离车。表面看，这是一个交通拥堵问题，其实背后是医疗资源过于集中的问题。全国人都往北京来看病，难怪所有好医院门前个个水泄不通。要解决这个交通问题，公安交通部门即便使出牛劲也无济于事。因为交通拥堵表面的背后是医疗资源使用拥堵。瞧！要改善北京的交通问题，首先需要医疗卫生和公安交通部门共同解决，这何其难哉！

面对未来 40 后以后各代老年人，如何解决看病吃药问题，这是一个比社会养老保障问题更严峻的问题。社会养老保障问题解决不好，无非是生活品质降低的问题，但看病吃药则人命关天。如果老来有病难治，这可是一个关系全体中国人老年期生活的头等大事。这些年，我们已经熟悉了“医改”这个关键词，其中，“看病难、看病贵”被定位为目前医疗卫生体制机制改革的核心病灶。客观地说，如果仅仅从医疗卫生系统这个局部看问题，这个医改的定位是正确的。但是，着眼长远，如果从未来 40 后以后各代老年人汇成的巨流来看，这个医改本身就需要彻底改革。否则，我们每一个人很难对老年期的疾病风险建构起应有的信心。

首先，医改要面向未来。如果不从源头上减少疾病，那么，即使看病难看病贵的问题解决了，未来的结果也是病越看越多，老龄社会也就成了疾病社会，这绝不是我们想要的。因此，从国家全局来看，我们不能仅仅从医疗卫生系统这个局部看问题，而是要把医改定位在如何适应未来 10 亿老年人的冲击上，也就是要把适应人口老龄化作为医改的首要改革导向上。否则，改来改去，如果不考量未来老人洪流的巨大冲击，我们还需要二次改革。一旦出现二次改革，不但代价惨重，而且包藏社会风险和政治风险。这都不是我们想看到的。

其次，医改的重心要放在疾病管理的源头上也就是国民健康促进上。面对如此庞大的老人潮，从源头上减少疾病才是硬道理。只有从年轻时抓起甚至从娃娃抓起，才能最大限度降低老年期疾病发病率，也才能从根本上降低国家医疗卫生成本，把有限的资源用到强国所必需的科技、教育、文化等领域。同时，更重要的是，如此改革医疗卫生体制才能真正提高人们全生命周期的生命质量。我们的老百姓预防意识淡薄，医改必需引领普罗大众做全生命周期的健康准备。这里的关键是要加大投入，采取一系列可操作、有奖惩、能落地的健康管理和预防措施。否则，把医改的重心放在“病”上，后果只有一条：我们将会被10亿老年人带来的疾病风暴拖垮。

第三，医改要高度重视加大对老年期慢病的集中管理。老年期慢病不可怕，可怕的是缺乏有效干预，导致慢性病急性发作。据预测，未来中国中老年人口慢病率还将持续走高，这些人都是40后以后各代人。如何让他们少得病、管好病，这是未来几十年关系万众痛痒的大事。上世纪80年代，计划生育成为国策，为的是遏制人口恶性膨胀，具体措施就是盯住育龄妇女的肚子；现在，几十年过后，积极应对人口老龄化应当上升为新的基本国策，具体措施之一便是盯住全人口的慢病预防和干预。否则后果不堪设想。

从古至今，我们都知道，看病是个无底洞。如果继续沿着“看病治病”的思路进行医改，不采取战略措施和重大制度安排，那么，未来我们还得重新再次改革。因此，反省现有医改存在的问题，重新定位医改方向和具体路径，这是全社会应对滔滔老人潮的关键的关键。

应对失能风险是中国的大空板

中华民族是不怕死的民族，但却是怕失能的民族（养儿防老的核心是防止老了卧床没人伺候）。从古至今，无论孝道的传承弘扬，还是“养儿防老”的文化设计，其中有一个共同的主题，这就是对最触及人内心深处的后顾之忧的失能状态的应对保障。的确，躺在床上，一切需要依赖他人，即使想死也已失去操作能力。在传统社会，人处在这种状态，于己痛苦万端，于家无奈万端，于社会无助万端。基于此，中国人从生命哲学和生命伦理的高度，创造出独步天下的孝道文化和独具特色的“养儿防老”机制，既建树起中国气派的博大文化，又建构起中国方式应对老年期失能风险的家庭机制。但是，目前看，这些在很多方面已经几成老黄历，老年期的问题已经越出家庭范围，外溢到公共领域，引发全社会普遍关切。其中，最大的关切就是针对老年期失能问题，家庭很难应对，那么，公共领域究竟能做什么？有没有希望解除这个牵动万古人心的后顾之忧？

目前，中国的失能老年人口规模已经十分惊人，未来失能老年人口的流量至少在 2 亿以上，他们主要是 40 后以后各代人中的不幸者，牵涉面太大，几乎涉及届时的所有家庭。有时候，想到这一点，我甚至难以正常入眠。从 2004 年的 14 年来，中国人的老年期失能问题一直是我的研究重点之一。所以，我的博士论文主题也是如何应对老年期的失能问题。“失能”这个关键词之所以成为热词，也是我 2010 年担任全国老龄工作委员会办公室政策研究部主任时，写进重要文件以后才广为流传的。现在看到听到社会方方面面关注讨论失能问题，我内心感到十分欣慰。当然，现在，我仍然还会因为“失能”问题而急躁。原因十分简单，在这个问题上，我们目前还有很多空白。所以，有人讲，制度性应对老年期失能问题是中国的一个短板。对此，我常常会感到愤慨。明明是空板，何来的短板！短的那一截究竟在哪里？更让人焦心的问题是：未来泱泱接近 2 亿失能老年人口的流量让人望而生畏！而我们在这方面实质性进展缓慢！这就如同已经预见到百年不遇的洪流即将到来，而我们的防护堤坝却荡然空白！老实说，预防人口老龄化洪流，主要是要建立养老、医疗和长期照护三方面的堤坝体系。我们面对的是人类旷古未有的人口老龄化浪潮，目前只有养老和医疗两座堤坝，留下长期照护这个巨大的漏洞乃至天坑亟待填补。而且，相对于养老和医疗保障所要应对的贫困和疾病风险来说，长期照护所要应对的失能风险是人口老龄化浪潮中的洪峰，也是最难应对的。想到这些，无论如何都是横亘在每一位关注者、研究者面前的一个让人难眠的重大课题！

从全局来说，失能风险是一个数学概率问题，最多也就是 18% 左右的发生率。这是我们应对的信心和把握所在。但是，对于全体中国人个体来说，除去不幸英年早逝者外，这 18% 究竟会降临在谁的身上？这是谁也回答不了的问题。任何人谁敢保证自己活到高龄一定能够无疾而终、不会面临失能的风险？所以，我常常说：失能风险从全局讲是少数人的事情，但从个体讲是每一个人都要预防的事情，当然也就是全社会每一个人的事情。这一点必须引起每一个人的高度重视，并积极参与到应对行列中来。

失能风险问题说来复杂，但处理起来也比较简单，主要就是解决两个问题：一个是谁来买单的问题；另一个是谁来提供服务的问题。现代经济是需求经济，只要有有效需求，也就是有支付能力的需求，任何服务市场都能提供。所以，为失能老年人提供长期照护服务的问题是第二位的问题，我们在其他章节讨论。这里主要讨论谁来为人的老年期失能风险买单的问题。

失能风险对于个人和家庭来说都是灾难。目前，根据国际国内研究表明，人的失能风险各个年龄段都有，但老年期的失能风险占比超过 85％以上。如何应对老年期失能风险，根据保险学原理，可以采取社会保险和商业保险两种方式。对于中国来说，面对如此庞大的老年人口总量和流量，需要两种方式双管齐下。社会保险解决基本长期照料护理服务费用的支付问题，商业保险解决中高端长期照料护理服务的支付问题。只有如此，才能保障漫长人生的最大也是最后的后顾之忧（临终关怀属于长期照护的内容）。从目前的研究来看，实施长期照护保障制度是中国应对老人巨流的战略选择，也是老龄社会条件下每一位社会成员的共同期待。主攻方向是明确的，现在的关键问题是如何从当下着手加快推进。

启动长期照护保障面临三座大山

我常常和从事老龄产业、老龄工作、老龄事业的同仁聊天。话题之一是如何预防老年痴呆。我是从事老龄科学研究的，不信邪，但我最担心的是自己或者他人会罹患老年痴呆。说实话，老年痴呆实在太可怕了！为了防止这个让人变成非人的灾难变故，我五十刚出头，目前除了常动脑筋从事老龄科学研究和锻炼身体之外，还培养起三种习惯：一个是练习英语；二是练习书法；三是练习秦腔板胡。手脑并用，主要是为了尽可能减少老年痴呆的发病风险。我也建议读者诸君趁年轻时就要注意形成防止老年痴呆的良好习惯。

老实说，对于已经不幸患上老年痴呆的人及其家庭来说，我们要坚守人文情怀，最大限度地帮助他们及其家庭解决实际困难。这也是我研究人的老年期失能问题的一个重要方面。有些人经常讲失能失智，其实失智就是精神失能。我们讲失能，重点在日常生活功能的丧失上，既包括生理因素导致的失能，也包括精神因素导致的失能。目前，我们作为世界上泱泱第一老年人口大国，已经摊上 1000 多万的痴呆老人，这当然也是全球第一。我们的防治体系才刚刚起步，这 1000 多万痴呆老人的服务费用目前还没有制度性来源，这方面的工作迫切需要大力推进。但是，最关键的是要加大全社会的预防工作。这项工作已经成为 WHO 的战略行动。我们尽管有宣传，有广为流传也让人心碎的那个公益广告，但我们的行动总体来说还十分落后，预防治疗老年痴呆的基础理论和科技研发工作更是落于人后。

回到主题上来，从全面来看，中国建立长期照护保障制度目前还面临三座大山：

第一座大山是全民对老年期失能风险的认识还远远不到位。常态的情况是，每当我们讲老年期失能风险，年轻人就会付之一笑！仿佛“人类一思考，上帝就发笑”一般！有专家曾经大胆预言，现在的年轻人惯于互联网和手机电子碎片化阅读，人们方便了，脑子也变懒了，这中间隐藏着巨大的老年期痴呆风险。他甚至预言，未来的老年痴呆患者大军可能主要是 80 后以后各代，他们的精神失能概率将大大高于他们的父母辈，加上长期用眼过度，未来很多人将又瞎又傻。这位专家的说法虽然可能言过其实，但可以肯定的是，目前老年痴呆的患病原因尚不清楚，治疗康复也希望渺茫，原因是这种疾病不可逆。我们能做的最多就是尽量延缓病情加深。而且，从发展态势来看，老年痴呆这一类的失能风险还将呈现上升趋势。对此，决不能掉以轻心！

第二座大山是养老、医疗保障制度缴费比例比较高。目前，养老、医疗两项社会保险的缴费比例大体在 40% 以上。在老百姓收入水平不高和企业面临转型困难的情况下，在此之外，再增加一项新的长期照护社会保险缴费，老百姓和企业两方面都有压力。但是，一直拖延也绝不是办法。

第三座大山是长期照护商业保险开展面临许多问题。主要是人们的收入水平不高，特别是中国国民的保险意识还远远滞后。我讲课时常常也提到：只要全国人民变成保民，中国的保险业就有希望了，应对人口老龄化就有中流砥柱了。2016 年，中国的保险深度、密度都比较小，大多数人还游离于商业保险之外。这是当前需要解决的一个迫切问题。更重要的问题是，保险业自身还存在诸多需要刮骨疗毒的问题。想想居委会和保安阻挡保险营销人员进入社区这一点，就值得整个保险界认真反思。还有一个重要问题是老百姓和企业购买商业保险的税收激励政策还不到位。当然，更大的问题还在于我们的金融体制机制还存在不利于长期照护商业保险发展的问题。

全体国民的未来老境全靠当下改革

中国飞速发展，社会分层越来越细。过去，社会上的行业大体是 360 多个。现在究竟中国有多少行业，谁也说不清楚。白领、蓝领、农民、商人、知识分子等等基本上还是传统说法。但是，无论什么行业，无论什么人群，活到老年期这是一个共同的愿景。究竟谁的将来老境更加优越，是白领更加优越？还是公务员更加优越？也许归隐山林的老山民更加优越？这其实不是一个经济问题，而是一个哲学问题。我曾经问过一位转小经筒的甘肃汉族老人：您觉得自己幸福吗？她说她十分幸福，有饭吃，有经念，样样都好。一时弄得我内心十分崩溃。的确，对于有虔诚宗教信念的人来说，他们的老年期生活如何度过，这是我没有碰过的研究领域。她的回答也启发我：人生真的是多元的，绝不能一把尺子量到底！

回到红尘，我们还不得不正确对待我们每一个人都要面临的老年期风险问题。对此，我们以往的认识可能还比较肤浅。毕竟，中国迈入老龄社会还不到 20 个年头。总体来说，我们处理老年期的贫困、疾病和失能三大风险的观念还主要源于年轻社会。发达国家之所以改革他们的社会保障制度，根子上的原因是：他们这些制度的设计理念是基于年轻社会的观念，因此，改来改去问题层出不穷。我们这些年参照发达国家不断改革我们的社会保障制度，其实深层次的最大问题也是用年轻社会的制度设计来解决老龄社会的问题。所以，改来改去的结果是仍然面临诸多问题。因此，为了应对未来40后以后各代老年人的到来，必须祛除年轻社会的旧思维，高扬老龄社会的新理念，重新进行顶层设计。只有通过触及根子的全面深化改革，才能找到解决问题的出路。

对于40后以后各代，特别是对于已经步入不惑的70后及以后各代人来说，全面了解、积极参与社会保障制度改革，这是今后我们人生中的必答试卷。如果我们游离其外，这与其说是对自己不负责任，而毋宁说是对自己的子女不负责任。

关于养老、医疗社会保障改革，特别是长期照护保障制度的建立，这里有一个重要话题，这就是如何处理家庭责任与社会保障制度的良好互动关系问题。过去，我们直接借鉴西方社会保障制度，强调个人责任和用人单位责任，忽视家庭责任，给老百姓的印象就是，家里似乎不用再管进入老年期的人了。实际上，现代社会保障制度只是一种财富积累手段，通过在年轻时积累财富，确保人到老时拿来就用。但是，人到老年期除了需要购买产品和服务，也更需要亲情和陪伴。这两类需求不可置换。在这个意义上说，我认为如果社会保障排斥家庭人伦责任，那么，这样的保障制度就是没有精神的制度，也是没有灵魂的制度，更不符合孔子讲的以敬爱为核心的孝道文化。如前所述，仅仅确保人到老年期有吃有穿有服务，这无异于养牛养马。这也是我认为社会保障制度改革本身也需要改革的重要依据。毕竟，人老了，社会保障制度再好，离开子女的亲情和他人的关爱，这样的社会保障制度也是没有人情味的，这样的社会也是没有人味的社会。因此，在接下来的全面深化改革社会保障制度，特别是建立长期照护社会保障制度的过程中，我们不能仅仅强调制度的财务长期可持续，还要关注家庭人伦等人文精神的引领问题。这恐怕是未来40后以后各代可以期待的新型社会保障制度，也是我们在未来迈向超老龄社会发展进阶过程中必须要坚守的精神统领！

参考文献

1. 吴锦良. 政府改革与第三部门发展[M]. 北京：中国社会科学出版社，2001.

2. 丁开杰，等. 后福利国家[M]. 上海：上海三联书店，2004.

3. 孙建勇. 养老金制度与体系[M]. 北京：中国发展出版社，2007.

4. 华生. 中国改革：做对的和没做的[M]. 北京：东方出版社，2012.

5. 党俊武. 关于我国应对人口老龄化理论基础的探讨[J]. 人口研究，2012，(2).

6. [美]佛朗哥·莫迪利亚尼，等. 养老金改革反思[M]. 孙亚南译. 北京：中国人民大学出版社，2013.

7. 北京改革和发展研究会. 中国改革报告2013[M]. 北京：法律出版社，2013.

8. 杨甜甜，朱俊生. 我国延迟退休改革方案探讨[J]. 老龄科学研究，2014，(4).

9. 全国老龄工作委员会办公室. 国家应对人口老龄化战略研究总报告[M]. 北京：华龄出版社，2015.

10. 吴敬琏，等. 中国经济新开局[M]. 北京：中信出版社，2016.

11. United Nations. *The Aging of Populations and Its Economic and Social Implications*[J]. Population Studies, No.26, 1956.

12. Coale A. J. *Economics Factors in Population Growth*[M]. New York, 1976.

第九章 老龄产业市场乱中求治

“敲吧，门终究会开的。”

——《圣经》

社会财富主要掌握在年长者手里

我在四十岁之前几乎没有给家里做过什么贡献。弟弟 1997 年结婚时也没有给过像样的彩礼，当年我已经 33 岁，全靠父亲的老本。我自顾不暇，刚碰上福利房改革，没有问父亲要钱就已是最大贡献了。当然，我给自己立下的规矩就是，就业以后决不能向家里伸手。但是，父亲大人曾经问过我一个问题：“老的和少的，究竟谁更有钱？”当时，我觉得他是在考我，希望我将来起码比他有办法。

我是 1992 年开始从事老龄科学研究的。刚刚进入这个新领域，对很多问题曾经有过许多菜鸟式的猜想。当时最让我难以理解的就是“老年人是社会的宝贵财富”这句话。从文化传承、政治思维等角度看，这句话无疑是正确的。但从资金财富上说，老年人能有多少钱？特别是许多老年人因衰老而丧失收入来源，疾病缠身，自身尚且需要社会关爱，加上我们头脑里往往把老年人界定为“弱势群体”，充斥媒体的宣传、广告以及各种社会活动往往把老年人当作需要帮助的特殊困难群体。所以，我对这句话一直存有不同看法。直到有一天我拿到某银行存款的年龄结构数据，中老年人存款占该银行居民储蓄总量的 80%以上，我豁然开朗。再仔细分析全国居民储蓄的年龄结构数据，中老年人存款占全国居民储蓄总量的大头。至此，我对这句话的所有疑问全部打消。更重要的是，从全社会对中老年群体的种种刻版印象中，我才发觉：这个社会的财富主要掌握在年长者的手里。这个发现不仅让我彻底改变了对老年群体的旧有观念，同时，也坚定了我研究老年群体、考量老龄问题、探索老龄社会的信念和信心。

的确，青少年是国家的未来，而中老年则是青少年的后盾，更是国家的"压舱石"！从财富拥有情况来看，中老年是财富的拥有者，而青少年主要是为创造和拥有财富做准备，等到他们长了年纪，特别是上了 40 岁之后，他们就成为社会的财富端。当然，这不妨碍他们继续创造财富，也不排除少数年轻人拥有财富。正是基于这一点，目前许多大财团做年轻人文章的战略正在转向中老年人，这是大有深意的，也是他们的必然选择。

那么，是不是谁有钱谁就有财富？这话当然是不正确的。其实，我们的财富观本来是没有问题的，既要有钱，这是硬财富；也要有阅历、资源、经验、智慧以及文化底蕴等等，这是软财富。只有硬财富，人就是钱的奴隶；硬财富不多，软财富发达，人也完全可以成就人之为人的全部尊严。但是，人生完满的财富理想应当是软硬兼备，硬财富和软财富两者兼顾，但绝不能成为硬财富的奴隶。不过，现代社会的财富还包括时间资源这种硬财富。因此，和年轻人相比，老年人最大的财富就是时间财富，这是老年期越来越长的老龄社会的新福祉，也是把握未来 10 亿老人所汇聚的巨大财富流和长寿红利的一个重要特征。

年长者是社会的财富端，这是近些年来社会方方面面广泛关注老龄产业的真正秘密所在，当然也是我们需要重新认识和建构老龄社会的重要基点。

"养老"已经成为最时尚的产业

估计孔子、孟子等先贤们都没有想到，"养老"现在是最热门的事情之一，而且即将成为巨大的产业。看到人人议论"养老产业"，个个都想试水的白热化状态，容易使人想起上世纪 80 年代的“倒爷热”、90 年代的“股票热”、2010 年代的“房地产热”和“汽车热”以及“妇女用品热” “儿童用品热”，现在终于轮到“年长者热”了。前些年，白岩松还在央视上呼吁全社会特别是市场供给方应当关注年长人士。现在几乎不用呼吁了。滚滚老人潮流已经使人人关切自己老年期问题的社会认知氛围初步形成，而市场方方面面的基本意识似乎有些水到渠成的征象。这是未来老龄社会的希望，也是我们应对 10 亿老人长寿洪流的重要前提。

值得高度关注的是，最先重视中国巨量老年人口流量带来的老龄产业商机的，不是国内企业，而是美国、日本、德国、法国、澳大利亚等许多发达国家以及中国香港、台湾地区的各路掘金公司，包括银行、证券、保险、基金、信托等金融机构。这些公司大多数本世纪初在中国已经完成初步布局，今后将紧盯庞大的中高端金融客户，围绕健康管理、医疗、长期照护、老龄金融等领域深度作业。可以预见，未来的竞争格局已经初定，白热化的竞争氛围现在就可以预见。还有来自这些国家和地区的实体经济企业，包括日常生活辅具、保健产品、抗衰老产品、制药、智能器具、医疗器械、康复护理用品以及医疗康复护理高值耗材等老龄用品生产厂家和销售商，他们有的已经完成在华区域战略布局，有的正在寻找中方战略合作伙伴，有的正在开展调查研究。一位美国公司的负责人曾经谈到，上个世纪 80 年代，他们已经预见到日本、中国还有印度这些人口大国都将面临人口老龄化的严峻形势，也会带来巨大的产业机遇。最近还有一种新的变化，就是一些已经在中国从事其他行业深度耕耘长达 30 多年的老牌企业，目前正在纷纷研究向老龄产业战略转型的方向和路径。这些公司大多数是跨国公司，实力强大，技术雄厚，是未来竞争力强劲的对手。至于国外以及中国香港、台湾地区的老龄服务集团公司已经落地入驻，国内从业者对它们已经十分熟悉。甚至还有房地产、建筑、设计等领域的公司也不罕见。我本人就接待过来自美国、法国和日本的相关公司，他们对落地中国从事老龄产业表示出极大的兴趣。总体看，目前和今后一段时间，在老龄产业“富矿”领域，上述公司由于拥有资金、技术和管理经验等优势，其中许多将在中国老龄产业市场中占据上位。这种态势能否改变，主要取决于中国本土企业的技术创新能力和转化效率以及管理创新。

相比而言，国内企业界试水老龄产业不仅步伐落后，而且大多站位不高，缺乏市场战略眼光，而且大多也没有掌握中高端核心技术或者拥有先进管理模式。最先关注老龄产业的是上个世纪末的一些爱心人士，他们起步的业务主要是面向老年人开展老龄服务，也有少数人开始从事老年人残疾人使用的辅具用品。这些人虽然没有管理经验，而且资本匮乏，但古道热肠，富于爱心。作为先行者，他们中的一些人历经市场考验，经营困难，有的经过多年努力，目前已经成为老龄服务业中的典范或者老龄制造业的佼佼者。随着人口老龄化的快速推进，特别是近些年来房地产市场病态运行，大多数房地产商纷纷转型所谓“养老服务”，其中不乏真正希望脱胎换骨、通过老龄服务实现战略转型的企业，但也有不少是打着“养老”的幌子变相批地盖房子卖房子的企业，他们的运行十分困难，迫切需要真正实现转型发展。随着新一届党中央把应对人口老龄化确定为国家战略，国家出台了一系列大力实施开发老龄产业战略的政策举措，从事老龄服务业、老龄用品业的企业不断涌现，保险、银行等金融机构也参与进来，国有企业参与的热情也不断看涨。

值得一提的是，还有一支“重要力量”，这就是不法保健品、药品生产销售商。他们自上世纪八九十年代以来，一直“关注”中老年人消费市场。可以预计，这样的不法企业今后仍然还会层出不穷。

总体来看，国内企业从事老龄产业的数量正在增加，但整体上由于技术、管理和资金以及经验等缺乏，和国外同行相比，他们中间有许多属于“菜鸟”，从竞争发展来看，他们处于下位。要想取得突破，尚须作出巨大努力。一句话，在老龄产业的发展上，国外发达国家或地区是先行者，我们国内的企业属于后来者，这两者之间与其说是观念、技术、管理、资金和经验方面的差别，而毋宁说是发展阶段的差距。当然，先行者有优势，但后来者往往更有优势。毕竟，中国是国内企业的主场。对此，我们应当抱有充足的信心。

老龄金融前景看好但发展严重滞后

从金融视角看，10亿老年人口长寿洪流实际上就是海量金融财富流。这是发达国家金融机构早早落地中国进行战略布局的总根据。老实说，对此，中国金融界迄今为止尚没有充分认识。我担心的是，由于存在历史阶段的差距，国内金融企业要赶上发达国家的金融机构，恐怕要付出巨大努力，而未来的金融系统性风险可能还会加大，国家也需要认真对待。

我们要密切关注内地富人整夜整夜排队在香港买保险等金融动向。出国买个马桶盖或是奢侈品，这个虽然不足为奇，但也值得整个制造业认真反省。如果不买内地保险企业的保险产品，反过来到香港去不惜一切代价购买保险，这是需要包括保险业在内的整个金融界彻底反省的。我们正在推进新一轮改革开放，这是坚定不移的，否则，在全球化的今天闭关锁国只有死路一条。但我们需要认真反省过去的不少做法。

中国人老了靠什么，既要靠社会保险，更要靠商业保险、证券、信托等老龄金融。社会保险解决基本生活问题，老龄金融则主要解决生活质量和生活水平问题。否则，只有社会保险保障基本生活，而没有发达的老龄金融业，那么，我们一代一代人就只能在基本生活保障边缘度过老年期。这不符合中华民族伟大复兴中国梦的基本要求。

我们要前瞻地预见到，未来各代老年人不同于以往各代老年人，除了观念、生活方式、生活习惯存在较大差异之外，最大的差异就是未来各代老年人总体上会伴随经济社会发展走上富足而老的幸福道路。如何确保崛起的中产阶层有一个幸福的晚年梦，老龄金融是一个基本手段。目前，中国真正意义上的老龄金融业体量不大，未来发展的空间基本上接近90%以上。如此巨大的发展空间值得整个金融界进行战略转型，反思现有按照年轻社会观念建构起来的金融体系，重新思考老龄社会条件下金融业的新一轮创新开发战略问题。

长期以来，由于诸多因素的影响，我们的金融体系基本上是银行主导的，导致其他投资渠道狭窄，居民储蓄大多存入银行，只有少量资金被锁定成为老年期金融产品。老龄金融的最鲜明特征就是，无论采取何种金融形态（如保险或者信托等等），其本质都是将资金锁定为老年期的用度。不到老年期，这笔钱是不能动的。因此，老龄金融具有两个突出的特点：一个是确保拥有者进入老年期品质生活有充分的保障；二是不到老年期这笔钱谁也不能动。简单来说，一旦纳入老龄金融的盘子，这笔钱就成为长钱，而不是像活期储蓄或者定期存款那样的短钱。如果人人在年轻时都购买老龄金融产品，就会汇聚起海量的老龄金融体量，也就是会形成一个巨大的长钱资本池，几十年拥有者个人不能动，可以用来进行长期投资，不仅拥有者可以分享投资成果，国家、企业更可以用来进行方方面面的战略投资。老实说，我们现在的投资大多源于居民的短钱储蓄，不仅居民储蓄者获益微薄，更大的损失是不能进行大规模的长期战略投资，而且憋死了金融业的发展渠道。到 2016 年底，全国居民储蓄总量为 60 万亿。这 60 万亿绝大多数是短钱。整体来看，这是一个巨大的金融浪费，于民于国都是巨大的损失。

我们经常有人赞叹美国金融业发达。美国的确是全球金融帝国。冷静分析，美国之所以是金融帝国，除了美元体系之外，最大的优势就是美国拥有强大的老龄金融业和海量的长钱资本池。2016 年，美国老龄金融总量已达到新高 22 万亿美元以上，超过当年美国 GDP 的总量。有了这笔钱，美国可以在全球投资市场上纵横捭阖、横冲直闯。拿我们的短钱和人家的长钱在全球市场开展竞争，结局是十分清楚的。长远看，如果没有海量长钱资本池垫底，实现人民币国际化和金融强国梦将会十分困难。一句话，实施金融转型发展战略，大力发展老龄金融，于民于国两相互利，不仅是解决未来老年人口各种问题的战略选择，也是推动金融强国战略和促进经济社会长期可持续发展的必选战略。

老龄科技潜力巨大但发展缓慢

老龄产业的概念提出近 20 年了，但直到近五年来，才呈现纷纷投资的态势。这五年下来，房地产商引领诸多行业开发养老地产，举办老龄服务设施。初步盘点清算，大多数企业还没有尝到甜头，还有一部分企业资金链断裂，甚至面临破产败境。再仔细分析，的确有人已经收获颇丰，这就是日本、欧洲某些老龄用品生产商和销售商。道理十分简单，只要投资养老项目，就需要购买设备。国产的设备且不说质量，国外产品的品牌影响力和人性化设计，就是招徕老年人入住的重要元素。因此，日本、德国等国生产商和销售商因此而从中大赚一笔。发展到现在，国内老龄制造业厂商和销售商都坐不住了。许多从事和打算从事老龄产业的有识之士也终于发现，原来老龄制造业也是一个巨大的市场。

其实，老龄用品的市场潜力远远大于老龄服务。我曾经算过一笔帐。假定一位企业家专门做老龄服务，那么，假定战略定位准确、营销方略得当、投资渠道畅通、人才队伍健全，如果他奋斗一辈子，经过连锁经营最多也就能够管理 10 万张床位。即便再多，服务的床位数也是有天花板的。客观地说，要实现这个目标何其难哉！但是，如果要是做老龄用品，只要做好一个，就可以销往全球，发展空间没有天花板封顶。实际上，这就是天下所有实业家之所以坚守实业梦的硬道理。而且，更重要的是，从国家层面来说，发展老龄用品业关系制造业和实体经济。日本内阁对此十分重视。当然，老龄服务虽然有天花板，但如果没有人做，不仅难以满足人到老年期的服务需求，而且也很难形成服务网络。没有服务网络，老龄用品销售网络也难成气候。正确的战略是混业经营。要么，两块一起做，要么两业战略合作。

实际上，老龄制造业绝不仅只是包括花镜、拐杖和轮椅等这些中低技术产品，而且还是包括中高端技术支撑的保健、健康管理、体育健身、日常生活辅具、抗衰老、医药、医疗器械、康复护理器材以及众多高值耗材的庞大产业。实际上，美国生物制药方面的跨国公司在上世纪 80 年代前后，就已经预见到未来全球人口老龄化的态势以及慢性疾病的大体走势，并着手研发相关高技术产品。到目前为止，老龄用品中，保健、医药、医疗器械等领域美国遥遥领先。原因就在于他们在几十年前就已经开始排兵布阵，抓住了老龄科技这个制高点，才赢得目前在全球老龄用品市场的优势地位。至于老龄用品中的康复护理用具，日本发展较快，也是公认的全球这类老龄用品业发展最先进的国家。此外，欧洲的德国、丹麦等国的老龄制造业也比较先进。

相比较而言，中国老龄用品业发展很不平衡，中高端技术为支撑的保健、医药和医疗、康复护理器械的生产技术十分滞后，这也是许多投资者热衷于购买日本老龄用品的原因。目前在市场上销售的国产老龄用品大多是低端技术产品。本来非常有潜力的中医药和康复护理（含少数民族医药）用品也发展滞后。此外，比较的热闹是保健医药产业，一些不法企业利用“发达”的营销手段，销售低技术含量的保健品，欺骗老年人群体性受骗上当的案例时有发生。总体来看，站在中国现有老龄制造业市场和未来巨大潜力的角度看，业界和相关政府职能门对支撑老龄制造业发展的老龄科技制高点的认识还远远不到位，这种被动局面必须尽快扭转！否则，我们在海量老龄制造业市场面前将长期面临被动局面！

老龄服务发展有进展有瓶颈也有乱象

客观地说，人到老年期的需求是多种多样的，既有金融方面（如储蓄保值增值）的需求，也有用品方面的需求，还有服务的需求等等。对此，全国老龄工作机构一直强调要发展老龄产业，中央的提法也是培育老龄产业新的经济增长点。但是，由于各种各样的原因，现在，老龄产业被局限在老龄服务这一块，而且是局限在范围狭窄的面向高龄失能老年人的所谓“养老服务”这一局部。连日本、法国、德国的同行们也在发出各种疑问：为什么发展老龄产业就是给老年人盖养老院、建设护理院和养老社区或者养老地产？如此巨大的产业为什么到了中国就变成了“养老服务”这么一个狭窄领域？对此，不仅国外同行很难理解，而且国内许多从业者也十分疑惑。一位老龄用品生产商曾经抱怨：我们常常参加各种“养老服务”产业论坛，养老院院长们是主角，我们这些搞制造业的好像低人一等。这的确是一个怪现象。这种状况必须尽快扭转！否则，不明就里的观望人士便看不到老龄产业的巨大空间。

加大面向高龄失能老年人的“养老服务”供给，这是中国老龄服务的当务之急。但当我们这样做的同时，还需要有战略思维，树立积极应对人口老龄化观念，要把老年人当作应对人口老龄化的主体，也要把更大的精力放在占老年人口主体的低龄健康老年人特别是老年人的日常疾病、慢病的健康管理和健康干预上，引导老年人全面行动，共同降低总发病率、总失能率特别是慢性疾病的急性发生率，这才是我们发展老龄服务的战略主攻方向。

更重要的是，我们现在还没有形成科学的老龄服务体系的观念。人到老年期不是立刻就需要被别人服务、照料护理。简单来说，从步入老年开始到离开人世的漫长老年期，老年人对老龄服务的需求是不断变化的。起初居住在家，这当然是最好的养老方式，也是联合国倡导的“要让老年人尽可能长时间地居住在家度过晚年”。随着衰老和半失能的发生，老年人居住在家，如果有入户服务，同样可以在家养老，这就需要发展社区老龄服务或者以社区为载体的居家老龄服务。随着时间的推移，那些完全失能老年人继续居住在家，不仅照料护理成本较高，而且子女也很难满足服务需要，这就需要在社区发展小型院舍养老院，或者在公共服务圈内发展大型院舍老龄服务机构，以便为完全失能老年人提供专业化的规范服务。根据老年人生命周期和日常生活功能的演变，我们的老龄服务体系应当就是以自我服务和家庭服务为基础（否则，自己和家庭的责任就会缺失，解决老年人问题的压力就会完全社会化），以社区居家服务为主干（满足大多数老年人居家养老的需要），以院舍服务机构为支撑（需要 24 小时不间断服务的完全失能老年人只能入住机构接受服务），以邻里互助和志愿老龄服务为补充。这才是符合老年人生命历程和真实需要的老龄服务体系。对此，我们的认识和做法目前还很不到位。

现在，老龄服务最大的问题是没有制度性的服务费用来源。的确，一旦躺倒，对服务的需求是刚性的。但是，究竟应当由谁来买单？这是个大问题。对于那些贫困线以下又缺少亲友照料护理的失能老年人来说，政府兜底的职责决定了纳税人是买单人，这是有保障的。对于少数高收入失能老年人来说，他们会为自己买单。但是，对于数量众多的中产阶层来说，一旦躺倒，如果没有制度性保障，就有可能面临倾家荡产的风险。因此，社会各界普遍关注的长期照护保障制度现在还没有建立起来，这是老龄服务发展的最大瓶颈，也是未来面对 10 亿老年人口洪流巨大压力下一个必须要解决的难题。

老龄服务发展过程中还有一个难题是养老院大多没有医疗康复护理功能，也就是医养分离问题十分突出。这就像新房里没有新娘却还要结婚。所以，如何让今后的老龄服务机构从单一的日常生活照料转型为集生活照料、医疗、康复、护理、精神慰藉、临终关怀为一体的复合型机构，这是今后老龄服务机构的发展方向。解决这个问题涉及民政、卫计委、人社以及发改委、财政等诸多部门，需要通过改革体制机制，集中解决分头负责、九龙治水的问题。

当然，人才问题是老龄服务的战略问题。如果这个问题解决不好，不仅老龄服务难以实现专业化、市场化和产业化，未来有没有人为庞大老年人提供服务也会成为一个关系万众利益的重大问题。不过更为根本的问题是这个产业能不能做起来。如果山上没有果子，孙猴子是请不到山上的。如果老龄服务业能够发展起来，不用请，各路人才自然会不断涌入。所以，如何一步一步把老龄服务业发展起来，这才是解决人才问题的关键。不过，当前迫切需要实施老龄服务人才战略，采取多种措施，培养一支管理服务人才队伍。毕竟，人才问题不是靠行政命令就能短期解决的。

在发展老龄服务的过程中，有几个倾向值得关注和警惕：一是打着“养老”的幌子干别的事情，如有些人批地盖房名义上做“养老”，实际上是变相做房地产；二是政府购买老龄服务引发社会力量积极投资老龄服务，但也有少数人对老龄服务一窍不通，利用举办养老服务机构套取政府的老龄服务补贴；三是在解决医养结合问题过程中需要把握好政策，防止少数养老机构套取医疗费用；四是金融机构把老龄服务和金融产品结合起来运作是一个创新，但要对此实行严格监管措施，防止购买金融产品的老年人享受不到应有的老龄服务；五是少数机构发展老年会员制养老模式，对此需要严格监管，防止老年人的资金被挪作它用、甚至导致资金链断裂而引发群体性事件。

老龄房地产业是难啃的大骨

第四次中国城乡老年人生活状况抽样调查表明，目前，65.9％的老年人都有自己产权的住房，城镇老年人中 71.3%都有自己产权的住房。因此，未来除了二手房市场特别是老年人大房换小房有一定波动、少数老年人需要购买房屋外，大多数老年人的房产问题主要是不适应日常生活需要。目前，40%老年人认为自己的住房不宜居。长远来看，未来 50 后以后各代拥有住房的人目前看没有问题，随着他们行将老去，这些住房都程度不同地需要进行适老化改造。

硬件不同于软件，软件可以升级，硬件要升级困难重重。未来，整个社会硬件设施设备的适老化改造是一个影响深远、关系民生民死的重大问题。所以，今后，城市建设和农村建设的第一要务就是要把好“设计关”，确保新建社会硬件设施要满足老龄社会的要求，以免二次改造。现在和未来，对社会硬件设施进行适老化改造的工作量难以想象。其中，最大的困难不是改造技术问题，而是资金问题和改造机制问题。老实说，这项工程所需要的资金是政府无法承担的，单靠市场力量也没有办法进行下去，如果由个人分摊又面临许多斩不断理还乱的诸多具体矛盾。如果说由纳税人承担低收入老年人的适老化改造费用，但他们和中高收入老年人同住一楼，这个问题就很难分开解决，否则就是制造矛盾。的确，解决这个问题正在考验我们的智慧。但有一个事实是：如果不进行适老化改造，目前就有许多老年人特别是高龄失能老年人生活不便，未来这样的人会伴随 50 后、60 后、70 后、80 后等行将老去而成倍增长。因此，适老化改造问题已经悬在我们面前。

我曾经接待过一位来自上海的老工程师。他提出了一个 6 层楼加装电梯的方案：在楼顶加盖两层，一层的居民住进 7 楼，一楼腾出来作为铺面房出租，八层作为居民活动场所，然后再加装电梯，所有经费来源于一楼铺面房的租金。我一听不由感叹上海人就是有智慧。但是，奇思妙想归奇思妙想，这个方案至今也没有实施。原因是这个问题确实太复杂了，已经超出我们当前行政思维的边界。如何解决这个问题，迫切需要政府部门突破界限，综合运用各种手段，创新机制，探索模式，也许能蹚出一条路子。不可否认，我们应当把这个难题向全社会开放，发挥全社会的智慧，由政府做好各种保障，引领社会力量特别是老年人个人和家庭共同行动，协力解决。这个问题我们迟早都会面临，现在就得有个思想准备！

参考文献

1. 王树林. 第四产业 [M]. 北京：京华出版社，1996.

2. [美] 戴维 · S · 兰德斯. 国富国穷 [M]. 门洪华等译. 北京：新华出版社，2001.

3. 翟德华，陶立群. 老龄产业若干理论问题研究 [J]. 市场与人口分析，2005 (增刊).

4. [美] 戴维 · 弗里德曼. 弗里德曼的生活经济学 [M]. 赵学凯，等译. 北京：中信出版社，2006.

5. 郎咸平等. 蓝海大溃败 [M]. 北京：东方出版社，2008.

6. 夏汛鸽. 关注非确定性 [M]. 北京：中国经济出版社，2009.

7. 陈志武. 金融的逻辑 [M]. 北京：国际文化出版公司，2009.

8. 王志乐. 2010 跨国公司中国报告 [M]. 北京：中国经济出版社，2010.

9. 汪丁丁. 行为经济学讲义[M]. 上海：上海人民出版社，2011.

10. [美]杰里米 · 里夫金. 第三次工业革命[M]. 张体伟, 等译. 北京：中信出版社，2012.

11. [英]乔治 · 马格纳斯. 人口老龄化时代[M]. 余方译. 北京：经济科学出版社，2012.

12. 陆杰华，王伟进，薛伟玲. 中国老龄产业发展的现状、前景与政策支持体系[J]. 城市观察，2013, (4).

13. 党俊武. 中国老龄产业发展报告[M]. 北京：社科文献出版社，2014.

14. 肖文印. 我国老龄房地产业理论研究现状与思考[J]. 老龄科学研究，2014, (3).

15. 陈磊. 我国养老金融创新与住房反向抵押贷款定价模型研究[J]. 老龄科学研究，2014, (3).

16. 胡继晔. 住房反向抵押贷款：国外经验、风险因素及发展展望 [J]. 老龄科学研究，2014, (11).

第十章　问题复杂超出想象

“有三种情感主宰了我的一生，对知识的渴望、对真理的追求和对人类苦难的极度同情。”

——[德]爱因斯坦

有比失能还悲催的问题

老人多了，的确什么问题都有。这些年，我以为世界上最可怜的老年人就是失能老年人了。因为，失能的无助与年龄、性别、文化程度、经济收入、宗教信仰等都没有直接必然联系。但是，在一次助老志愿者研习会之后，一位社会工作者的一席话改变了我的看法。她说：“党主任，我早就知道您一直为失能老年人问题代言呼吁，我也是您的忠实粉丝。不过，我一直也想和您交流。今天终于见到您了。”她激动地说：“真的还有比失能更让人焦心的问题。”“我帮助的一位 80 多的老大妈已经丧偶。膝下有一个 50 多岁的傻儿子。大妈眼看着自己活不太长了，她自己的日常生活已经很困难了，现在她感到自己最无助的是她走了儿子怎么办？帮助她是我的日常生活的一部分。请您也呼吁呼吁，请社会各界帮帮这一类老年人。”还没有等她说完，我的脑海中突然涌现好几位知名艺术家的孩子也是这种情况。最让我难忘的是余秋雨描写谢晋导演智障儿子的那篇《门洞》。还有无数类似家庭的悲情就像雪片似地涌入我的脑际。的确，等这些智障孩子父母老了甚至濒于失能之际，这些耄耋老人的心里是何等的无助！他们不担心不惧怕自己的死亡，而是放不下自己失能的亲骨肉。我突然意识到，在关切他人苦难问题上，面前的这位社会工作者是我的老师。的确，在未来泱泱10亿老人长寿洪流中间，除了演绎人类长寿的辉煌，同样也会上演悲催人心的苦难故事。我愿真诚地祈祷，少些苦难，多些辉煌！但是，祈祷归祈祷，悲催的发生终究难以避免，这也许就是人生。对此，我们还必须有所准备，有所安排。

人类最顽固的苦难就是贫困，贫困者当中，老来贫困尤为苦难。道理非常简单。小孩贫困固然可怜，但由于他（她）还能长大，还会做事。人老了特别是到高龄阶段面临贫困，这真的就是苦难了。第四次中国城乡老年人生活状况抽样调查发现，2014年，中国贫困老年人尚有910万。随着精准扶贫政策的实施，这些贫困老年人的问题都能得到解决。面向未来，比较麻烦的问题是如何消除老年贫困的产生机制。

年轻的时候，我们就应当认识到，从古到今，贫困和老年之间的关系一直纠缠不清。导致老来贫困的原因诸如没有积蓄、衰老伴随疾病、子女不孝、年轻时浪荡、终生酗酒、赌博等原因。但是，这样简单论道也难说清。经济学家常常讲一个故事：假定强制把现在所有社会财富平均分配给每一个人，用不了太长时间，财富又会流到少数富人那里，而总有一些人又会再度面临贫困。这个故事说明，贫困的确是人类的顽疾。着眼未来老人潮来说，我们需要充分认识衰老和疾病会导致人们陷入贫困的风险，除了落实国家扶贫战略，我们每一个人也要提早做好准备，预防自己老来遇贫的风险。

令人揪心的还有一个群落，这就是失独老人。如何安置这些老人是我们全社会的“痛”。造成失独的原因不能把账简单地算到计划生育基本国策上。当时，如果不实行计划生育，中国的人口爆炸有可能会导致全线崩盘。但是，实行这个国策，由失独老人承受代价，这是不公平的。因此，我们必须在所有涉老政策中对失独老人实行无条件的倾斜政策，同时，还需要在建设老龄服务体系的过程中，对他们实行无条件的倾斜待遇。不过着眼长远看，更根本的还是要落实“二孩政策”，避免未来产生更多失独老人。

对于丧偶老人特别是女性丧偶老人，我们需要给予更多关注。从某种意义上说，女性命长，所以，人口高龄化的常态也就是女性化。目前，全国丧偶老人已经达到5820万，未来预计会随长寿化进一步增多。我们没有办法改变男大女小的婚姻文化，更改变不了生命男短女长的自然机制，我们需要从制度安排如遗属保险、服务体系等方面做好安排。有一点十分清楚，我们所处的社会仍然是一个男权社会。虽然有些女性年轻时是女强人，但这改变不了男权社会的本质。因此，老伴在世时，女性老年人的社会地位、家庭地位是一个样，一旦老伴去世，如果假以时日，不要说别人如何对待女性老年人，就连媳妇、儿子的态度和语气似乎也会有很大变化。农村的情况尤其如此。细究起来，这是一个人性深处的问题，我们需要有思想准备。

将来，独居老人也会越来越多。目前的独居老人大体上是2920万。预计未来将有较大增长。单独居住，在年轻时意味着自由，但在晚年则意味着孤独、寂寞甚至独自离世无人知晓。这已经成为一种现代病。日本已经是孤独死的国度，每年大约有近3万独居老人孤独谢世。对这一类老年群体，我们要有所准备，否则，我们就会重演日本的悲剧。

留守老人一直是近些年来的一个社会热点问题。原因十分简单，现代化过程中的工业化、城镇化必然带来社会分工越来越细，与老分居的现象不可避免。其实，与老分居自古有之，不过于今为烈。留守老人是许多公益广告、文学艺术作品的主角。不过，这种吁请关爱留守老人的倡导，终究抵不过子女外出异地发展的冲动。因此，我们在实施诸多关爱留守老人政策举措的同时，更需要重新反思欧美传过来的这种所谓“现代化”。也许未来中国版的现代化应当考虑这些撕扯亲情的弊端。毕竟，没有人逼着我们走所谓全盘西化式的现代化。没有经历就不会有深刻的认识。庆幸的是，一代一代农民工行将老去，他们终于开始回归故土，在远离城市喧嚣中重新找到人间的温情。因此，从根子上说，我们要考虑那些有助于人们就地发展的发展方式。一句话，要在农村和中小城镇发展上采取重大举措。

还有许多群落也值得我们重视，例如宗教信众现在也越来越多，他们老了怎么办？这既是老龄工作的组成部分，其实也是宗教工作的重要任务。囿于篇幅，这里不再一一探讨。

第一次听养老院院长说不收老酒鬼，我很纳闷。后来才发现，这是许多养老院的基本规矩。站在管理者的角度仔细一想，这个规矩也不是没有一点道理。这些老酒鬼常常闯祸，而且常常闹出许多打不清的“官司”。除此之外，还有许多年轻时的坏人变老了，他们的问题怎么办？这些都是需要仔细考量的。

总的来看，在未来 10 亿老人长寿洪流中，这些特殊老人群落值得我们全社会充分关注。今天，我们要做的主要是两件事：一个是避免成为这些群落的一分子；另一个就是完善制度，确保人们后顾无忧。不过，这些制度安排也不能一概而论，例如对于那些年轻时懒惰甚至作恶多端者，只能保障基本生活。否则，就会懒惰成风，老赖越来越多。这是我们的一个基本底线。

老后靠法靠得住吗

暮年到来，自由自在，法律问题应当不多。但是，一旦开始失能或者进入高龄，一系列法律问题便会接踵而至。当然，平常百姓问题不大，无非赡养纠纷等。那些腰缠万贯者，问题就可能比较复杂。现在的老人大多积蓄不多，不过如果算上房产等，这个问题就得重新看待。我住在北京城乡结合部，边上小小的集镇上（实际上就是一村子）法律事务所林立。第一次路过时，还有些纳闷。仔细一琢磨，噢，房子、拆迁、补偿款……明白了。在村子里随意找了个律师聊了一会天，才知道，那些身居 CBD 里的大律师接的单子不一定有这些小村子里的单子多。电视上整天价上演涉老案件，说穿了无非财产二字。见钱起心，哪里还有孝顺父母的正念。不过，这些问题，现有的法律都可以搞定。

问题是还有现行法律搞不定的事情。一位养老院院长眼睛湿润着向我诉说："天底下真有黑心肠王 XX！我这儿一位老人进来的时候，儿子几乎是威胁我说，人不咽气，不准给我打电话。钱我不会欠你的。你说说，党主任，我自认为自己是有良心的。假如我要没良心，虐待老人，这老人可就惨了。"这和前面另一个院长的描述如出一辙。院长的阐述特别是当时我们座谈时的氛围想起来至今还让人不寒而栗。的确，这是我们目前法律上的一个漏洞。老年人的权益究竟谁来监护？作为儿子的监护人如此丧尽天良，现行法律还没有硬性的办法解决这个问题。儿童的监护问题现在基本解决了，但老年人特别是失能、高龄老年人的监护问题目前基本上还是一个空白。想一想，我们人人老了之后，如果面临这种监护真空，本为监护人的人一旦出问题，我们就会成为真正的受难者！这个问题必须解决，否则，老来的安全感何从获得？

人到老年期的许多问题实际上源于年轻时的积累。我相信，许多老年人晚年面临诸多问题，这和他们年轻时的行为例如溺爱子女等密切相关。当然，孝敬父母是没有条件的。不过，对于现在尚且年轻的未来各代老年人来说，正确处理和子女的关系是一个长期的人生战略问题。包括未来的遗产问题也要趁年轻时就要正确处置。客观地说，这个问题在法律条文上是明确的，但在操作上如何进行？特别是这些法律条文如何与中国人的遗产文化对接？这些问题目前还没有解决。现在各路专家都在呼吁国家征收"遗产税"，恐怕不仅因为税收问题，单单是为了解决所有人的身后事这一条理由，就值得全社会来讨论"遗产税"问题。

说到遗产税，我常常想起小时候看外国电影里的情节：律师宣布离世老人的遗书。我当时一直想，这个律师会不会从中偷老人的钱。后来年龄大了，才知道发达国家的法律十分完善，这些问题的发生概率几乎等于零。那么，对照下来，在这些问题上，我们的法律还有很多短板要补。

实际上，我们现行的法律理念、法律体制机制、法律体系等等，都是按照年轻社会的要求设计的。对于中国来说，我们吸收的很多西方法律还有一个操作上的中国化、本土化问题尚待解决。如何适应未来老龄社会的需要，解决越来越多的未来各代老年人的法律问题还有很长的路要走。实际上，西方发达国家的法律也存在适应老龄社会的战略性调整问题。他们的文化、制度、历史和我们不同，但同样都面临老龄社会的许多新问题，在这一点上，中西方面临的共同课题，就是要重新认识老龄社会给法律体系带来的问题，逐步健全适应深度老龄社会的法律体系，确保一代一代老年人有一个法治上的安全网。

全社会硬件设施面临全面改造

从全社会来说，今天的绝大多数硬件设施，从道路、住房、小区、公共设施等等已经难以适应老龄社会的需要。全中国最好的高层楼房安装医用电梯或者担架电梯的几乎是凤毛麟角。如果是心脏病患者住在高层，一旦疾病急性发作，背不能背，扛不能抗，抱不能抱，架云梯实在太高，错过黄金救援时间的概率 100%。一位大夫曾经说过，如果是这种情况，这栋楼对于心脏病患者来说就是活殡仪馆！初次听人如此评论我们的住房建筑，不由感到后背发凉！的确，我们的住房建设速度太惊人了，二三十年间铺天盖地。目前，整体来说，加上所有老旧楼房和公共设施，我们全社会的硬件设施的设计理念没有也根本考虑不到老龄社会的需要。如果要解决这个问题，仅仅用无障碍改造的理念是没有办法应对的。

的确，从微观上来看，对老年人使用的设施应当做适当改造，这是毋庸置疑的。实际上，传统社会也有类似的做法。比如，为老年人上炕提供一个矮长凳，古已有之。但是，过去的老人命短，这个问题没有如此凸现。再说，那个时候也很少有楼房。如果从全局来看，要进行适老化改造，这个任务太艰巨了。几乎大多硬件设施都要改造，这将需要花多少钱？如果能够计算的话，这恐怕是一个天文数字。所以，建筑学一直有一个理念：建筑设计，百年大计。现在，生米已经煮成熟饭，房子已经建好了，用不了太长时间就要改造，有的刚刚交付使用就需要改造，否则无法入住。因此，当务之急的事情是，今后新建的所有硬件设施，都要首先在设计环节引入老龄社会的建筑理念和建筑要求，否则，有关部门就应当拒绝批准通过建设规划，更不能批准交付使用。

对于已经成了夹生饭的这些海量硬件设施，我们应当怎么办？这的确是我们当前和今后相当长一段时期面临的严峻问题。老实说，建筑设计理念和社会硬件建设不能适应老龄社会的客观要求，严格意义上这是“社会性犯罪”！因为有不少老人因为建筑设计问题而发生跌倒、患病乃至丧命的情况已经时有发生，今后有可能会越来越多，而且有可能就有你我或者亲属朋友曾经或者将要面临类似悲剧。值得一提的是，对于这种“社会性犯罪”目前还没有办法追究法律责任！原因是我们的法律也没有类似的跟进。即使进行法律追究，我们也没有法律依据。因此，如果不进行大规模改造，我们这几代老人都有可能面临硬件设施带来的诸多不适应乃至遭遇生命风险的问题。说到这里，我忽然想起在日本看到，许多硬件设施例如大楼的显眼位置都有设计者的署名。这种做法越想越有道理。

值得强调的是，如果进行改造，又面临许多具体矛盾和问题，比如谁来买单？如果一幢楼房上既有老人又有其他年轻人，而且年轻人多老人少，如何动员大家共同参与？最近几年类似的纠纷和案件越来越多，共同的问题是难以形成共识。一楼和顶楼的意见要统一也十分困难。如果让政府掏钱，那么，纳税人得掏多少钱？这无疑是个天文数字！如果让公益组织出面，几乎没有任何可操作性。这个问题现在和将来可能会演变成为一个比较集中的社会矛盾。

近些年来，老年宜居的概念和适老化改造的概念越来越时髦。老实说，严格究起来，这两个概念也是问题百出。老年人合适了，年轻人怎么办？再说，如果摆不平年轻人，老年人的事情也办不好。从理论上来说，单单从老年人局部来考虑问题在逻辑上也是说不通的。因此，国际上先进的建筑设计理念并非老年宜居，而是从整个老龄社会的角度出发，倡导“年龄友好型”建筑设计理念，就是说公共硬件设施建设必须适合各年龄人群的客观需要，也就是应当建设适合各年龄人群的通用设施，私人硬件设施可以按照居住者和使用者的特殊要求设计。这实际上就是未来老龄社会条件下统领所有硬件设施建设和改造工程的科学理念。

从严格意义上说，老龄问题包括方方面面，但这些问题主要应当是人口年龄结构变化内部的问题，而不应当包括外在方面比如硬件设施的问题。不过，我们全社会硬件设施不能适应老龄社会的要求，这已经成为当前和未来老龄社会问题的重要方面。这些问题的历史性教训是：我们不应当再人为制造类似的老龄问题。

发展与衰落的双重奏

我从事老龄社会研究迄今已经有 26 年时间了。在这 26 年研究生涯里，我接触过许多有关老龄社会的各种复杂敏感问题，但在我内心深处，只有一个问题最令我难以接受，也最难以解决，当然更是我最担心的，这就是：人口老龄化过程中不可避免地会导致人类社会丧失发展活力，以及伴随活力丧失过程中部分城市和乡村的衰落风险。

从事老龄问题研究的人都知道，人口老龄化过程中有一个全球性的现象，这就是在老年人越来越多、年轻人越来越少的深刻演变态势中，随着时间的推移，最终会导致部分城市或者农村走向衰落。例如美国的底特律、日本的北海道以及许多发达国家的部分乡村地区。整体上看，老牌资本主义国家中间普遍存在这种发展与衰落的双重奏，这是人口老龄化过程中的一个必然现象，值得我们提高警惕和深刻关注。

从历史上来说，人类发展永远伴随着衰落，盛与衰是历史发展硬币的两面，此乃事物变化过程中的荣枯沉浮，也是世界运行的基本辩证法，没有什么值得大惊小怪的。不过，如果你出生成长的繁盛城市或者乡村有一天衰败了，或者你直接就是这个城市的市长、或者乡村的村长，这无论如何都是难以接受的。但这是情感层面的问题。那么，在人类史无前例的人口老龄化的过程中，会不会发生城市和乡村衰落的风险？如果人口老龄化汹涌来潮，如果我们不能正确应对，答案是肯定的，问题只在于具体城市、具体乡村、具体时间的差异而已。那么，究竟哪些城市或者乡村会存在迈入衰落陷阱的风险？这是我们今天就要考虑的长远发展问题。

触目惊心的是，在中国中西部农村地区、东部少数农村地区和东北少数农村地区，目前的衰落态势似乎已显端倪。深究其原因，琢磨来琢磨去，核心只有一个，这就是留不住年轻人。开始是年轻男性先走了，后来女性青年也走了。再后来，年轻夫妇都把子女带走了，留下来的只有老年人了。甚至有些身体依然硬朗的中老年人也加入到了打工族的行列。而且，少数子女也接走部分老年父母。村里只剩下老弱病残了，还有大片的土地和空荡荡的宅基地。他们就是广为人知的留守老人。好在有春节在，这些地方在年关节随着回乡者的短暂停留，还能体验到生活繁盛的难得气息。但他们的离开又会抛下衰落的氛围。这种情况目前已经引起社会各界的广泛关注。

针对这种情况，我们究竟应当怎么办？与老分居的后面是衰落吗？一些学者曾经认为，这是我们发展农村规模经济的重大机遇。比如，投资者可以搞大型农庄。但是，年轻农业工人从哪里来？那些走出去的打工族已经不是仅仅为了工钱而到城里讨生活，他们希望子女在城里能够享受更好的教育环境。那么，一个农庄的诱惑恐怕难以让他们回巢。所以，我们还需要想得更深远一些，从老百姓内心深处的需求出发，这才是真正的问题导向。

欣喜的是，随着打工族眼界的开阔，城里非本土居民的生活待遇、成本和压力问题的长时间体验，让他们不断思考迁出地发展的可能性。特别是随着惠民政策的强力实施、乡村资源的再发现以及互联网的推波助澜，越来越多的外出农民倦鸟回巢，有些已经闯出一片新天地，许多久违了的寂寞乡村又燃起前所未有的发展活力。这是避免乡村地区走向衰落的希望所在。但是，我们也应当看到，仍然还有少数缺乏资源的乡村依然如故，这些地方的发展希望何在？这是我们要深刻思考的问题。

那么，中国的城市会不会出现衰落现象？北上广以及一二线城市基本上不存在衰落的可能性，但是，偏远三线以下城市的衰落风险仍然存在。全国老龄工作委员会办公室曾经公布过，未来中国区域人口老龄化的发展态势，预计到 2050 年，全国人口老龄化水平最高的省份是吉林、上海、黑龙江、浙江、辽宁、天津和内蒙古 7 个省、自治区、直辖市，老龄化水平均将超过 30%，比届时世界上人口老龄化最严重的欧美发达国家的平均水平还要高。我们现在就已经了解到，少数资源枯竭型城市已经面临年轻人远走高飞的威胁。在人们担心的东北地区，情况十分复杂。随着父母一辈年事已高，反而有越来越多的子女回乡看护父母。这样看，老年人的存在反倒阻止了衰落的态势。也许，这是中国传统孝文化的作用。但我们也应当看到，一些地方政府已经针对本地经济发展作出许多新的举措，核心目的是留住当地年轻人，也吸引出巢外地的年轻人回巢发展。不过，长远来看，这些做法还远远不够，许多城市应当从城市兴衰的高度重新认识，采取更加有力的措施。当然，更重要的是，从国家层面来说，现在就要从全局出发，从人口流动、就业、教育、医疗、养老等诸多方面加强顶层设计，制定发展战略，引领地方经济发展，提升区域发展活力，避免部分城乡走向衰落。

我们面临诸多悖论问题

在《老龄社会的革命》一书中，我曾经描绘过埋藏我心底里有关人口老龄化的几个悖论：一是健康悖论，即人口老龄化越严峻，老年人口会越多，这必然要求大力倡导健康生活方式，确保全人口老年期的幸福生活；但人们越是崇尚健康生活方式，老年期就会越长，人口老龄化就会越严峻。二是科技应对人口老龄化悖论，即人口老龄化越严峻，越要充分利用科技特别是医疗科技来解决老年人的疾病问题，但科技特别是医疗科技越发达（科学家已找到精确关闭基因方法，器官再生和癌症治癒将只是时间问题），老年期就会越长，人口老龄化就会越严峻。三是养老社会保障悖论，即人口老龄化越严峻，越是要发展养老社会保障制度，但养老社会保障制度越完善，人们就不想要更多的孩子，而且老年期也会越长，人口老龄化就会越严峻。总体看，人口老龄化是经济社会发展的产物，经济社会越发展，人口老龄化越严峻，而人口老龄化越严峻，就越是要求经济社会发展以解决相应问题。于是，经济社会与人口老龄化的互动关系便被锁定在悖论循环中。

实际上，除了这些悖论之外，人生也充满许多悖论色彩的烦恼。如前所述，要想善终就必须保持健康的生活方式，合理膳食、戒烟限酒、规律生活等等，但一旦按部就班，生活的乏味和无聊就会涌上心头。那么，人生究竟应当怎么安排？又例如，从个体来说，现在人们都不愿意生孩子又想活得长，但从整体上说，人们又不情愿接受老龄化的结果。这又是一个心理学悖论。总之，人类历史过程充满许多“促进”与“促退”互相缠绕、“刹车”与“加油”同时运作等欲进还退、欲上却下、欲扬实抑的悖论结构。

还有许多类似悖论。例如汽车悖论：车少的时候人人都想有车，现在还没有发展到人人有车，整个城里就已经变成停车场了。如果真的实现人人有车，恐怕我们又都要想办法逃遁。其实房子也有一个悖论问题：房子少的时候人人都希望居者有其屋，但是，中国房地产发展到今天，房子已经不是房子了。老百姓戏称之为“钱疙瘩”。如果将来人人居者有其屋，房子价格自然会掉下来。老人多而年轻人少，自然会导致卖房者多而接盘者少，房子掉价是必然趋势。那么，究竟如何处理房子问题、汽车问题？还有诸多烦恼问题以及真正的人口老龄化悖论问题？这是留给我们的一系列难题，等待一代一代智者去解决。

在这些悖论中间，最大最难最实际的悖论问题是 70 后以后各代人要解决的问题：既要买房子买车子养孩子，还要拿出一部分钱来为自己的老年期做准备。这是当前中国处在老龄社会初期阶段最迫切的问题之一。

年轻时的小事却可能是老来的大事

在一次养老院（广州）访谈老人的活动中，我问一位卧床老人："老人家，您现在最想什么？""现在什么都好。看病、护理都有人管。也不缺钱花。我是北方人，就是早上想吃一口热腾腾的油条。"说着老人有些眼红："对不起！领导，谢谢你来看我。我是不是没有出息。我离开老家已经二十多年了。在床上也躺了二十多年了。"握着老人的手，我忽然依稀觉得我就是这位老人，完全失能，卧床多年，别无所求，只想北方的一口热油条，和着乡愁一口吞下，死而无憾。这就是人到这个时候的一点念想。只有家乡的油条才能成就一位即将不久人世的老者对生的眷恋。我一下子觉得老年人的问题太容易解决了，同时又太难解决了；老年人的问题太简单了，同时又太复杂了。我做了 26 年的研究，其实才刚刚起步。

油条，在北方这的确太简单了。北京早上的街边店就能买到。但卧床在广州，这个问题太难解决了。我曾经讨教过卖油条的师傅。他说，这个问题好解决，做油条有什么难的？问题是在冬天的广州，虽然不冷，但炸好送到老人的床边，即便是在附近楼上，味道已经差很远了。实际上，对于身体好的人来说，这只是抬个脚的问题。但是，对于卧病在床的失能老年人来说，做到这一点等于登天。如果我们各个行将老去，这些小事合在一起简直就是登天难事。

说到油条，我又想起馄饨。北京馄饨侯的馄饨天下闻名。上个世纪 90 年代我曾经带我的父亲品尝过。馄饨味道鲜美，无论色香味，还是宾客如云的繁盛气氛，今天想起来，加上至爱父亲的在场（现已故），让人倍感怀念。后来有一年冬天，我和居住在陕西农村的老父亲电话聊天，他说十分想念北京馄饨侯的馄饨。他说："呆在这个落后小村子，冬天夜长，要是能吃上一碗馄饨该多好呀！"现在想来，他老人家的个人感叹，实际上是许许多多农村偏远地区老人对公共服务的呐喊和呼唤。现在和未来，越来越多的老年人，有钱有健康，但是，服务就成了他们的渴求。不过，说到服务，这又是一个既简单又复杂的问题。油条、混沌只是两个小小的渴念，而海量老人的多样化需求才是未来的市场动向。真希望天下老龄产业的仁人志士能够钻到老年人的心里，为他们带去满意的服务，成就老人的欢欣，赢得发展的巨大商机。

说到为老年人提供服务，比如入户为居住在家的老人提供服务，这似乎是一个简单问题，但目前已经成为各种服务模式中最难的一种，除了政策、土地、管理、信息等等问题之外，还有一个问题商家们都没有看到，这就是老人的心理特别是子女们的心理问题。我曾经和一位街道干部聊天，他认为，入户服务第一关是老年人和子女的隐私关。老人和子女想：陌生人来到家里，万一出现盗窃怎么办？万一工作人员拿走一件不贵但纪念意义重大的摆件怎么办？如果子女上班，工作人员单独入户做饭、送饭，时间一长，工作人员弄清家里的所有情况，包括子女作息时间等信息，他们会不会起歹心？这位街道干部说，即使房间里多安装几个摄像头也解决不了子女的心病。他接着说，现在很多小时工之所以能够入户工作，大多是因为家里除了老人还有其他人照看着，比如老家来的亲戚。如果仔细分析，居家入户为老年人服务的确没有我们想的那么简单。我们讨论的服务问题，但背后的背景是家庭隐私、财产乃至生命的托付问题，想到我们目前的公民特别是市场诚信度水平，这个问题说起来端地还是一个十分复杂的难题。

老实说，机只在危中。未来各代人老来的难事，实际上正是天下最大商机炸弹的引信。能不能把握住，全靠老龄事业和老龄产业从业者的智慧！

※　　　※　　　※

关于老年人口洪流中的复杂问题这里只能作部分论述，还有许多问题十分复杂，我们留待以后讨论。但还有一个真正的复杂问题值得我们高度关注。近些年来，老年人从事宗教活动的人数不断增多，其中既有正教，也不乏邪教。为什么人到老年期宗教情感越来越强烈？这是我们以往关注和研究不够的深刻人生命题，也是重要的深刻文化命题。对此，我们需要深入调查研究。

历史的教训是：老年群体规模庞大，正能量文化如果不占领，负能量文化就会占领。我们需要从维护老龄社会正向文化占据主流的高度，落实宗教政策，引导广大老年人积极向上。对于每一个人来说，如何对待老年期的宗教感情问题，我们都要思考。

参考文献

1. 潘光旦. 老人问题的症结[M]//潘乃穆，潘乃和. 潘光旦文集10. 北京：北京大学出版社，2000.

2. 劳动保障部社会保险研究所. 防止老龄危机[M]. 北京：中国财政经济出版社，1996.

3. 王先益. 老年人特殊需要分析[J]. 市场与人口分析，1999, (3).

4. 李建新. 中国人口之殇[M]. 昆明：云南教育出版社，2011.

5. 王广州, 戈艳霞. 中国老年人口丧偶状况及未来发展趋势研究[J]. 老龄科学研究. 2013, (1).

6. 韩布新, 李娟. 老年人心理健康促进的理论与方法[J]. 老龄科学研究. 2013, (4).

7. 穆光宗. 论辱寿与老年自杀[J]. 老龄科学研究. 2013, (4).

8. 贯旭东. 我国老年人的文化活动及其结构[J]. 老龄科学研究. 2013, (6).

9. 董之鹰. 论老龄管理的精神价值要素[J]. 老龄科学研究. 2013, (6).

10. 王海涛, 方彧, 翟德华, 等. 城市核心功能区养老模式新探[J]. 老龄科学研究. 2013, (7).

11. 刘燕舞, 王晓慧. 农村老年人风险管理调查与分析[J]. 老龄科学研究. 2014, (1).

12. 罗萌, 李晶, 何毅. 中国城乡老年人自杀意念研究[J]. 老龄科学研究. 2015, (7).

13. 伍小兰, 曲嘉瑶. 中国老年宜居环境建设现状、问题与对策研究[J]. 老龄科学研究. 2016, (8).

14. 孙文灿. 养老志愿服务侵权责任研究［J］. 老龄科学研究. 2016, (10).

15. Chambers, J. D. *Population Economy, and Society in Pre-Industrial England* [M]. Oxford University Press, 1972.

16. Willam, C. B. *Aging: Its Challenge to the Individual and Society*[M]. New York, 1974.

17. D · L · Decker. *Social Gerontology*[M]. Little, Brown and Company, Boston, Toronto, 1980.

第十一章 理念偏误横生环出

“那些最重要的问题，那些与人们的福利和生计关系最密切的问题，在有影响的人物当中实际上并不了解。在那里，人们把这些问题当作不着边际的抽象（例如人口老龄化），或作些肤浅的调查，而对一些确凿的事实（例如关于世界人口）却茫然无知。”

——[法]阿尔弗雷·索维

“养老”是个模糊概念

现在，“养老”已经成为一个热词，也是一个高频词。上百度搜索“养老”，搜索结果显示为“100 000 000 个”，1 亿条，显然已经“爆表”，说明这个词的热度。从老龄科学的角度来说，“养老”这个概念虽然不是一个一无是处的概念，但总体看基本上是一个包罗万象、意义含混的模糊概念。从严格的科学意义和落地政策实践来说，如果一个概念成为“一个筐，什么都可以往里面装”，那么，这个概念就是一个无法界定也无法操作的概念。据此也可以得出结论：它已经不是一个科学概念，而是对老龄社会的一个偏误表达。对于世界上泱泱第一老年人口大国的中国来说，对于人类历史上人口老龄化形势最严峻的中国来说，对于拥有全球最大规模老龄产业市场的中国来说，如何做到科学应对，首要的问题就是要从理论上树立科学的理念，建构科学的理论体系，使用科学的话语体系。否则，我们难以应对未来 10 亿老年人口洪流带来的巨大挑战。

“养老”本来是一个农业社会的概念，也是年轻社会的标志性概念，更是短寿时代的产物，而且，这一概念背后潜藏着中国传统文化的底蕴，也包含着“老年崇拜”的封建文化糟粕。在古代，“养老”的含义比较复杂。首先，“养老”是以礼乐文化为统领的礼制的重要组成部分之一。除选择年老而贤能的人定期设宴款待外，对 50 岁以上年长者进行供养还有诸多详细的规定（见《礼记·王制》）；其次，“养老”是指年事已高在家休养。再次，“养老”是指保摄调养以延缓衰老；最后，“养老”也指奉养老人。十分有趣的是，人体上还有一个养老穴，位于腕后 1 寸，常按摩之有利于明目，缓解肩、肘、背、臂、腰酸痛。总体来说，古代的“养老”主要源于人的寿命短暂，在 50 岁左右就习惯于把老人供养起来享受清福，缓解人生辛劳，然后送终。现在已经是工业化甚至后工业化的长寿时代了，我们已经告别短寿的年轻社会，迈入了老龄社会，老年人的余寿越来越长。如果你问 60 多岁的老人：“您在养老吗？”恐怕没有人愿意承认自己在享清福。我们许多从事老龄产业的人设计产品和服务，根子里的理念就是沿用古代的“养老”理念，把老年人供起来，当然人家不干了。供给对不上客群的意愿和需求，这就是目前许多人运营所谓“养老产业、养老服务业”往往不能盈利甚至招不来消费客群的重要原因之一。理念错了，你还想挣钱，这岂不是南辕北辙？还有的人认为是盈利模式不清晰，其实问题更在于盈利模式背后的经营理念出问题了。

“养老”这一概念最突出的问题是把老年人当作被动的客体，剥夺其主动性、主体性。目前人们对“养老”的理解甚至背离了传统孝道文化的根本。孝道文化博大精深，但说穿了就是一个“顺”字。何谓“顺”？其实就是指：老年人是主体，一切都要由着老年人的主观意愿，服务者只是辅助方和服务方。否则，剥夺老年人的意愿和主观能动性，被动享用提供方的供给，这成什么了？这是大不孝。我们今天许多从事老龄产业、老龄事业、老龄公益事业的人士脑子最大的问题是，从自己作为提供方的供给思维出发，为老年人提供服务和产品。不少养老地产商事先没有做老年人需求和意愿调查，到美国、欧洲、日本、台湾考察了一圈就开张了，结果运营起来举步维艰。他们不仅忘记了商业规律，更忘记了孝道文化的精髓。老实说，老龄产业目前是买方市场，在“养老”理念的引领下，你把客群当作被动的客体，他们不消费就会让你的所谓经营战略格局面临更大的被动。

值得强调的是，我们目前有许多政策文件也面临这个问题，不仅概念含糊，关键是没有充分尊重老年人作为主体的意愿和需求。一些文件充满办好事办实事的良好愿望，但距离老年人的真实需要相距甚远。这也是当前许多所谓“养老产业”政策文件难以落地的重要原因。当然，我国老龄产业尚处在菜鸟阶段，政策文件出现含糊问题也是可以理解的。但长远来看，这个深层次的理念问题必须解决，否则，我们的政策不仅不能落地，很可能还会为此付出代价。

“养老”概念最突出的问题是忽视了老年人作为人的基本尊严，掩盖了人类历史和个人人生发展的本质。传统社会里的养老主要指供养上了年纪的人，基本依据是养儿防老的闭环，小时候父母养，老迈之后儿女养，这实际上是一种代际交换。不过，从本质上来说，每个人都是自立自养的，否则，人类历史就无法进步。而且，代际交换之所以能够永续运行，这是一种保障人作为人的基本机制。小时候需要他人养，因为他作为人是明天的发展主体；老了需要他人养，因为他作为人是昨天的发展主体，也是发展的功臣。到了今天，这种代际交换关系尽管形式变了，但仍然没有改变人人终生自立自养这种人作为人的历史本质。我们不能否认代际交换的重要性和必要性，但我们也不能因为这种代际交换的表面形式重要，而否定了更加重要的人人自立自养的本质。因此，“养老”这个概念说穿了无非是一个交换而已。离开这一边界，或者过分重视形式而忘记本质，就会形成老年人是需要靠人供养的被动弱势群体这一理论假设，就会滋生老年人是“包袱”“负担”的错误认识。更大的问题是，这一概念不利于人人终生自立自养这一人类历史发展进步至道至理的传扬。相反，扬弃“养老”这一含混概念，树立人人终生自立自养的理念，人人按照全生命周期安排自己的生活，这不仅有利于我们应对人口老龄化特别是10亿老人长寿洪流带来的巨大压力，而且，建构理想的老龄社会才有希望。否则，一天到晚不得不面对那么多老人要“养”，我们永远看不到发展的希望。

不可否认，对于那些少数弱势老年群体，我们当然要给他们养老送终。不过，如果我们局限于部门思维，仅仅抱着供养少数弱势老年群体的思维，去发展老龄事业，发展老龄产业，其结果毋庸讳言！

“养老”是福利还是产业

一旦用“养老”这个概念，这个问题就很难清晰理解。当然，不容否认，有少数人更愿意说不清，否则，部门利益，还有搭福利便车贪污腐败就会断了后路！让人扼腕的是，还有一些社会人士也认为，“养老”的责任在政府。他们不知道，如前所述，政府一分钱也没有，所谓政府责任其实就是纳税人责任，政府的钱全部得由纳税人出。那么，问题来了，用纳税人的钱办所谓“养老”的事，究竟是给哪些人“养老”？依据是什么？这又说不清楚了。最可恨的是少数打着“养老”的公益幌子，干的却是缺德的买卖，套取政府“养老”的补贴，为老年人提供不了像样的服务。以上这几种错误模糊概念导致老龄服务乱象环生。

人到老年期所需要的无非服务和产品两项。如果单单从这两项来说，谁也说不清“养老”的性质。这里，我们主要先分析老龄服务，老龄用品的相关问题我们下面分析。从理论上来说，老龄服务是混合品，兼有公共品和私人品两种属性。第一，养老保障、医疗保障和以长期照护为核心的老龄服务保障是针对人到老年期面临的贫困、疾病和失能三大风险而产生的三大需求，但养老保障和医疗保障主要是解决老年人的吃饭、防治疾病问题，而老龄服务主要是指人到老年期发生半失能或失能以后的长期照护问题。第二，老龄服务属于生活性公共服务范畴，但不包括老年人和其他居民共有的公共服务（例如面向所有居民的社区服务），而是特指老年人的特殊服务需求，重点是长期照护服务问题。第三，低龄、健康老年人的文化、体育、教育活动属于老年群众工作的范畴，也属于老年群体社会管理和老年群体自治的范畴，还可以分别纳入公共文化、公共体育和公共教育的范畴（目前的老年教育需要按照终身教育的理念纳入公共教育服务）。第四，人在老年期前后的金融服务属于纯私人行为，这类金融服务也属于纯粹的市场行为。第五，低龄、健康老年人入住商业性服务机构，以及他们享受纯商业性的文化、教育、旅游等服务，这是纯市场行为，政府不应干预，但从方向上我们应当坚持鼓励老年人居住在家。最后，老年维权服务属于老龄工作部门的一项工作职能，不在老龄服务的范畴。因此，不能把老龄服务泛化。我们中文里面的这个“服务”概念本身就存在无所不包的缺陷。我们在使用时，特别是在制定政策和进行商业操作时，需要纵深分析研究，提出内涵明确、外延明晰的操作性概念。目前还有一个“基本养老服务”的概念，内涵和外延也不清晰。这个“基本”是指服务对象，还是指服务内容？抑或是指服务水平？这些问题都值得认真商榷。总之，老龄服务既是公共品，需要政府发挥主导作用；也是私人品，需要个人和家庭承担责任，可以由市场供给。由此看来，对于老龄服务我们主要是要界定清楚政府、企业、家庭和个人的边界。否则，用“养老”这个概念的模糊思维方式，到头来老龄服务这笔账就会成为一大笔“模糊账”。这就是目前的现实，也是我们这个世界上第一大老龄服务市场大国令人汗颜的地方——我们说不清楚是什么！下面再进一步分析。

第一，首先要理清政府责任。中国是世界上失能老年人口最多的国家，如果由政府包揽，由纳税人买单，这件事情办不好，还会出乱子。从政府职能来说，如何发展老龄服务，其具体职责就是两项：一个是为发展老龄服务提供公共品，包括制定战略规划、完善政策法律、建立长期照护保障制度、制定服务标准、监管服务市场。另一个就是为贫困失能且家庭无照料护理能力的老年人兜底。但是，兜底主要是为他们的服务买单，未来的方向是通过政府购买服务实现政府的兜底职能，决不能再走政府直接举办老龄服务机构的老路。至于新中国成立以来已经建立起来的公办老龄服务机构，一些效率低下，浪费严重，关键是未来还会给公共财政带来新的无底洞风险，已经不能适应新形势的需要，着眼长远来说，必须通过改革交由社会力量举办。

其次，要充分发挥市场的决定性作用。未来海量的老龄服务需求唯有通过市场化和产业化方能担当。许多人担心市场化会吸老年人的金，会导致老年人得不到应得的服务。其实，这种担心是对市场化的无知。中央之所以要发挥市场配置老龄服务资源的决定性作用，根本道理就在于：如果老龄服务市场实现充分竞争，老百姓通过脚投票，服务价格会降下来，服务质量也会提高。否则，再走公办的老路，我们送父母去老龄服务机构恐怕还要市长的条子。这条路不能再走了。因此，现在中央在老龄服务上的重大决策就是要全面放开。道理也正在于此。

最后，个人和家庭不能不负任何责任。除了那些兜底对象外，其他人享受老龄服务，在根本上要靠制度安排。这就是需要解决制度性的老龄服务费用来源问题，即长期照护社会保险、商业保险、津贴和慈善捐赠四个层次的保障制度。其中，政府、用人单位要承担一部分，但个人的责任不可推卸。现在最棘手的问题是尚未建立起制度，那些贫困线以上、低收入以下老年人的长期照护服务费用是一大难题，需要解决。当然，高收入人群不需要政府操心，但也需要提供政策、法律和服务质量监管等公共品。

总体来看，老龄服务是一个混合品，既有福利成分，更有产业空间。问题在于要理清政府职责，发挥市场决定性作用，个人和家庭要负起应有的责任。只有走产业化和市场化的道路，老龄服务业才有希望。当然，走福利化的路子是行不通的，因为，走福利化道路的前提是政府应当承担无限责任。这是纳税人不能答应的，也违背现代政府治国理政的基本逻辑。

人到老年需要服务也需要产品

现在，有一种不良倾向就是强调人到老年期的服务需求，忽视老龄用品的需求，甚至存在用服务需求掩盖产品需求的倾向。如果这种倾向再发展下去成为老龄工作和老龄产业乃至整个老龄事业的一个导向，未来我们是要付出惨重代价的。

从发达国家的发展历史来看，老龄服务的最高境界就是帮助老年人获得自主、自尊和自在。其中，长期照护服务分为两个层次：一个是要让老年人通过老龄服务取消老龄服务，这是就预防失能而言的；另一个就是让老年人获得自主的帮助。从这里可以看出，即便是老龄服务这种由人提供的服务，最多也是有感情的工具（当然也决不能否定服务者和被服务者之间人与人的情感沟通和情感慰藉），除此之外还有就是没有感情的各种老龄用品作为辅助日常生活的工具。当然，随着智能化的发展，许多服务机器人也可以做到和被服务者的交流，不过它们仍然只是帮助老年人生活的工具而已。因此，老龄用品是人到老年期的重要工具，其作用不容忽视。我们现在讲的“养老服务”，其缺陷主要是把服务的对象锁定在失能人群，几乎忘记了更加根本的、低成本的预防性老龄服务。更重要的问题在于过分强调服务，而忽视甚至淡漠了老龄用品的重要作用。特别是一些地方热衷于“养老服务”，对老龄用品不闻不问，甚至用“养老服务”这个小概念涵盖老龄用品乃至整个老龄产业这个大概念，导致老龄服务热、老龄用品冷的失衡发展格局。这也是目前盖养老院热、生产老龄用品冷的重要原因。这种发展理念和导向是极端错误的，也是对应对人口老龄化全局极端不负责任的表现！

从产业发展来说，发展老龄服务是有天花板的，也就是说盖养老院是有极限的，即便非常有实力的老龄服务企业，其所能运营的服务床位也是十分有限的。当然，把老龄服务机构连锁起来运作形成网络，其发展空间很大，不过那是另外一个问题。相反，老龄用品发展没有天花板，没有发展极限。

如果企业家看准一个老龄用品，又能把握掌控其技术制高点，那么，它的潜在市场将是全国性的，甚至是全球性的。

老龄服务固然重要，但老龄用品关系实体经济特别是制造业。中国是老龄用品市场（康复辅具仅仅是老龄用品业中的一小块）潜力最大的国家，目前在中高端技术上几乎全线落后于人。如果不改变目前重老龄服务轻老龄用品的发展格局，若干年后，这个巨大市场就不是我们的。对此，老龄用品生产销售商们已经敏锐地洞察到了，问题在于国家还需要在顶层设计上作出重大举措，这是又一个迫切需要解决的问题。

人即使老了仍然是“人”

年轻的时候我们就知道，人到老了事情就多了。但是，无论如何也想不到我们到老了会被人当作问题来对待。现在，关心、关注、关爱老年人的话题十分流行，做与人的老年期有关的产业也炙手可热。但仔细琢磨，人们的头脑里有一个清晰的但没有说出来的潜台词：要解决老年人的吃喝住行看病就医养老送终等一系列问题。至于老年人内心想什么、要什么等头等问题，我们考虑的比较少。常常是老人家想要一个枕头好睡觉，我们却递过去一碗醋，让人家越喝越精神。这里不仅仅是一个供需错位的问题，而是我们没有设身处地、从老年人作为人的角度来认知他们，了解他们的内心世界。我们想当然地认为，将来有那么多老人，需要海量服务和海量产品。但我们却没有真正认识到，他们更需要的是人之为人的尊严、意义和价值。这是我们当前在老年期问题上最大的观念误区，也是我们未来应对海量老年人口洪流必须解决的首要问题！

我曾经看过一部美国人类学家出版的严肃理论著作，是根据对老年人的深度访谈而创作的重要著作，我视之为引领我走向老年人内心世界的指路明灯。作者在书中想要揭示的最深刻的道理是：人经历漫长人生形成的价值观念、性格品质、爱好禀性、行为方式以及言语习惯等等，到老了也不会因为皮肤憔悴、肌肉松弛、行走蹒跚甚至眼神呆滞而改变，熟悉他的人知道他（她）的这些内在背景，所以，即使他（她）白发老迈，牙齿脱落，闭上眼睛也能辨认出他（她）来。否则，他（她）就不是他（她）了。说句实话，如果变了，或者说他（她）因为衰老而变成另外一个人，这是一件十分可怕的事情。比如，我们的老父老母变得认不出了，或者说我们老了，儿女们不认识我们了，这无论如何是十分可怖的。因为，果真如此，可能就会出现认不得人的精神疾病（老年痴呆）问题了。所以，说到底，人终其一生是一个形成并坚守自己个性的文化过程。这是人作为人必须坚定秉奉的自我认同。是故，我们不要打算去改变老人家的基本价值观，否则就只能是徒劳无益反添乱。当然，在其他方面我们可以做些关爱"手脚"。

也许正是基于此，前联合国秘书长安南曾经说过一句名言：老人是一座图书馆！的确，人经历一生磨难，饱受生活的风霜雨打，既有丰富深邃的阅历，还有付出代价的经验，更有把握人生的智慧，到了老年才显山露水，愈见其价值，才使我们这个社会的文化积淀日益厚重。

思考人的老年期问题，实际上就是考量人生，也就是反思人类生活。我们固然要解决人到老年期面临的各种具体困难和问题，但是，我们首先需要端正观念，把老年人当作人对待，尊重他（她）的终生价值，了解他（她）的人生经历，倾听他（她）的愿望，帮助他（她）走完作为人的人生道路。这是我们应对未来10亿老人长寿洪流的重要前提。

当然，更为重要的是，作为尚未进入老年期的年轻人来说，我们还要思考的是，未来靠什么赢得他人的爱戴和尊重，这是未来将要迈入老人洪流的所有人需要共同思考的重大人生问题。

思维方式的贫困

自然界的事情比较简单，只要求"真"即可。所以，自然科学家往往容易成功。人类社会领域的事情就不一样了，这里，真善美假丑恶贵贱各种要素缠绕其间。人生问题本身就是人类社会领域里最复杂的问题。但是，如果分阶段而论，老年期的人生问题更是复杂问题中的复杂问题。道理十分简单，我们虽然总是在讨论老年期，但本书中的老年期不是简单地从60岁开始，而是强调要从人生起点说起，否则，老年期的问题就说不清楚。一位成功的养老院院长告诉我，她们对待入院老人，第一个月的工作最为关键，主要是弄清他（她）的人生经历，目前的焦虑和未来的愿望。但是，说实话，这个问题非常复杂，但十分有趣，还容易让人产生成就感。我问她的成就感是什么？她淡然地说了一句："了解这些老人，就是我的人生。从他们身上我明白了我的未来和我的价值。"我不住地在内心感叹，这位院长岂止是院长，她分明不是在伺候老人，而是在探索人生！她虽然是一个老龄产业的实践者，但实际上已经远远越过了一个养老院院长的职责边界，用哲思来对待自己的事业了。

但是，我们在现实中可以看到许多用简单思维处理复杂问题的误区。

第一个就是"就事论事"。比如，一度人们对"以房养老"的问题讨论十分热烈。本来，"以房养老"是一个先进的金融理念和金融工具，如果我们经过科学的本土化，完全可以把它打造成为破解"未富先老"、老年人有房无现金流问题的利器。但是，由于我们简单提倡，没有经过认真论证，结果一提出来就引起轩然大波，反对声不绝于耳，至今运行十分困难。实际上，人们对"以房养老"难以接受，原因很多，诸如中国金融体系存在诸多问题、法律法规不健全等。但根本原因则是产权纷争问题。所有中国人都心知肚明，从法律上讲，老人的房产产权是老人的，但从文化上来说，老人的房产产权其实是子女的、孙子女的，或者说是家庭公共财产。如果仅仅提"以房养老"，这直接就是制造家庭矛盾，无论老人还是子女尤其是儿媳谁也不愿意接受。因此，如何利用先进的金融工具，就必须解决本土化的问题。首先，不应当简单地提"以房养老"，应当提"以房养人"，这里的人不仅指老人，也指子女和孙子女。把房产变成现金流，应当支持所有家庭成员的发展。当然，老人可以享有优先权。其次，子女应当树立依靠自己奋斗和自我创新的精神。一个民族如果老是惦记祖宗那点遗产，无论挂上什么传统文化的幌子，都改变不了“断不了奶”的本质。中华传统文化再优秀，如果滋生“断不了奶”的精神，那就断然是应当摈弃的。何况，惦记也是白惦记，待到中国房地产进入下行期，房产恐怕也不值钱了。即使房地产市场坚挺，遗产税政策也是需要认真考虑的政策变动。最后，对于老年人特别是对于新新一代老年人来说，当我们在养老动机和遗产动机两者相互纠缠的时候，需要深刻考虑的是，我们究竟应当留给子女点什么？这个问题关系到传统文化，更关系到民族精神的重新建构问题。因此，这个案例说明，为了解决老年人的问题，我们绝不能就老年人问题谈老年人问题，而必须充分考虑问题的复杂性。

再比如，要解决老年人的问题，我们往往忽视成年人的需要和潜力。我们一些地方出台政策的立足点是为老年人代言，而没有从当地各年龄群体的不同客观需要出发，不注意协调出台具体政策举措，结果弄得老年人高兴，成年人撅嘴。

再比如，要在社区发展老龄服务，我们许多从业者发现，现在许多社区的基本公共服务尚且十分落后，在这样的基础上发展老龄服务十分困难，他们不得不做非老龄服务的业务。我们有许多从业者也十分困惑：我们主要是做老龄服务的，如果其他服务（家政服务）也做，我们的专业服务怎么办？实际上，这反映出当前我们社区公共服务整体上还不能适应社会的客观需要。特别是出台老龄服务相关政策时，如果对现有公共服务研判有偏，再加上部门狭隘利益和条块分割的职能分工，必然造成就老龄服务谈老龄服务，没有一个通盘的设计规划。如果就老年人问题就事论事，不但解决不了问题，反而会带来其他问题。

第二个就是局部论事。比如，许多房地产商大举发展养老地产。问题是现在城里的老年人大多都有房产（农村暂且不论，而且农村客户也不是这些房地产商的重点客群）。据统计，目前，城市老年人的住房拥有率为 71.3%。

如果花钱住进这些所谓“养老地产”里，老人们的现有住房怎么办？因此，能不能大举兴建养老地产，这是一个房地产的整体配置问题。仅仅从想象的老年人的“需要”出发，这种局部论事的商业模式注定潜藏着长期不可持续的风险。

第三个就是一概论事。说到老龄产业，这的确是一个巨大的潜在市场，从研究者的角度来说，可以研判这个大的主攻方向。但从操作者的角度来说，就不能宏观论事，而是需要准确定位自己的具体战略主攻方向——是做老龄服务还是做老龄用品？是做老龄金融还是做老龄房地产？然后，再根据当地实际进行深入市场调研，如此方能找准切入点。但是，现在有很多所谓做“养老”的人士，似乎什么都想做，似乎老龄产业就是东海的汪洋一片，下水就可以掘金，结果折腾几年不但毫无所获，连自己的本钱也赔光了。还有一位从业者说：“我听党主任忽悠说老龄产业是世界上最大的市场，一度搞得我寸步难行。”我听到她的这个评价后感到十分无语。研究者和操作者永远都应当是两种思维，研究者管主攻方向，操作者管落地运行。这里面有一个思维方式的差异问题。

再比如，现在还有一个“智慧养老”和“互联网＋养老”，如果一概论事，必然要付出惨重代价。就目前掌握的情况看，纯粹做“智慧养老”和“互联网＋养老”的，大多不仅没有赚到钱，一些公司甚至已经破产了。实际上，“智慧养老”和“互联网＋养老”再好，无非工具而已，如果没有强大的线下服务作支撑，再“智慧”也养不了老。

最后必须强调一句，再复杂的问题也只能通过简化的手段来解决。否则，复杂问题复杂办，结果也只能是一片混乱。我强调的是要有一个思维过程：先考虑面前的简单问题，再探究背后的复杂因素，弄清其间相互纠缠的机理，再找出解决的简单办法。一句话，做事情不能是：从简单——简单；而应当是：简单——复杂——简单。

老年期问题的理论缺位

和复杂高深的量子力学或者天体物理学不同，老龄问题最大的麻烦在于人人都可以参与，人人都可以谈一番道理。中国老龄问题研究的先行者、中国老年学创始人邬沧萍教授曾经说过："老龄问题与所有人都有直接或间接的联系，人人都能对老龄问题发表一点意见。"这是好事，我也从内心认为，人人都应当研究老龄问题，因为它的确关系所有人自身的利害痛痒。不过，余秋雨先生说过，人人都可以谈对自己身体的感受，但人人不可能因此而成为大夫。他说的这句话虽然很不好听，但却是至道至理。对于老龄问题，我们不可能期望人人都成为专家学者，但从事老龄工作、老龄产业或者老龄事业的人起码应当有所研究。

现在的麻烦是少数人没有做过稍微深入一点的研究就来发表意见。在自媒体时代，这是允许的，但要真正说出真知灼见，最好先做点研究再发表意见。至于从业者恐怕就要深入研究了。实际上，现代社会分工已经充分细化，如果不做深入研究，恐怕也难能成功。这也是许多成功人士给人以颇似专家印象的原因。

但如果要研究，起码要有像样的理论。可惜的是，目前，关于老年人问题或者人的老年期问题，人类尚未建立起完善的理论体系。以往人类史基本上是年轻社会的历史，同时，也是短寿时代的历史。因此，老年人问题虽然与人类历史共长短，但自人类诞生以来，特别是有学科史以来，由于老年人口数量有限，占总人口比重低居不上，尤其是中西方传统文化都认为老年人问题属于私人领域的问题，导致老年人问题难以进入公共领域，因而也很难得到系统化的理论研究，建立针对老年人问题的独立学科体系更是不可能的事情。从历史上中医的分科也可以看出这一点。无论是春秋战国还是上个世纪初，中医理论中一直都没有老年科。即使古代御用中医也没有服务高龄皇上或者太上皇的老年科。但是，儿科、妇科在中医初步阶段就有类似的初步分科。西医分科历史也同样如此，老年医学的兴起、老年病概念的昌明也只是上世纪 50 年代前后的事情。

总之，回顾历史，从轴心时代到上世纪，人类历史上的伟大思想家，无论苏格拉底、柏拉图、亚里士多德以至康德、黑格尔、韦伯，还是老子、孔子以至孙中山，他们对老年人问题虽然多少也有论述，但没有也不可能建立起系统的理论。实际上，历史上所有的思想家都是方面思想家，过去是，现在是，将来也是。思想家们只能处理他们面临的问题，他们不可能超越时代进行理论创造。随着短寿时代开始终结、长寿时代迎来曙光的人口老龄化的发生发展，可以预见的老年人口规模日益庞大，相应问题逐渐迈入主流渠道。20 世纪初以老年医学为旗帜的理论和实践探索催生了老年学学科的建立，特别是以应对人口老龄化为主题的 1982 年第一届世界老龄大会以来，老年学才迎来大发展的历史性机遇。但是，由于历史十分短暂，知识积淀不足，老年学学科虽已建构起初步的学科体系，但系统化的理论建构仍然乏善可陈，分析框架离成熟学科还有很长的路要走，难以对日益严峻的老年人问题作出全面科学的解读，无法引领解决老年人问题的实践和行动。

回顾西方历史上有关老年人问题的文献，针对老年人的主流观念总体上看大都是负面的，鲜有积极正面的理念，原因主要是以往时代的老年人身体健康水平普遍低下。老年医学特别是老年学诞生之后，从正面看待老年人的观念逐渐兴起，原因是长寿时代带来众多精神矍铄的老年群体，而研究老年人问题的理论也层出不穷。从现有的文献来看，西方关于老年人问题的理论从社会科学角度看包括三个层次：①宏观理论，主要有结构主义理论、现代化理论、政治经济学理论、利益群体理论、亚文化理论和制度理论等；②中间理论，主要有活动理论、脱离理论、年龄分层理论、生命周期理论、现象学理论、文化人类学理论和符号互动理论；③微观理论，主要有角色理论、发展理论、理性选择理论、交换理论和连续性理论等。从医学角度看主要有衰老机制理论、老年基础医学理论、老年预防医学理论、老年流行病学理论、老年社会医学理论、老年临床病学理论等。

毋庸置疑，这些理论的提出，对于把握和解决老年人问题有其重要贡献，但从研究范式、研究视角、研究内容和研究方法来说，都是对老年人问题的方面把握，最突出的特点是多元化和碎片化，透过这些理论，老年人问题仍然是雾里看花，找不到把握和解决问题的主脉络和主线索。这表明，西方的理论老年学还处在起步阶段，研究和分析的元理论框架建构还处在起步阶段。

回过头来看，中国老年学关于人的老年期问题的理论研究严重滞后。回首中国历史上关于老年人问题的文献，儒家涉及较多，但主要限于伦理层面子女和父母之间的关系处理，道家主要谈论养生长寿之道术，中医主要从阴阳五行、经络等角度讨论老年期的疾病养生问题，研索人生之道的禅学（中式佛学）对老年人问题也有所涉及。这些中式理论虽有特色，但也同样存在系统化不足的问题，整体上仍然看不到把握人的老年期问题的主脉络和主线索。

严格现代学理意义上对老年人问题的考量还是在新中国建立以后老年医学的引进，特别是 1982 年引入西方老年学之后的事情。回顾 30 多年来的中国老年学研究，实证研究多于理论研究，老年医学研究好于老年学的社会科学相关分支学科研究，但整体看在理论上主要还是介绍和应用西方老年学理论，独创的具有中国特色的老年学理论建设，特别是理论老年学建设还十分薄弱。目前，单从社会科学各分支学科看，研究老年人问题的主流观念是多侧面理论，即认为老年人问题主要是人口、经济、健康医疗、社会、文化、心理等方面的问题，目前的研究主要限于从现象层次分析问题及其原因，并提出解决方案这种三段论的简陋理论分析路子，不仅造成研究很难深入，也深令决策者难以信服和采纳学界提出来的所谓“政策建议”。因此，迫切需要老龄科学（包括老年学）工作者高扬理论思维的旗帜，立足国情，放眼全球，结合老龄社会新时代的客观要求，弘扬中外传统文化（中国如儒道释、传统中医等；外国如印度文化等），吸收世界相关先进科学成果，在现有研究基础上创新思路，建构新的老年人问题理论。这一点对于老龄科学的自然科学领域、社会科学领域、人文学科领域的拓展和纵深的理论研究都十分必要，更重要的是可以为解决日益庞大的老年群体的各种问题提供一个全面科学的分析框架。

老龄社会呼唤从理论上重新考量人的老年期问题。目前，人类正处在以人口老龄化为表征的年轻社会向老龄社会进而迈向超老龄社会的全面深刻转型期，史上的老年人问题尚在延续，新生的老年人问题也层出不穷；同时，史上老年人问题发生的人口背景和当前迥然相异。在漫长的年轻社会或者短寿时代，人生的追求和梦想之一就是如何实现长寿，更准确地说是如何活到老年期，但限于经济社会发展水平特别是医疗科技水平，人们的寿命短暂，能够活到老年期的概率低下，老年人口数量十分有限，承载和处理老年人问题的成年人口非常丰裕，而且私人领域应对有余，老年人的诸多问题不成其为公共领域的重大问题。进入老龄社会后，不仅老年人口数量庞大，占比超过少儿人口，而且高龄化持续推进带来众多高龄老年人口，承载和处理老年人问题的成年人口却呈现递减趋势。现在的问题不是如何活到老年期，而是如何准备度过和度过超过就业准备期的老年期。值得关注的是，当前和今后的老年人问题既是私人领域的问题，但更是公共领域的重大问题，不仅影响每一个人和家庭的生存发展，而且对经济、政治、文化和社会生活的方方面面的影响全面、深刻而持久。同时，由于时代条件的差异，由于人作为主体的观念、知识结构、社会行为能力的巨大提升，特别是由于制度体系的重大变迁，当前和以往时代老年人问题的内容、形式和产生发展机制及其应对方式正在发生全面深刻的变化。一句话，人的老年期问题虽然亘古长存，但进入老龄社会以后，它已经演变成为划时代的新的人类重大课题，需要首先从理论上转变观念，创新思维，重新考量，并建构相应理论和话语体系。

未来的长寿洪流真的可怕吗

今年有一次，和一位 00 后小青年聊天，我问他，未来有很多老年人，年轻人不多，想到这一点，你有什么样的看法？他回答说："大伯，您好像问错人了。这问题对我太难了。不过，我觉得，只要有人在，就没有什么可怕的！"看着他年轻的面庞，我无论如何想不到他会如此回答。仔细一想，他说得对呀！在他眼里，老人也是人，是人就有办法。后生如此泰然我深感欣慰。

我也常常看到小小孩，拉着似乎胡子拉碴甚至不注意个人卫生的老人，亲密无间。也看过一篇文章说到：洁癖的母亲对公公十分厌恶，但小小孙儿却在公公怀里撒欢撒娇，好不黏人。作者于是呼吁，成年人要像小小孩那样敬爱自己的长辈！的确，小小孩，老子所谓"赤子之心"，最为可爱。他们为什么不觉得老人"肮脏"或者可怖呢？

问到 90 后，情况就不一样了。他们的反应不一，但共同点是心疼自己家里的老人，但又充满同情。显然，他们很多人还没有在照顾老人事务上承担具体责任。至于 70 后 80 后，他们的反应大多是哀叹，上有老下有小，已经体会到照顾老人的难处了。再问到 60 后，情况就大不一样了，他们普遍十分担忧，感到自己年老以后旁边还有那么多同伴相随，说不出来的意味：焦虑，担忧，埋怨？有的甚至感叹，当年为什么生这么多人呐！再往上问，比如 50 后、40 后，他们的反应最令人震撼：只要年轻时保养好身体，有什么可怕的？

这些都是不同人群对未来 10 亿长寿洪流的部分回应。问到研究者和政策创制者，则几乎是悲观论调一边倒。

那么，老人多了真的有那么可怕吗？一位老者回答说：老人多了怕什么？我不相信中华民族养不起自己的老人？我担心的问题是：年轻人少了，这才是可怕的。这位老者的话真正说到了问题的关键。

的确，我们怕的究竟是什么？

这是真正的问题所在！

参考文献

1. [美]艾恺. 世界范围内的反现代化思潮[M]. 贵阳：贵州人民出版社，1991.

2. [德]卡尔·雅斯贝斯. 时代的精神状况[M]. 王德峰译. 上海：上海译文出版社，1997.

3. [美]弗雷德里克·詹姆逊. 文化转向[M]. 胡亚敏，等译. 北京：中国社会科学出版社，2000.

4. [美]马歇尔·伯曼. 一切坚固的东西都烟消云散了[M]. 周宪，许钧译. 北京：商务印书馆，2003.

5. 钱穆. 文化与教育[M]. 南宁：广西师范大学出版社，2004.

6. 谢爱华. 突现论中的哲学问题[M]. 北京：中央民族出版社，2006.

7. [美]史蒂文·瓦戈. 社会变迁[M]. 王晓黎，等译. 北京：北京大学出版社，2007.

8. 庞景安. 现代未来研究理论方法及其应用[M]. 北京：科学技术文献出版社，2008.

9. [美]约翰·H·莫兰. 隐秩序：适应性造就复杂性[M]. 周晓牧，等译. 上海：上海科技教育出版社，2011.

10. [意]詹尼·瓦蒂莫. 现代性的终结[M]. 李建盛译. 北京：商务印书馆，2013.

11. [意]西塞罗，弗里曼. 国的治理[M]. 张玄竺译. 台北：木马文化事业股份有限公司，2013.

12. [挪]乔根·兰德斯. 2052：未来四十年的中国与世界[M]. 秦雪征，等译. 上海：译林出版社，2013.

13. 李志宏. 人口老龄化对我国经济社会发展的正面效应分析[J]. 老龄科学研究，2013，(7).

14. 杨燕绥. 中国老龄社会与养老保障发展报告（2013）[R]. 北京：清华大学

出版社，2014.

15. 李志宏. 人口老龄化对我国经济社会发展的负面“元效应”分析（之一）[J]. 老龄科学研究，2014，(10).

16. 李志宏. 人口老龄化对我国经济社会发展的负面“元效应”分析（之二）[J]. 老龄科学研究，2014，(11).

第十二章 人类需要新引领

"所有的路都通向一个目标：向他人讲述我们是什么。而为了向着这个令人喜悦的地方跋涉，我们必要经历孤寂和痛苦，隔绝，还有静默。在那里，我们可以笨拙地舞蹈，唱着我们忧伤的歌——但是，在这舞中，或这歌中，我们觉察到自己成为人，并坚信于一个共同的命运之时，我们的良知完成了它最古老的仪式。"

——[智利]巴勃罗·聂鲁达

最可怕的是什么

1929 年，全球爆发经济危机，美国社会朝野上下被恐怖氛围所笼罩，失业人士生活没了保障，中产阶级也深陷生活艰难。美国总统为此发表演讲，提出"唯一恐惧的事情就是恐惧本身"。在凯恩斯经济理论的指导下，通过一系列改革举措，美国经济渐渐从危机中复苏。2008 年美国爆发"金融海啸"，美国经济迄今尚在艰难复苏当中。从 1929 年到 2008 年，美国经济历经多次大大小小的经济危机，朝野上下对此已经习以为常了。的确，在当代社会，除核战争威胁和恐怖活动外，经济危机恐怕是最可怕的了。但是，美国对此已经有了充分的适应能力。不过，对于美国这个善于悲观战略思维的民族来说，未来最大的可怕事件是什么？对此，美国人很难达成共识。不过，提起未来的人口老龄化，美国社会普遍感到难以应对。最突出的就是人们对二战后出生的一代进入老年的“退休炸弹”深感忧虑。在和美国同行的深入交流中，他们认为经济危机虽然可怕，但它还会从低谷折回再次走向上升路线，而人口老龄化就不同了，从目前的各种预测来看，不仅美国人口老龄化难以逆转，全球人口老龄化也同样难以逆转。一位学者曾经谈到，想到这一点往往使他感到：人类发展前景似乎令人思维窒息。这位学者的看法不无道理。的确，想到人类面临的人口老龄化难以逆转的客观态势，许多研究者感到前面的道路有些茫然。如果不改变观念和思维方式，我的看法恐怕也是悲观的。因为，迄今为止，还没有人从理论上说明，人口老龄化对经济发展是直接有利的。这方面的证据几乎一律地指向负面。

地球物理学理论告诉我们，地球目前刚刚迈过青年阶段，地球未来的发展前景还看不到头。但是，一眼可以望穿的全球人口老龄化，虽然不能表明人类已经走到了衰落的拐点，但至少是某种象征。老人活得越来越长，孩子越来越少，长此以往，的确令人难以从中找到发展亢奋的激点。未来，等待我们的，似乎只有暗淡。假定果真如此，什么局部战争、什么经济危机、什么气候变暖、什么空气污染等等，都不足以挂齿。唯有两样东西才是真正可怕的事情，一个是核战争，另一个就是人口老龄化。两者的共同点在于人类灭绝恐惧。差别在于，核战争灭绝人类速度很快，但人口老龄化导致人类灭绝还须很长时间。

如果说人口老龄化是一场旷日持久的“地震”的话，中国正处于这场“地震”的“震中”。按照人口老龄化会导致人类灭绝的理论来说，人口最多的中国，即便拥有绵延几千年传统文化，恐怕也难以挽回灭绝的命运，最多只能是拖延点时间罢了。的确，老人活得越来越长，孩子越生越少，长远来说，其终局不难知晓。可能有人会认为，当人类意识到自己存在灭绝之虞时，人类自会调整生育，多生孩子，甚至也可以拔管子，让老人自然死亡，人口发展就会回到正常轨道，灭绝之虞就成为多余。但是，问题在于，为什么人类从诞生，走着走着走到今天，会形成老人多孩子少的格局？实际上，这是我们500年来现代化的文明发展模式的必然结果。如果推倒重来，也许我们还有新的发展可能，但推倒重来，这不仅困难，而且，结局同样十分可怕。因为谁也不想回到饥肠辘辘的年代！

可怕的是什么？可怕的是我们要重新打乱现有的一切，我们坚守的发展方向需要重新思索。简言之，可怕的不是人口老龄化本身，而是人口老龄化要求我们重新思考人类发展历史。我们拥有的一切观念、价值、道路、责任、信仰等等都面临重新界定。的确，人类历史需要重新洗牌，人类需要重新定位，人类需要找到新的引领。话说透了，引领的丧失是最可怕的。找不到引领将更加恐怖。用俗话来说，"找不着北"是最可怕的。这也是人类不同于动物界的根本标志之一。

是的。如果整个文明发展模式需要重来，那么，我们未来的引领是什么？

从大处着眼

自从有人类历史以来特别是近500年以来，这个世界发生了巨大变化。自然界因为人为巨量活动改变了面貌，物质文明虽然日益繁盛，但环境日愈退化、气候不断变暖、不可再生资源日渐枯竭……同时，人自身也发生了本质性的变化，不但精神世界日益丰富，生育、死亡模式以及婚姻、家庭、生产方式、生活方式、价值观念等等已经天翻地覆，导致组成人类社会的主体结构也产生根本转型。在漫长的人类历史中，组成社会的主体是年轻人口，老年人口占比几乎在4%以下。但是，现在和未来，年轻人口不断减少，老年人口不断增长，少儿人口、成年人口和老年人口三分天下的格局正在形成。这是迄今为止人类自身最深刻的变化，也是一场人类自身的深刻革命，当然也是人类社会本身的一场深刻革命，影响深远。

目前，世界人口仍在增长。但据联合国预测，随着人口老龄化的深刻推动，世界人口负增长趋势不可逆转，问题只在于早晚。各种预测方案显示，2075年到2100年期间是世界人口负增长的拐点期，之后，世界人口将开始减少。发达国家人口已经迈入负增长的国家分别是日本、意大利、西班牙等 14 个国家，其他发达国家的人口预计将在短期内分别开始负增长。迄今为止，人口老龄化已经给发达国家造成诸多深刻影响，未来的影响还将进一步加剧。

中国总人口预计在 2030 年前后进入负增长拐点，之后，中国总人口开始全面减少，与此同时，老年人口不断迅速增长，80 岁及以上老年人口也开始加快增长。这意味着组成中国社会的主体结构将从中度老龄化向深度老龄化迈进，并推动中国向超老龄社会高级阶段推进。这说明，未来，中国在应对发展给自然界带来环境、气候、资源问题的同时，还要花巨大代价来应对人自身和社会主体结构变化给发展带来的巨大挑战。这是我们把握未来 10 亿老年人口洪流的重要背景。

全民必须清醒地认识到，未来 10 亿老年人口洪流对我们来说是一个长期重大的历史性考验。中国老年人口不断大规模增长是人类历史上前所未有的，发达国家虽然经历人口老龄化已经有了几十年上百年的历史，但他们也没有处理如此大规模老年人口洪流的治理经验。我们既没有现成的应对方案，更缺乏这方面的应有准备。从严格意义上来说，如何应对 10 亿老年人口洪流，对我们来说还是一个陌生的新领域。其中，将会出现哪些具体问题？会不会引发系统性危机，对中国自身和对人类发展事业有什么样的具体影响？这些问题我们目前尚未获得全面深刻的认识。对此，全民必须清醒头脑，高度重视，把自己摆进 10 亿洪流中，增进应对的紧迫性严峻性重要性的认识，全面提升自主应对和自觉应对的意识、观念和能力。

光有意识是远远不够的。面对未来泱泱 10 亿老年人口洪流，如果我们没有思想的光辉和理论的引领，只是埋头解决所谓庞大老年群体的诸多具体问题，我们不仅找不到前行的引领，而且会沉迷于充满人文关怀的具体事务主义当中不能自拔！的确，如果人生老年期阶段充满灰色，我们就不必为人口老龄化和人类长寿时代大唱赞歌了。曲未终人皆可散也！因此，我们必须从解决人到老年期各种具体问题中超拔出来，清醒头脑，转变观念，重新审视我们这个时代，从大处着眼，找到应对滔滔10亿老年人口洪流的思想理论引领！

从理论思维上着力

老实说，迄今为止，我们围绕人到老年期的各种问题的所有讨论，大多集中在现象、原因、对策以及政策体系、制度安排上。从理论上来说，这些探索和研究主要还是徘徊在应对之术的层面进行的，研究来研究去很难深入下去，研究者自己也很难让自己满意，政策创制者也感到难以解渴，出台政策也往往流于头疼医头、脚疼医脚。当然，政策对象也就是老年人就更加难以满足，有些政策不但没有解决老问题，而且还带出一些新问题。从老龄工作、老龄事业和老龄产业的从业者来说，大家也很难在实际工作和产业操作中找到主攻方向。一些产业界人士甚至明确抱怨说，我们对中国老年人口的基本国情把握不够，基本数据匮乏，对国外的情况也研究不够。一位颇有理论功底的老总甚至直接批评道：在解决老年人问题上，我们不仅弄不清是什么，而且弄不清为什么，至于怎么办更是缺乏理论根据。实际上，这些抱怨不仅符合实际情况，而且切中要害。的确，我们中国人不善于理论思维和逻辑推演，而长于实践理性和试错操作，往往凭直觉就能决定该怎么办。对于老年期问题，有些人甚至认为不需要进行理论研究和逻辑推演，我们只要弘扬孝道文化，身体力行就行了。长远来说，这种思想和做法是十分有害的。如果不改变，我们可能要付出惨重代价！看来，目前，我们关于老年人问题的研究观念、研究套路和研究层次是走到尽头了！

有道无术，术尚可求也；有术无道，止于术也。可以简单地说，以往我们关于人到老年期相关问题或者老年人问题的研究主要限于术的层面，对于蕴藏在老年人问题背后之道的研究还远远不够。的确，长期以来，我们太重视数据、经验、实证的研究，对理论思维岂止是重视不够，简直可以说是弃之若敝履。一位学数学的老总告诉我，他看了许多老年人问题的文章，希望能找到一点理论支撑，结果看到的是许多模型和数据分析，看来看去，一无所获。真是大失所望。他甚至直言许多老龄科学方面的文章简直就是对数学的滥用，这些作者不配称作老龄科学家。如果仅仅只是弄个模型，分析一下数据，我都可以给他们当导师。这位老总当年在美国学的就是这一套。的确，我们以往的老龄科学研究看来真的也是走到头了，因为连企业家都在愤然指责，这真是我们学术理论界的悲哀！

好在有理论思维在，否则，我们要走向哪里这样“找不着北”的问题就不好解决了。没有理论的民族是没有希望的民族。没有强大的理论引领，我们将不可能正确应对未来10亿老年人口洪流的巨大压力。我们当然不能简单地否定以往的研究，我们要做的只能是在以往研究的基础上，仰之弥高，转变研究观念，开阔研究视野，提升研究层次，从应对之道上重新认识人类历史上前所未有的老年人口洪流这一重大社会历史现象，寻找思想理论引领，建构关于人类老年期问题的新的话语体系和思想理论体系，为人类解决老年期问题提供理论依据和逻辑推演“沙盘”。这就是老龄科学存在的理由和价值。

把握老龄社会新时代的脉搏

建构人类老年期理论的关键，是要把握好老龄社会新时代的历史要求。实事求是地说，在漫长的短寿时代，人类不可能建立系统的老年期问题理论，至少没有相关的充分现实客观需要。不过，历史上还有少数人能够活到高龄，我们的先贤们也留下许多理论材料和海量实践事实。这是我们建立新时代老年期问题理论的基础。

不过，在使用这些材料和分析这些事实之前，首先需要从理论上清醒地作出一个基本判断：以往的理论和实践都是年轻社会旧理念、旧思维的产物，这就需要从老龄社会的新理念、新思维出发，扬弃以往理论材料，重新审视以往实践事实，分析研究不同于年轻社会的老龄社会条件下老年期问题的新实践、新事实，更要树立老龄社会的新理想、新目标，这样才能建构起符合时代要求的老年期问题的理论。

需要引起高度关注的是，老龄社会新现实已经横亘眼前，而年轻社会的旧理念、旧思维依然故我。从某种意义上说，目前关于老年期问题以至老龄问题乃至老龄社会的问题有许多思想混乱和认识误区，其重要根源就是年轻社会和老龄社会两种思维方式相互交错、相互纠缠。我们的身体已经身处老龄社会，但我们的理念和思维却仍拖弋在年轻社会，年轻社会形成的观念抓住老龄社会的我们紧紧不放。这是我们建立人类老年期理论乃至老龄社会理论必须要警惕的现象。同时，需要强调的是，思考老年人问题或者思考人类老年期问题，实际上就是思考所有人都要面临的问题（除了那些不幸活不到老年期的人以外）。不过，鉴于老年人问题这一概念容易造成似乎仅仅是讨论部分社会成员即老年群体的问题的认识偏误，进而形成年轻人淡漠老年人问题的实践事实，更由于人类个体无非是异时而老、异时归尽的高级动物，虽然老年人问题和人类老年期问题这两个概念可以语义互换，但本书更多地是使用人类老年期问题这一概念。其理由和用意有三：一是生命历程是一个完整的过程，老年期是婴幼儿期、青少年期、成年期的历时性有机延续，不能割断，我们可以从理论上把从生命孕育到成年期当作老年期的准备，而生命实践正是这样一个事实；二是呼唤全社会人人关注老年人问题以至老龄问题乃至老龄社会的问题，通过使全体社会成员在意识上回归本位，变淡漠为准备，凝聚一体，共同应对包括老年期问题在内的整个老龄社会的挑战。

审视人类老年期问题的复杂性

人类老年期问题是一个问题群，几乎涉及人类生活的方方面面，涉及自然科学、社会科学和人文学科。思考老年期问题实际上就是思考人类个体自身的生存和发展问题，同时也是思考人类整体的前途命运问题。既然是思考人类自身的问题，就不可能像理论物理学那样简单，因为这些问题既涉及理智、情感、意志，也涉及真、善、美，缺少其中任何一个维度都有可能偏离研究对象的真相。也正因为如此，我们认为，现有有关人类老年期的理论不仅碎片化，而且挂一漏万，术的层面、形而下、实证的研究较多，道的层面、形而上、规范的研究则相对较少，导致人们难以找到主脉络和主线索，也难以有效为把握和解决老年期问题提供指引。

那么，面对如此复杂的问题群，究竟应当如何从理论上去把握？无疑，抓住研究对象的主脉络和主线索至为关键，否则，就有可能陷入大而无当的泥潭。实际上，人类历史发展到今天，我们的进步之一就是学科历史和学科成就。因此，顺着学科史，充分利用现有学科成果，建构人类老年期的新理论就能找到头绪。从最大理论尺度来看，在研究人类自身问题上，回顾人类学科史，也就是从自然科学、社会科学和人文学科的历史演进来看，人文学科率先兴起，自然科学为后起之秀，而社会科学紧随其后。但发展到今天，整个现代学科现状令人担忧，也引起 20 世纪初以来许多中西方大家的高度关注。这就是随着工业革命以来，自然科学如日中天，社会科学也不甘落后，但人文学科日趋衰落，甚至可以用“自然科学野蛮生长、社会科学亦步亦趋、人文学科日渐荒芜”来概括。实际上，贯穿其中的无非科学精神和人文精神两项，但科学精神压倒人文精神，这也是目前整个人类面临诸多问题的根源。未来的发展方向当然是人文精神引领下科学精神的实践，而不是倒转过来。否则，科学这匹野马既可能推动人类文明进步，也可能把人类带入灾难深渊。那么，面对复杂的人类老年期问题群建构相应理论，就需要以人文学科为引领，始终坚守研究人类老年期问题的人文精神，推动人类老年期问题的相应自然科学和社会科学问题的研究。唯此才能在繁茂芜杂的人类老年期问题群中找到拓展和纵深研究的主脉络和主线索。

为人类老年期新生活树立引领

历史走到今天，在人类社会领域，我们已经达到新的共识，这就是：发展是硬道理。不过，比发展更硬的道理是规律，但是，最硬的道理却是发展的意义和价值。这说明，在面对人类自身问题上，如何开展研究，需要坚持三个取向，这就是理想取向、理论取向和问题取向。理想取向即方向定位，人文精神为其核心，这是解决问题的指引；理论取向即路径方法，科学精神为其核心，这是解决问题的依据；问题取向即任务识别，抉择谋断为其要旨，这是厘定任务的关键。无疑，人类老年期问题群十分庞杂，而且，每一个历史阶段所面临的问题各不相同。为此，首要的就是坚持问题取向，识别问题，厘定研究任务，不然就会大而无当，无从入手。其次，问题的发生必然有其规律，这就需要坚持理论取向，条分缕析，找到解决问题的路径方法。但是，如果缺乏理想取向的指引，即便任务明确，路径方法得当，也只能陷入头疼医头、脚疼医脚的泥潭。因此，最后，我们就需要以人文精神为指引，明确界定理想模型，在确保问题不再重复发生的同时，确保人类在老年期迈入新的理想生活的轨道。

目前，国内外的老年期问题研究，最大的问题不是缺少科学方法，而是缺乏人文精神的引领。研究者埋头于解决问题，导致决策者形成像应急式救火那样解决问题，结果往往是这个问题暂时解决了，新的长期问题又产生了，关键是政策对象还不满意。因此，建构人类老年期理论，必须在明确问题和科学分析的同时，立足于为人类老年期新生活树立引领，如此既能跳出仅仅解决问题的泥潭，又能为人们准备和度过老年期创造新的生活格局和方式。但至为重要的是，这样的理论立足点不仅会高于解决问题的简单思维，还能有效凝聚人心、促进共识，实现理论的解释功能、创造功能和召唤功能。简言之，只有科学依据而没有召唤功能的理论是苍白的，相反，只有以人文精神为引领、富含召唤功能的科学理论才是最具魅力的理论。因此，建构人类老年期理论，既要提供解决问题的路径方法，更要为全体人类个体准备和度过美好老年期新生活提供新引领。

不能止于建构人类老年期理论

老龄社会是不同于年轻社会的新的人类社会形态，而且，从可预见的未来说，目前还看不到老龄社会的尽头，“后老龄社会”仅仅只是一个抽象概念。这说明，老龄社会或者超老龄社会是未来人类社会的长期常态。在这种新的社会形态中，一系列问题层出不穷，未来还将深度演化。如何解决包括人类老年期问题在内的所有老龄社会的问题，如前所述，我们不能仅仅作埋头治病的大夫，致力于仅仅解决面对的“临床”问题，还要仰之弥高，设计老龄社会的新理想，引领老龄社会向理想方向迈进。因此，建构人类老年期理论，不能就事论事，而是要跳出人类老年期问题的狭小圈子，从建构理想老龄社会的高度创新观念、创新理论，为全体人类个体在准备和度过老年期新生活提供方向引领和科学方法的同时，助力理想老龄社会的建设。

参考文献

1. [英]F·C·S席勒. 人本主义研究[M]. 麻乔志，等译. 上海：上海人民出版社，1986.

2. 党俊武. 老龄社会引论[M]. 北京：华龄出版社，2004.

3. [英]特里·伊格尔顿. 人生的意义[M]. 朱新伟译. 南京：译林出版社，2012.

4. 钱穆. 人生十论. [M]. 北京：九州出版社，2012.

5. [德]恩斯特·卡西尔. 人文科学德逻辑[M]. 关子尹译. 上海：上海译文出版社，2013.

6. [德]倭铿. 人生的意义和价值[M]. 周新建，周洁译. 南京：译林出版社，2013.

7. [德]马克思·舍勒. 哲学人类学[M]. 罗悌伦，等译. 北京：北京师范大学出版集团，2014.

8. 党俊武. 老龄社会的革命[M]. 北京：人民出版社，2015.

9. 李新涛. 传媒构建老龄社会话语体系的优势和策略分析[J]. 老龄科学研

究，2016，(6).

10. 陈功，黄国桂，江海霞，等. 我国老年学教学及科研发展历程[J]. 老龄科学研究，2017，(2).

11. Sharon R. Kaufman. *The Ageless Self, Sources of Meaning in Late Life* [M]. The University of Wisconsin Press. 1986.

12. WHO. 2002. *Active Ageing: A Policy Framework*[M]. Geneva: World Health Organization.

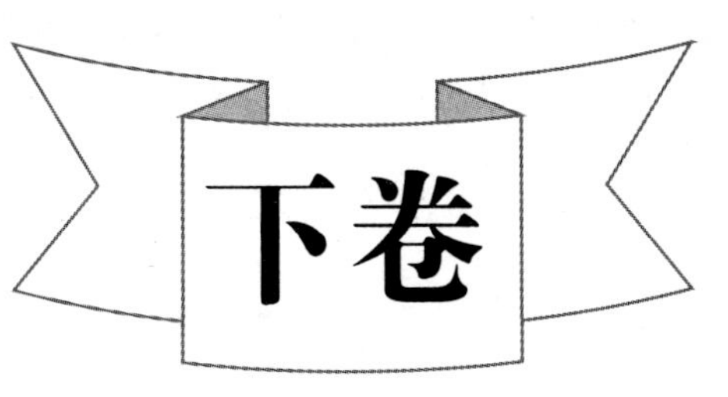

下卷

第十三章　倒着活才能活得好

“一个社会必须有利于发展高水平的精神生活，没有一个社会能够仅仅依靠高水平的物质生活去长期维持人们的生活意义和兴趣，人终究要过的是精神生活，只有精神生活才具有无限丰富发展的空间。”

——乐黛云

人生得想好降落再安排起飞

飞机的使命就是飞行。但是，无论设计者、驾驶者还是乘客，还有导航以及地勤人员，既要考虑如何飞起来，更要考虑如何落下来。人生就像飞行，出生就像起飞，青少年壮年阶段就像飞行，老年期就像降落。如果不能安全降落，或者说是硬着陆，后果将不堪设想。在一次接待美国金融投资商（他是克林顿任期的建设部长）时，聊及如何开发中国的老龄房地产业。他从美国建设部部长退休以后，一直都在做老龄房地产。他的业务主要是为美国的房地产商提供投融资服务。他认为，老龄房地产不能限于为老年人提供住房硬件设施，还要提供人性化的服务，更要有好的人生设计。对此，我十分赞同。我补充说，造房子先放到其次，老龄房地产企业家首先要有好的人生理念。那么，什么是好的人生理念？说得通俗一点，人生就像飞行，一定要飞得长，不然，活个 50 多岁无甚意味。但是，飞行到一定长度以后，降落一定要软着陆，而且最后和真正飞机慢速降落不同，人生降落一定要快。简单地说，人生就是要飞得尽可能长，落地绝对要软，但最后绝对要快。做到这一个“尽可能”和这两个“绝对”，人生就完满了。听完他大笑着回应道：对！绝对不能插管子。否则，油都耗光了，飞机就只能硬着陆。当然，这是饭后闲谈。离理想的老龄房地产设计还要做很多工作。不过，考虑如何确保人生这架航班平稳降落，这是一个十分重要的理念，对于老龄房地产业、对于老龄事业、对于应对人口老龄化全局乃至人类的生活和理想，都有重要的意义。

德国大哲学家黑格尔曾经说过，人是靠头脑行走的动物。那么，从漫长人生周期来说，人是倒过来活的动物。我们小的时候，大人警告说，好好学习，将来要做大事。这就是典型的倒过来安排人生的思维。等到长大了，女孩子天冷穿裙子露腿，父母会警告说，等老了会腿疼。这也是倒过来思考人生。再大了，如果做错事做坏事，有人甚至会警告说，将来不得好死。这直接就是倒过来规劝不良行为。我们从小就被告知：人生要有远大理想，这其实就是地地道道的倒过来设计人生。我们无论做什么事情，高人往往强调大方向和大规划，这实际上也是倒过来安排我们的行为。我们常常要做年度规划、短期规划、中长期规划，这些统统都是倒过来安排我们人类的事务……倒过来思考、安排和设计人生，这是人不同于动物也是高于动物的重要标志；倒过来考量、谋划和建构社会生活，这也是人类社会不同于动物界也是高于动物界的重要标志。我们常常说的人生战略乃至一切战略，说穿了，就是倒过来站在未来理想设计的高度安排今天要干什么。如果仅仅从当下出发，缺乏战略安排，倒过来思维缺失，结果只有一个，走到哪活到哪，这是典型的动物思维，迷失大方向是必然的。

基于此，我个人已经对目前所有头疼医头、脚疼医脚的有关解决老年人问题的政策、观点以及所谓政策建议感到深恶痛绝。这些有关老年人问题的观点和政策建议，其背后的逻辑就是老年人有什么问题，我们就解决什么问题。老年人有关节炎，我们就开膏药或者按摩；老年人做饭吃饭困难，我们就安排做饭送餐；老年人钱不够用，我们就发补贴，还要完善养老保障制度；老年人身患疾病，我们就完善医疗保障，提供方便的医疗卫生服务；老年人失能了，我们就提供居家、社区和机构服务；老年人闷了，我们就陪他们聊天……总之，头疼就医头，脚疼就医脚，千篇一律，线性思维，不堪一击。我研究老龄问题的 26 年历史中，看过的相关中外文献不计其数，其中依据类似逻辑成文成章成政策措施的也不计其数。现在再看到类似文章，我的第一反应就是思维作呕、思想断电、灵感走失。老实说，我们且不论其观点、论据等等是否科学，最大的问题是，如果我们仅仅如此对待老年人的问题，那么，我们把老年人当成什么了？动物？人？答案不言自明。我再重复一遍，我们如果如此思维，在思想水平上，我们远远赶不上两千多年前的孔子。他说：给父母吃喝，如果缺乏敬意，那么，这和养牛养马就没什么区别。如果我们继续如此思维，我们更赶不上已经进化了几千年的现代和未来各代老年人。因此，我们必须转变观念，重新审视老年人问题，从全生命长周期，运用倒过来的战略思维来看待人类老年期问题。

理想人生论是基本前提

人是研究人类问题的出发点。老年人首先是人，老年期首先是人的老年期。因此，考量人类老年期问题首先要分析人和人性。

从哲学意义上说，和动物不同，人之所以为人，主要在于人是三个层面即身体层面、社会层面和精神层面三位一体。其中，身体是人生存发展的基础，社会即人与人的关系是人生存发展的架构，而精神则是人生存发展的引领。人之所以区别于其他动物就在于人是靠精神引领运用自己的身体在社会架构下从自然界获取资源实现生存发展的，其中，精神引领是确保人性三层面三位一体化的关键，而动物则做不到。这里的三位是现实存在，但一体化则是人之所以为人的主线。

当然，在现实生活中，一些人缺乏精神引领，虽具人形，实为动物，这种动物性生存的人实质上已经不同程度地异化了。简言之，理想人生理论需要建基于身体、社会、精神三位一体理论或者人性三重结构理论。在此基础上，理想人生理论可以从以下方面来把握：第一，从身体层面看，人的生命全程呈现驼峰形的发展阶段，包括成长期、鼎盛期和衰退期，这是客观规律，不以人的意志为转移；第二，从社会关系层面看，人的生命全程同样呈现驼峰形的发展阶段，包括建立期、复杂丰富期和衰退期，这同样是客观规律，不以人的意志为转移；第三，从精神层面看，人的生命全程呈现坡形上升曲线轨迹，即从出生到死亡前（除精神失能外），人的精神发展包括越来越成熟的漫长人生阶段和死亡前较为短暂的衰落期。从以上三个层面看，人生轨迹结构是由两个驼峰形曲线和一个坡形曲线构成的复杂图谱。其中，精神层面最具成长性，也体现出人类作为文化动物的根本特征。

在此基础上，理想人生理论的线索可以概括为“1+6”，1即人生充满意义和价值，6即生得优、活得长、过得好、病得少、老得慢、死得快。当然，古今中外关于理想人生有诸多大家的诸多建构，但这里主要是着眼于建构人类老年期理论而作出的理论假定，当然还需要实践的验证、修正、丰富和提升。

理想老年期假定是个关键概念

老年期是人生的延伸和收官阶段。既然对理想人生有一个理想模型的线索，在此基础上，我们可以提出理想老年期假定的概念。首先需要强调的是，理想老年期是一个非常重要的概念。我们认为，以往对老年人问题的研究存在诸多误区、缺陷和问题，其中，最大问题是没有把老年人当作人来对待，没有把老年期作为人的一个重要阶段来对待，缺少对老年期进行理想型的界定。虽然许多研究和政策设计不乏提升老年期生活品质的科学诉求，但缺乏不断提升人性位阶的情感愿景，理性剖析多，人文关切少，导致在指导老年期生活时缺乏一个清晰的框架，分析得出的结论往往顾此失彼。

综合各方面的因素，我们认为，理想老年期假定应当包括“1+2”：“1”就是老年人作为人的终生意义和价值追求；“2”包含两个方面。第一，从出生到进入老年期前的准备期，包括维持老年期身体生存发展的一切物质准备（如身体健康、退休收入、老龄金融、住房等等）、维持和重建老年期社会层面关系的准备（社交圈、地缘非地缘关系圈等）、保持和提升老年期精神生活的准备（如开拓多领域知识、兴趣、才能等等）以及进入老年期临界准备（如退前教育、老年期生活模拟等等）；第二，进入老年期后的实践期，包括从身体、社会和精神三层面如何度过漫长老年期的知识、技能和资源使用以及如何面对临终和死亡等等。总之，可以把整个人生看作两个阶段，前一阶段为终生准备计划实施阶段，后一阶段为老年期实践阶段。当然，无论准备期还是实践期，都是非常复杂的人生活动，这里仅仅提出一个初步线索，目的是为建构人类老年期理论提供一种思路和研究安排，也是力图在繁茂芜杂的老年期生活中找到或逼近主脉络和主线索。顺此，有关人类老年期问题的自然科学研究、社会科学探究和人文学科考量不至于互为壁垒、各执一词。当然，这只一个线索性的思考，尚需深入理论探索、实证修正和不断提升。

老年期生活的核心是给生命以意义和价值

首先需要说明的问题是，人到老年期生活的核心是给生命以意义和价值。当我们这样说的时候，并不是否定老年期前人对生命意义和价值的追求。这里的用意主要包括两个方面：第一，人到成熟以后特别是老年阶段更容易、更有资本思考比吃喝更为高阶的生命意义问题。一天忙到晚图存生计的人往往容易被生计所困，这也是当下一些年轻人面临生命问题、做出许多违背人生价值的事情、甚至越过人生底线犯下不可饶恕“罪行”的原因，也是人们怨怼社会浮躁的重要原因。第二，生命的意义和价值在人生各阶段是不同的，不仅内容有别，而且形式也有异。但是，到了老年阶段，需要像牛反刍一样回味前一段人生，重新获得老年期新阶段的意义和价值。这一点我们以往强调的不够。我们头脑里年轻社会的旧观念认为，年轻人才有理想、抱负问题，老年人似乎潜台词里已经被打入另册。在未来的老龄社会，老年期阶段越来越长，甚至要超过就业准备期，面对如此漫长的人生阶段，如何使生命沿着年轻岁月的奋斗路线，重新出发，找到新的更高的价值，这是每一个人到老年期阶段都要思考的问题，也是当下年轻人需要在头脑中有所准备的重要人生命题（如果他们拒绝英年早逝的话）。总之，我们并不是否认年轻人或者人生年轻阶段生活的核心也是给生命以意义和价值，我们只是强调在老年期阶段我们人人回应这一人生核心命题的特殊性。

无论东西方文化对老年期实践阶段有什么样的美好设计，但进入老年期，人们普遍的心理是"万事皆空"。基督教本身对现实生活就是原罪的界定，老年期是离开原罪进入天堂的更近的阶段。佛教虽然有不同的说法，但对老年期乃至整个人生世俗生活都是持否定态度的。儒家文化中的老年期令人向往，但孝道文化的根基目前正在动摇，而且，孝道文化的重点在于人伦关系，在于如何对待老年人，但对老年人自身如何度过老年期则少有建树。目前，全球老年人口越来越多，中国是世界之最，如何让这么一个越来越庞大的群体树立积极向上的精神，避免出现悲观厌世情绪普遍蔓延是人类进入老龄社会的一个重大难题，也是迄今为止人类面临的少有的重大人文课题之一。因此，在科学理论的基础上，在理想老年期的指引下，核心是要为漫长老年期赋予和注入生命的意义和价值。对此，不仅老年人，全体人类成员都要积极面对，共同探索。

无疑，进入老龄社会是人类亘古以来期盼长寿梦想的实现。如果说在短寿时代人们渴望的是如何实现长寿，那么，在老龄社会条件下，如何实现长寿的漫长历史课题正在发生新的时代命题转换，这就是如何才能使长寿的生命更有意义、更有价值。这既是理想老龄社会的核心命题之一，同时，也富含着人类的新憧憬和新愿景。否则，人类在从老龄社会初级阶段向高级阶段迈进的过程中就会找不到前行的动力！

从全生命周期来看，少年阶段的人离动物更近，而到了老年期阶段，人离人更近。小孩关心吃喝，当他历经奋斗，衣食无虞，到了老年阶段则会更加关切心灵如何安放。小孩以自我为中心，当他历经世事磨难，到达老年阶段则会更加关注他人。其中的道理比较容易理解。当然，贫困老年人的情况是另外一回事。

那么，老年期阶段人生的意义和价值究竟是什么？

现在，以中老年人为受众群体的各种“养生节目”十分火热，不管电视、电台、报纸杂志以及手机 APP、互联网等大多数新老媒体，宣扬健康养生都是一个热门话题。一位专家曾经评论道：一天到晚让大家开心不错，一天到晚让大家健康也正确。但是，想一想，我们开心了就好了？健康了就好了？难道我们都是些寻开心的“货色”？或者难道我们都是养得壮壮的等着被杀的“货色”？古人讲养生贵在养心，否则就是养猪！这个评论听起来无论如何都不好听，但又不能说他说得不对。毕竟，人确实还应当有更高的追求。

实际上，钱穆先生对此早有论述。他认为，物质生活虽然是必须的，但却是低层次的，包括不尽人生之全部，而且也接不到人生之高处。在他看来，食色等生活没有深度，反而有递减效应。永远不能满足，又永远让人感到乏味。总之，物质生活特别是食色等并非高贵而有意义。相反，人的精神生活，无论是艺术的人生、科学的人生、文学的人生等求知、求美的精神生活深不见底、高不见端，追求精神生活永远达不到终极，但也因此而成就人生的不厌不倦，成就人类世界不断向高处进化。因此，生命的意义和价值不能从物质生活中寻找，不然，很快人就会厌烦。

冯友兰先生把人生分为四个境界。第一是“自然境界”，也就是没有经过反省的物质生活境界，是人生境界中最低层次的境界。自然境界的生活完全是一种自然的、生物学意义上的生活，人对自身的生活和行为没有了解。人生对于这种人来说是一片混沌。他们虽然也有自己的人生，但人生对他们而言，并没有什么意义和价值；第二是“功利境界”，生活在这种境界中的人，对自己的行为已有了清楚的了解，但仅限于谋求自身利益。故高于“自然境界”；第三是“道德境界”，生活在这种境界的人懂得为他人，因此是比强调利己的“功利境界”更高一级的人生境界；第四是“天地境界”，生活在这种境界的人对于宇宙人生已有完全的了解，因而是人生的最高境界，可以使人的生活获得最大的意义，使人生具有最高价值。冯友兰先生对生命意义和价值的界定被广为引证，是理解生命的重要参考。

实际上，对于生命意义和价值的论述还有很多。但从本书命题来看，对于所有人来说，从全生命长周期来讲，每一个人都是高贵的，每一个人对生命意义和价值的判断都是至高无上的，没有高低贵贱之分，问题之关键只在于：意义和价值的认定要高于物质生活、高于个人利益、经过自己反省。否则，用几把大尺子无法为每一个人的生命作出意义和价值的评判。毕竟，每一个人的人生属于每一个人自己。

对于年轻人来说，全生命周期的意义和价值是什么，这是需要我们倒过来对生命全程进行反省认定的首要命题；对于老年人来说，老年期的生命意义和价值也离不开前期生命阶段的延续，需要顺过来反省认定。只要经过内心不断反省认定，这样的人生才有意义和价值，也才值得过。

年轻时就要有老年期生活的准备机制

研制发射导弹、开发核电等高度危险工程中有一个关键环节，就是逃生机制。一旦试验失败造成爆炸事故，有了逃生机制就可确保实验者人身安全。据说，有一个国家研发导弹发射工程，由于关键技术没有解决，只好请外国专家来指导。外国专家到来之后，第一个问题就问逃生机制是怎么安排的，这个国家的技术专家说，我们不怕死。外国专家说：我怕死。说完扭头就走。这当然是一个段子。但主要是为了说明逃生这种准备机制的重要性。否则，就是猪八戒做吃猪蹄试验。其实，在一切人的行为中，准备思维、准备机制、准备制度是前提性的关键内容。归根结底，人高于动物有诸多原因，行动之前做准备也是其中的一个重要方面。否则，离开准备，人的行为将无异于走到哪算到哪的动物。对于像人生这样的长周期行为，做好各种准备更是头等大事。

谈到每一个人都要面临的老年期，做好准备的重要性毋庸置疑。问题只在于做准备的起点和准备的内容。关于起点，有人认为应当是 40 岁之后，也有人认为应当从就业开始就要做准备。这些看法都有片面真理。实际上，真正的准备应当是从如前所述的恋爱阶段开始，做准备的主体不是本人而是即将孕育新人的父母。否则，就不能做到优生，上学就会困难重重，就业也很难找到好的工作，收入保障就会差人一等，老后的生活自然也很难期待有较高的品质，至于能不能优死善终，还得看上天的造化。因此，做好老年期人生准备的第一课就是给处在恋爱期的人和年轻父母们说的。这也是我写这本书的初衷之一。父母完成这一重大任务之后，除了父母的后续帮助之外，主要就得靠个人了。总之，人人几乎终生都要有为未来老年期生活做好方方面面的准备。因为，从本质上说来，我们的人生就是一个"向老而生"的生命过程，除非不打算活太长时间！

年轻时做老年期的生活准备，前面已经谈过许多，这里主要讨论几个关键问题。

第一，要有"向老而生"的准备思维。当代人知识能力水平普遍提高，要板起面孔说教已经不可能了，也没有如此令人生厌的必要。意识比方法更重要。只要有意识、有观念，人们自会想出许多办法。再说，每一个人的个性、禀赋、条件、背景、阅历各不相同，具体怎么做更用不着手把手地"教导"。否则，就是把人家当成吃奶的孩子。我们一些不成功的教育就是犯了这个低级错误，至今还没有改过来，一如既往地令人作呕。问题在于：并非所有人都能认识到，我们的人生是一个"向老而生"的生命过程。对此，我们过去的教育是要负主要责任的。我们的生命教育如前所述是一门几乎被大多数人旷课的课程。我们的日常生活意识中缺失起码的与老年期的逻辑关联。甚至许多人认为，谈老年期是老年人的事情，与年轻人无关。对于已经处于老龄社会的每一个当代人来说，准备着去老，这是一个新的基本日常生活观念。

在一次讨论会上，一位主持人说道：党主任说的“向老而生”是一个新概念。不过，我们每一个人其实内心也有这个心思。人人惧怕衰老就是一个明证。实际上，这位主持人是不认同我的观点。他虽然没有明说，但他的表情已经说明了一切。的确，对于衰老，人人都是有认识的，而且主要是惧怕心理战胜了理性应对，甚至于自欺欺人成为常态。这和我讲的终生对老年期做出充分准备是两个概念。现在，从全社会来说，是否人人都有对整个老年期进行准备的意识，我的看法比较悲观。不能说没有，但大多数人最多是下意识的，还远远没有上升到主动自觉的应有高度。我们以往各代老年人之所以面临诸多问题，年轻时没有做好充分全面的准备，这是重要原因。未来，迈入漫长老年期生活的人如滔滔巨流，如果不能彻底扭转目前这种仅仅是下意识地准备晚年生活的观念，未来各代老年人将会重复以往各代老年人的“悲剧”！

第二，要有老年期生活的愿景设计。如果一位 16 岁小姑娘大谈自己退休以后的生活设计，这听起来无论如何都十分“滑稽”。因为，全社会没有人这样做，我们的父母也没有这样的要求，学校里畅谈人生理想也没有这一段人生设计。再说，让花季少女考量自己老后的人生设计，这未免也近乎残酷，不合人情。但是，一件小事让我感到，这一点也不滑稽，而且十分自然，也很理性。一次，我家里的老人病了要做透视和核磁，我们一堆人陪着老人前往医院 X 射线室，等我回头看时，发现 16 岁的小外甥女已经“失踪”。检查完我们出来走完长长的走廊拐过头，亭亭玉立的小外甥女正在远处向我们招手。到跟前我故意问她：“小美女还知道回避？”没想到她扶了一下眼镜，辩白似地回嗔道：“当然！我这么年轻，还……”我问她：“你怕什么？”“这还用问？我还没结婚生小孩。再说，万一受到辐射，这辈子都完了。”

听完，我哈哈大笑。她表白时瞳孔放大的白底让我明白了：花季少女做老年期准备乃至终生准备不但不滑稽，而且还是一个十分严肃的话题。问题在于，我们需要重整我们的教育观念，补上生命教育这堂课，做好终生老年期准备的系统设计。

我也常常问我的小外甥女：“你将来退休以后干什么？”她第一次听到这个问题时，瞪大眼睛问我：“您在开玩笑？还是做老龄调查？我最近正在烦恼上哪个大学，上哪个专业，你先帮我解决这个问题。我再配合你做老龄调查，怎么样？”现在的小姑娘真厉害，知道她要什么，你要什么，然后互换思维的他们会逼迫你为其贡献。第二次再问到时，她居然说：“我老了，决不无所事事。”后来，我也和十几岁、二十几岁青年讨论过类似话题。答案几乎是经过商量讨论过似的，人人都说不愿意等着让别人来养。看来，年轻人对当前几代老年人的生活不太认同。这是个问题，而且是个大问题。不过，不认同，才有可能进步，才能有更高阶的老年期生活。那么，老年期的愿景应当是什么？这个问题不在内容，而在于大众的普遍意识。

当然，老年期的生活愿景是一个长期话题，也不会一次性定格，需要长期修订并最终定格。年少时有一个懵懂的观念，随着对同期老年人生活的否定和认同不断清晰，到青壮年初定，到老年阶段定格。因此，这是一个人人都要做的跨年度、跨人生阶段的终生课题。

不过，要向年轻人普及老年期生活愿景常常会碰到难题。在一次只有年轻人的讨论会上，我谈到这个话题时，一位络腮胡子的90后血气方刚，反问我道：“党主任，您讲的道理我听着十分新鲜。没想到老龄委的领导还不乏前瞻意识。不过，我的问题是，如果我们年轻时该准备的都准备了，要你们老龄委还有什么用？”对此，我必须直接回应：“首先，感谢你对我的观点的认同。不过，老龄委的同志不是窝囊废。你可能觉得老龄委的人应当都是一些老古董，现在社会上许多人也是这么看的。事实是：老龄委里的领导都是各部委的部长和副部长，老龄委的工作人员中没有一个是退休人员，博士、硕士一大堆。国家重视应对人口老龄化这种影响国家发展全局的重大挑战，工作人员的配备当然也是顶级的。像我这样的人，在老龄委还多的是。他们的前瞻意识都不比我差。其次，国家设立老龄委，其中一个重要原因，就是针对当前全社会对每一个人的老年期缺少准备。即使人人对老年期都有充分准备了，还有许多统筹协调的工作要做。不过，你的问题提得很好，无意间说穿了我们时代的一个重大的社会病，这就是：及时行乐，到老了交给老龄委。换句话说，买了车就玩命地开，坏了就交给 4S 店。这样，老龄委就成了问题老人处理站。个人自己管人生前段，后段交给老龄委。这无异于把人的责任分成两半，容易的自己负责，难的交给别人。这是典型的老赖。赖政府赖社会。但是，不要忘记，4S 店是要买单的。如果果真如此，即使老龄委愿意照单处理，那么，纳税人是不会买单的！除了那些真正不幸的被兜底人群。谢谢你的问题！”

这个学生不经意说出了社会上人们对老年期问题的错误认知。的确，人生是一个连续的过程，人人都要为自己的老年期负责。否则，年轻时胡作非为，年老时往政府身上一躺，遭殃的只有支撑社会的纳税人群。所以，我一直强调，兜底对象的生活只能限定在“保基本”上，否则，后患无穷。这也是我经常讲的“民政工作只能做强不能做大”的根本道理。我们不能忘记，将来，纳税总人口将越来越少，老年人口会越来越多。说穿了，如果年轻时不做准备，就是对未来年轻纳税人的极大犯罪！当然也是对自己子孙的极大犯罪！

第三，要有化解老后可能陷入被动风险的解救机制。人生之所以在位阶上比兽生要高，体现在诸端诸面。其中，预防性安排是重要表征。从全生命长周期来看，即使个人有智慧的设计，单纯依靠个人自身力量也很难使设计出来的解救机制变现。不过，史上也不乏相反的案例。一位老农知道自己的儿子儿媳孝心欠缺又十分贪财。当老人卧床不能自理时，他对儿子儿媳说，枕头下面是我一辈子的血汗，是留给你们的，我也带不走。希望你们好好做人，教育好孙子。我走之后，这些都是你们的。经过细心照料，老人享了一年的福，然后撒手人寰。傻儿子傻儿媳打开枕头一看，是一些颇似银元的砖头，还有一张字条，上书：看到砖头银元后不要声张，千万不能让孙子知道。将来你们老了的时候用得着！瞧！多么智慧的老农。不过，这是传统社会的一个案例，现在不可能了。

为了预防老来被动，我们的祖先设计出一套机制：一是养儿防老的家庭制度，二是通过孝道文化来确保养儿防老上升为自觉行为；三是针对不孝的法律、舆论氛围的惩戒制度。有了这一套预防机制，人到老年可保无虞。虽然史上也不乏不孝子孙，但整体上保障了绝大多数人的老来安全。

但是，历史发展到今天，家庭功能不断弱化、孝道文化根基日益薄弱，特别是在子女数量锐减和老年期日渐延长的情况下，确保人生老来安全已经不能完全依靠过去养儿防老的那一套老机制，需要重新审视，构建一整套新的预防解救机制。这就需要从家庭建设、文化倡导、制度安排、法律体系等诸多方面综合考量。这是后面的重要内容，不再赘述。这里需要强调的是，任何预防解救机制都需要每一个人的积极参与和自我设计，更需要每一个人的把控。对此，我们以往强调得不够。大多数人实际上走的是盲目乐观主义，甚至是车到山前必有路的懒惰思维。因此，我们强调，每一个人终生都要有预防老年期被动的解救机制的思维。只要有此思维，每一个人在操作上都会有自己的办法和路径。同时，也需要强调，即使社会有良好的预防解救机制安排，如果没有个人的参与和把控，这种机制对每一个人来说，效果也会大打折扣。说到底，任何预防性机制是等不来的，需要人人付出努力。

一句话，每一个人的情况各不相同，每一个家庭的状况也千差万别，纵使社会性的预防解救机制十分完善，也需要每一个人根据自身情况进行独特设计。否则，车到山前必没路，船到江心补漏迟。我们各显神通吧！

老年富则国富

大哲学家尼采曾经讲过："幸福就是适度的贫困。"这一点对于青少年特别适合，便于给青少年以奋斗拼搏的动力。但对于老年期来说，这不仅不适合，简直就是悲剧了。实际上，过去，我们常常讲，少年富则国富。这句话认真追究起来问题不少，漏洞颇多。如果这里的富主要指物质财富，那么，结果就是今天人人喊打的"富二代"。况且，富不过三代乃中外历史常态。如果这里的富仅仅指知识、能力那也是用词不当。再说，讲"少年富"的话语背景是年轻社会，现在已经到了老龄社会，即使当年讲起来正确，今天也需要修正。何况，认同这句话的人上了年纪之后，深感此话中间有意想不到、意料之外的年龄歧视。一位老教授甚至抢白道："难道我们老了就该受穷？！"一句话，从全生命长周期来说，从我们应对老年人口日益膨胀的洪流来说，我们的许多观念都应当重新理解。毕竟，老龄社会的到来是一场新的革命，以往的许多观念都需要重新审视！

从现实情况看，如前所述，任何国家的财富主要掌握在中老年人的手中。其实，这也是一条历史规律。因为，历史上财富的年龄分布情况同样如此。未来，这也是一个不可更改的客观趋势。否则，人类历史发展即使不会倒退，也可能面临诸多风险。

也许会有人提出不同意见：现在年轻的富翁一大把。其实，年轻时就赚得盆满钵溢的情况史上也不鲜见。但这种少数个案改变不了整个社会财富的年龄分布结构。其中的道理无需论证。我们更不能逆历史而动，打破千百年来社会财富年龄分布的基本规律。何况，主观意志也不可能改变历史规律。

我们简单地把这种现象称之为"藏富于老"。对于家庭来说，藏富于老是家庭财富安全的保证；对于社会来说，藏富于老是社会财富安全的基础；对于国家来说，藏富于老是国家发达兴旺的标志。可以做个思想实验，如果我们把全家、全社会和整个国家的财富大多都分给年轻人，结果只能是扼杀家庭、社会和国家的动力机制。也许年轻人会反驳说：难道就应该让我们年轻人受穷？这个问题不必理会，等到他们上了年纪，他们会从辩论的反方自动站到持“藏富于老”观点的正方。实际上，许多年轻人不愿意接受家里的“财富安排”，说明他们也是正方，反方其实数量比我们想的要少得多。除非他们父母的教育出了问题。

青年是祖国的未来，中老年人是青年和祖国的后盾。从全生命长周期来看，藏富于老既是颠扑不破的真理，更是老龄社会条件下确保国家兴旺发达的必由之路！

参考文献

1. [英]亚·莫·卡尔－桑德斯. 人口问题[M]. 宁嘉风译. 北京：商务印书馆，1983.

2. [日]南亮三郎. 人口论史[M]. 张毓宝译. 北京：中国人民大学出版社，1984.

3. [英]F·C·S. 席勒. 人本主义研究[M]. 麻乔志，等译. 上海：上海人民出版社，1986.

4. 党俊武. 老龄社会引论[M]. 北京：华龄出版社，2004.

5. [英]特里·伊格尔顿. 人生的意义[M]. 朱新伟译. 南京：译林出版社，2012.

6. 钱穆. 人生十论[M]. 北京：九州出版社，2012.

7. [德]恩斯特·卡西尔. 人文科学的逻辑[M]. 关子尹译. 上海：上海译文出版社，2013.

8. [德]倭铿. 人生的意义和价值[M]. 周新建，周洁译. 南京：译林出版社，2013.

9. [德]马克思·舍勒. 哲学人类学[M]. 罗悌伦，等译. 北京：北京师范大学出版集团，2014.

10. 罗萌. 老龄科学和心理学中的“积极”思潮[J]，老龄科学研究，2014，(5).

11. 王大华，肖红蕊，祝赫. 老年人心理健康服务模式探讨[J]，老龄科学研究，2014，(12).

12. 原新，王丽. 中国城乡老年人休闲生活频率影响因素的比较研究[J]，老龄科学研究，2015，(5).

13. 王记文. 中国老年人志愿活动参与的区域差异[J]，老龄科学研究，2015，(5).

14. 成红磊. 社会参与对老年人生活满意度的影响[J]，老龄科学研究，2015，(5).

15. 臧少敏. 树立“大健康”理念[J]，老龄科学研究，2016，(10).

第十四章 全民全面行动

“人类前途一半受机会控制，另一半受人力控制。”

——[意]尼克罗·马基雅维利

化整为零是应对10亿老人长寿洪流的基本方略

老年人口日喷月涌形成滔滔巨流，这已经成为全球性的人类难题，也是全社会普遍关注的重大严峻课题，更是关乎人人今生后世切身利益的长期性战略问题。它不仅消耗着资源稀缺的社会注意力，而且正在酝酿并蔓延为席卷所有人的社会焦虑。我们的社会心绪因此而变得惴惴不安，而我们正在经历年轻社会向老龄社会的艰难转型，传统应对道术日薄西山、新的应对方略正在努力建构的特殊背景形成一种放大机制，我们的社会心绪在焦虑和不安中又增添了恐惧。未来，对每一个人来说都充满了不确定性；年轻人对未来漫长老年人生阶段的社会预期变得充满风险。在青春崇拜的时尚文化弥漫下，我们的“拒老心绪”以至“恐老情结”正在变得愈益深重。是的，那么多老人，怎么办呢？

我们都知道，人老事难，人老事多。现在，从全生命周期看，面对老之将至要做的事情又多又复杂，样样都要准备，件件都要安排，几乎人生一世的所有把戏、道具都得用到，又偏逢第一老年人口大国的现实背景。如何应对，的确是大事又是难事。应对不好，后果不堪设想。如果我们继续沿着这种思路走下去，我们可能会找不到直接的也是最根本的解决之道，而且会在悲观思维的泥潭愈陷愈深，难以自拔。我们必须转换思路，剑走偏锋！

实际上，大道至简。保险学原理告诉我们，再大的风险，只要分散开来，就可以防微杜渐，阻断它进一步向危机演化的通道。中国未来各代老年人口巨流形成的风险再大再复杂，只要化整为零，有效实施分散风险的基本方略，就一定能够迎刃而解。因此，只要人人都做好应对老年期的充分准备，就完全可以把巨大的长寿洪流可能形成的巨大风险碎片化，这是我们应对未来10亿老年人口长寿洪流的根本解决之道，也是我们实现人人都有幸福晚年中国梦的中兴大道。基于此，我们必须在战略谋划、政策创制和全民工程实施的过程中，充分发挥每一位中国公民分散风险的最大潜力。唯其如此，通过全体中国人的同心同德，共同努力，我们才能从容应对10亿老年人口长寿洪流的巨大挑战风险，也才能建成高于年轻社会的理想老龄社会。

人人都要做好长寿规划

从网上看到一个90后的帖子，歌词大意是说他生错了年代，他希望轰轰烈烈死在战场。末了说，现在人活得那么长，意义不大。他甚至引证《百年孤独》里120岁长寿老人乌苏娜老而不死、备受孤独的折磨，并总结说：活得太长，违天逆命。长生太可怕,不死是天罚。看来，90后们已经开始思考长寿问题了。严肃地说，他们真的需要思考了，当他们80岁的时候，也就是2070年之后，他们中间父母健在者可能比比皆是，也许，一些人的爷爷奶奶姥爷姥姥可能还在人间。

说来我们人类真是一群奇怪的存在，也许基因里早就埋下叶公好龙的种子。当年无论王侯将相还是黎民百姓，人人梦想长生不老。现在，人人高龄高寿，却又惧怕起来。既有对自己活得太老的恐惧，更有对别人也高龄高寿的无名怨怼。这种情绪相互叠加，慢慢滋生出对老龄社会的负面社会心绪。不过，说这些已经没用了。长寿时代已经横亘在我们面前，现在需要思考的是，我们到底应当怎么办？

最近刚刚认识一位金融界的老干部，他说自己整天忙得晕头转向。说实话，金融界的人一般不差钱，为何退休了还这么卖命？问之答曰：我今年67岁了。退休时我觉得自己最多只能活到80岁，钱也够用了，不再折腾了。但是，这几年感觉自己的身体状况良好，总感觉有可能活到90岁甚至100岁。但这多活出来的一二十年我根本没有思想准备，关键是资金上也没有“预算”安排，再不忙，我恐怕高龄后就得“流落街头”了。这位老干部担心的问题不仅仅是他个人的问题，其实也正是超老龄社会的重大问题。学术界称之曰“长寿风险”，就是钱用光了，人还得活很长时间。我们目前的社会保障制度在长寿风险问题上也是没有做好战略性的充分准备，如果个人再没有安排，这个问题恐怕会演变为一个严峻的社会问题。

和短寿时代不同，长寿时代也是一个新活法时代。如何认识、筹划和准备漫长人生，这是长寿时代给我们当代和未来所有人的一道人生命题。在这个问题上，迄今为止我们还没有导师。也许将来也不会有。道理十分简单，没有人敢承认自己是人生导师。人生导师往往是别人的点赞用辞。即便是长寿老人，他们最多也只能是有经历，但不见得能够有系统的总结。更根本的原因在于：每一个人的人生都是独一无二的，虽然殊途同归，但猪往前拱，鸡往后刨，个人有个人的活法。谁要是出来指点人生，立刻就会面临话语资格的考究问题。

我今年才五十有四，不敢狂放论道，只能就本主题谈点粗浅想法。

第一个是长寿人生的个人自觉意识问题。终生精神准备是高寿国民人生的重中之重。我们虽然已然迈入长寿时代，但每一个人对自己的长寿人生的认识还远远不到位。我们大多数人往往活在当下，无暇顾及漫长人生的周全思维和长远打算。这是要命的！没有这种长远观念和准备思维，后果清晰可见。如果只是少数人没有长寿人生的自觉意识，问题仅仅是个别人的问题。如果大多数人都是如此，这无疑就是严峻的社会问题，积累到一定程度就会爆发。而且开弓没有回头箭，积羽沉舟，必然负重难返。可以说，目前，大多数人缺乏长寿人生准备意识和准备思维是中国迈入长寿时代面临的第一个也是比较严峻的社会问题。这种状况必须扭转。

第二个是长寿人生的道术问题。意识问题远远高于重于方法问题。现代人知识水平普遍提高，对于人生之术甚至各种人生雕虫小技十分擅长。人们缺乏的不是人生技能。问题在于人生之道难以琢磨，现代人在促人懒惰的科技的帮助下，也懒于琢磨这些重大的烧脑问题。长寿人生要想过得好，既要有术的准备，还要有道的锤炼。至于长寿人生之道之术究竟是什么，还需要每个人深入钻研。除了前面讲过的健康、知识、能力、金融、资源以及社会关系等准备外，还需要许多其他要素，这就需要人人根据自身的情况具体研究。

第三个是长寿人生的个人规划问题。我们不可能让小孩子制定全人生的详细规划。但是，对于生活在长寿时代的成年人来说，没有个人的长寿人生规划，将会落后于时代。有些抬杠人士可能认为，落后就落后，这是我自己的事。别忘了，如果没有这个规划作支撑，他们的人生难能成功，关键是他们的后代会持有对上辈的否定性看法。虽然他们可能不会当面戳破，但当没有规划者垂垂老矣，他们会从后代有涵养的眼神中读到对失败者的“宽容”。这是人到老年期最难以接受的、也是直接影响幸福指数的生活事件。至于如何做好个人的长寿人生规划，不存在统一的模式，我们人人都有自己的套路。我不在此继续饶舌。

终生健康是新的国民责任

年轻时透支健康年老时花钱看病，这是目前许多白领、蓝领的真实生活，也是他们未来的命运。如果这种状态不改变，将来应对 10 亿老年人口长寿洪流必然挑战巨大。总流量大，特别是高龄阶段多种疾病缠身，这无论对于个人还是家庭以及国家来说，都是难以承受之重！因此，全民做好终生健康是应对 10 亿老年人口长寿洪流的基础性战略。但是，健康是诸多知易行难问题中的典型问题。如何才能真正实现全民终身健康，这是真正的难题！

老实说，年轻时我最讨厌早睡早起、锻炼身体。到现在为止已经 50 多岁了，我依然是入睡难、起早难！什么“前三十年睡不醒，后三十年睡不着”的谚语，似乎把我摘到外头了。不过，我有一条原则雷打不动：决不透支，困了累了就歇就睡。睡不着也要躺着，主要是要让神经歇息歇息！所以至今身体没有太大问题。但是，全面分析终生健康问题，结合自己的经验，我感到我们许多问题并没有弄明白！只是满足于健康的口号是永远解决不了问题的。

第一个要弄明白的问题就是健康 GDP 问题。吃饭为的是裹腹，但有毒的饭是不能吃的。这是太浅显的道理。但把这种微观上的浅显道理用在宏观上就容易使人犯糊涂。我们盲目追求 GDP，追求业绩，到头来浑身是病，还不见得人人都能腰包鼓起来。追究起来，我们的发展理念和发展方式都存在重大问题。从某种意义上说，我们已经进入老龄社会，我们面临的重要矛盾之一，就是长寿时代全体国民健康的长远客观需要和国民的长远健康准备的严重错配。迄今为止，我们的 GDP 指标里还没有健康方面的严格要求。之所以环境污染、雾霾深重，主要就是我们采取了以牺牲健康为代价的有毒发展方式。除此之外，近 500 年来西方工业革命引发的社会加速度发展模式也是重要原因。在追求发展速度的理念里也没有健康方面的严格要求，导致中毒性的发展速度越来越快，人们的身体健康以及在此基础上的精神健康也每况愈下。虽然长寿水平提高了，但带病期也随之延长了。这种状况提醒我们，以往的发展方式现在已经走到了尽头，唯有健康 GDP 才是出路。可以明确的一点是，健康 GDP 是年轻社会和老龄社会的一个重要分水岭。唯此，未来应对长寿浪潮才有底气。对此，十九大已经做出战略部署。不过，要做到这一点，基线要求就是每一个人都要为自己的健康负责，而且这是老龄社会条件下每一位国民的基本责任。否则，离开这一点，健康 GDP、应对人口老龄化只能是空谈。

第二个要弄明白的问题就是健康与人生意义、价值问题。我们中国毕竟是发展中国家，不仅在经济、社会等诸多领域落后于人，在健康问题上我们同样落后于人。现在，全社会对健康的认识水平因为环境污染和雾霾施虐而迅速提高，但由于各种各样的原因，现在社会上出现了一种“唯健康主义”的时尚文化。简单地说，“唯健康主义”就是追求生理上的身体康健和精神上的开心愉快。初看起来，这似乎没有什么错误。但认真推敲起来，问题颇多，而且容易误导百姓，似乎这两条就是人生的终极目标。如果按照此种逻辑推演，终其一生，人们只要身体康健和开心愉快，那么，这和动物的存活有何区别？猪难道不正是如此吗？只是它们活得短些而已。这也正是目前许多养生节目和广告宣传的重大误区所在。因此，离开人生意义和人生价值的引领，即便身体健康和开心愉快也很难让人过上像人一样的生活。过去，我们把健康比作 1 ，其他比作 0 ，认为没有 1 再多的 0 也没有意义，如此比喻主要是为了说明健康作为人生和人类发展的前提的重要性。那么，现在，我们要有整体观，既要考虑 1，也要考虑 0，多几个 0，不仅指要有更多的金钱和财富，还要有人生意义和价值的引领，否则，我们所有人只是健康快活过一辈子，那么，人生也就不成其为人生，人类生活也不成其为人类生活，而是动物化生存。这是社会发展的倒退。即使按照此逻辑，我们在应对长寿浪潮上省去了健康方面的挑战，但却把人类直接拉回到史前时期。这不是我们所要的理想老龄社会。毕竟，作为高级阶段的老龄社会，人人都有幸活到高龄阶段，除了生理健康和开心愉快之外，在人性提升和生命质量上还应当有更高的诉求。

第三个是要弄明白的问题是健康与人性的问题。强调健康是老龄社会条件下每一位国民的新责任，这是知易行难一类的问题。归根结底，其源头是人性的两面性问题。一方面，人人都有健康的积极诉求，但另一方面，人人都有懒于持续锻炼的消极惰性。这个问题解决不好，或者说如果没有一整套针对人性弱点的机制，强调国民责任也是一句空话。而且，惯于健康倡导，缺乏对不健康行为的多元惩罚机制，这是我们中国长期以来没有解决的问题。比如，发达国家的商业健康保险不仅销售保险产品，更重要的是宣导健康理念和积极生活方式。针对长期生活方式不健康的人，商业健康保险公司就会要求个人付出更大成本。同时，购买保险以后，保险公司有许多切实可行的办法来监管被保险人的生活方式，并据此调整其保险赔偿的范围和额度，甚至决定保险合同的终止问题。当然，这只是其中一项针对人性弱点保障健康生活方式的好机制，还有许多其他好的机制可供借鉴。这是我们今后落实健康作为国民责任的主攻方向。有了这些多元机制的整体安排，应对长寿浪潮才有希望。

第四个要弄明白的问题是全生命周期保健康与赚财富之间的平衡。健康是可再生资源，但超过一定限度则不可恢复，透支健康的结果往往需要消耗财富来弥补透支代价，而且往往难以复原，还有不可替代的苦痛作为附加成本，无以计量。从全生命周期看，在健康与财富之间如何把握平衡，这是长寿时代最基本的人生函数。如果人人都能做好这个函数题，不仅人人享有幸福老年期的梦想能够实现，而且应对长寿浪潮的巨大压力也可以迎刃而解。关于这个问题讲起来很清楚，但主要问题是我们的健康服务体系发展严重滞后，这是我们现在和未来相当长一段时期面临的一个巨大短板，需要加快构建。不过，健康是每一个人的，如果等待健康服务体系完善，估计若干年就过去了。所以，这里要强调的是，每个人特别是打算活到长寿之年的人，都应当从现在做起，终生保持健康生活方式。其实，做到这一点并不用花太多钱，把不牺牲健康为代价赚来的财富用到更有意义的事情上，这才是正道。否则，面对未来的长寿洪流，人人年轻时牺牲健康，到老来个个花钱再买健康，这将是最愚蠢的生命之道。这也许就是不同于年轻社会的老龄社会的新理想之一。

家家都要做好长寿安排

美国是全球首屈一指的金融帝国。许多人说美国人不储蓄，挣一个花两个。实际上这是极大的误解。翻开美国国家统计报告，仔细分析美国家庭资产配置状况可以让我们反省，我们千家万户往银行里存款，此乃我们金融发展严重落后的标志性特征。2014 年，美国家庭总金融资产为 66.8 万亿美元。其中，股票为 33.1%，保险和养老金储蓄为 32.6%，现金和存款为 13.5%，债券占 4.8%，投资信托占 13%，其余 3%流向其他类别资产。由此可以看出，为了应对长寿生活，美国家庭的资产安排堪称老龄社会的家庭金融样板。它说明，放在银行是储蓄但却是最笨的，放在其他渠道，也是另一种储蓄，而且是明智的。再回过头来看中国的情况。目前，中国家庭金融资产配置中，存款占 45%，社保余额占 15.2%，股票占 11.4%，金融理财占 7.1%，基金占 2.7%，借出款 10%，其余流向其他资产类别。总体来说，中国家庭的银行储蓄占比过高。这种资产配置比较符合年轻社会的要求，也反映出中国居民在家庭资产配置上还缺乏长寿安排。

人在本质上是社会性的存在。人首先是家庭人。即便时代变迁、社会飞跃，迄今为止还没有改变以家庭为单位的资产配置理念。道理十分简单，父母病了，钱不够花，儿女当然要付出；儿女遭遇经济危机，父母也不可能不管不顾。因此，天然互济的家庭职能必然会从深层次影响资产配置行为，或者反过来，如果以家庭为单位进行资产配置，从普遍长寿的未来趋势看，更加容易发挥资产配置的长期效应。

对于中国来说，现在的关键问题，不是讨论以家庭为单位进行资产配置的必要性问题，而是家庭面对成员普遍长寿的现实如何进行资产配置的问题。当然，资产配置还只是家庭应对长寿社会的一个方面，面对成员将普遍长寿的未来趋势，如何进行其他方面的安排问题同样十分重要。在家庭老龄化态势也就是老人多孩子少的背景下，家庭从整体上如何针对成员普遍长寿做好准备，这是当前和未来所有家庭面临的重大现实问题。

当然，长寿时代，家庭成员普遍长寿，需要做准备的事项包括方方面面。同样，意识问题高于方法问题。只要意识到位了，中国人自然会想出很多解决问题的办法。因此，现在要做的是要让所有国民认识到家庭成员普遍长寿的客观趋势，并提请所有人要以家庭为单位进行长远安排。家家做好长寿安排，这是老龄社会条件下所有家庭的新职能。

做有远见的中产阶层

应对未来的根本之道是远见 + 行动。如果大多数人都能做到这一点，未来就是可以期待的。

现代社会高于传统社会的重要特征之一，就是理想的橄榄型社会能够变现。也就是说，从社会总人口来说，大多数人能够步入中产阶层，富裕阶层是少数人，中产以下是少数人，中间大，两头小，形似橄榄。从治国理政的角度看，这种社会结构是一种稳定结构，同时，也是老龄社会不同于年轻社会的一个重要特征。

分析发达国家的历史可以看出，人口之所以产生老龄化，从根源上说主要是由于现代化过程中中产阶层人口的大量涌现。他们的收入、社会地位以及生活方式、价值观念主导了主流社会，造成生育意愿下降、寿命不断延长，结果就是老年人口越来越多，少儿人口越来越少。从社会主导角度看，这是发达国家人口老龄化的重要根源。回过头来看，中国人口老龄化的提前发生，虽然主要是计划生育政策的成功实施，但从根子上来看，特别是从今后长远形势来看，人口老龄化之所以能够持续发展，根子也是中产阶层越来越多。这也就是为什么人口老龄化很难逆转的一个重要原因。可以说，从长时段历史来看，老龄社会之所以从年轻社会脱胎而出，而且发展态势很难逆转的根子就在于中产阶层的不断增多。当然，这也是现代社会的一个重要社会理想。

从生命历程来看，是不是只要迈入中产阶层，他们老年期的生活就没有问题了？答案当然是否定的。在发达国家，中产阶层到老年期返贫也是一个突出的社会问题，除了经济波动特别是经济危机的爆发，老年人口中的中产阶层生活水平大幅下降的情况也十分普遍。如果个人及其家庭没有做好老年期的资产配置，他们年老后生活水平的下降当然也是不可避免的，甚至还会跌出中产阶层，成为中等收入以下乃至贫困人群的行列中人。对于中国来说，情况就更加复杂。一方面，我们正处在发展中国家行列。目前，中国中产阶层占总人口比重已突破 20%，我们努力的空间还很大。另一方面，我们整体平均收入水平不高，年轻人口的经济收入水平也还不够高，40－59 岁人口（主体是部分 50 后、60 后和部分 70 后）的平均年收入有限，他们要做老年期的准备，空间不大。从这两个方面可以看出，确保大多数人进入中产阶层，确保他们进一步做好老年期的资产准备，这是未来应对长寿洪流的重中之重。

现在，可以明确的问题是，中产阶层老年期的社会预期基本上方向是清晰的，这就是：基本生活靠保障制度，提高水平靠自己另作安排。具体来说，解决吃饭问题的养老社会保险制度可以保基本，解决疾病问题的医疗保险制度可以保基本医疗和大病保障，企业年金也主要是可以部分提高生活水平，再加上即将建立的长期照护社会保险制度可以保障基本长期照护服务，要较大幅度提高老年期生活水平和生活质量，还要靠养老、医疗、长期照护的商业保险以及其他老龄金融产品。因此，未来，中产阶层要过上美好老年期生活，我们还有许多问题要解决。

第一个问题是从哪些方面做准备？关于这个问题前面已经谈过。健康准备是前提性准备。有了健康，老年期的大多数问题可以迎刃而解。但这里只强调一个意思，就是恰恰中产阶层的软肋就在于健康准备问题最突出，原因是，他们大多数是以健康为代价才换来中产阶层的社会地位。这是需要警醒的。从某种意义上说，盯住中产阶层的健康问题是未来应对长寿洪流的一个重点。对于中产阶层个人来说，除了转变观念、转变生产生活方式之外，投资健康也是一个必选项目。至于知识、能力、金融等准备更无须赘言。

第二个问题是要准备多少钱？有的专家说，中产阶层应对老年期需要准备 1000 万元。也有的专家说需要准备 500 万元。实际上，迄今为止，无论发达国家还是中国，都还没有一个通用公式，可以让人们算出自己老年期应当准备多少钱。从逻辑上推演，如果高龄阶段身患多种疾病，而且如果采取奢侈的西医疗法，说实话，1000 万也不一定够。再说，疾病是一个无底洞。如果是终身健康，有了社会保障，再加上 500 万，这个晚年生活可能既丰富也很精彩。所以，关于准备多少钱的问题，无论中西方，答案只有一个，那就是韩信“多多益善”。如果一定要一个公式的话，基本上就是退休后的收入水平相当于退休前收入的 70% 上下，据此，每个人可以倒推并算出年轻时应当准备多少钱。当然，我们这里所说的主要指资金流问题，不包括房产、无形资产等财富的准备。

第三个问题是如何做准备？实际上这是一个全生命周期的资产配置问题。在这个问题上，很多老百姓被少数金融专家弄得一头雾水。实际上，这个问题十分简单。就像农民种地，为了确保有饭吃，能否下雨我们又没有把握，所以，最笨也是最聪明、最理性的办法就是：种一点小麦或者水稻，种一点玉米，种一点地瓜，种一点水果和蔬菜，养鸡鸭猪鹅，如此搭配，一年下来，基本可以旱涝保收，生活无虞。那么，全生命周期资产配置，说起来复杂，其实主要就是考虑就业后的青壮年期和老年期之间的资产配置，青年期以前不用考虑，这是一个花钱的阶段。

这样看来，除了所有社会保障交费以外，人们可以主要考虑三类产品：一类是老龄金融产品，包括银行储蓄、商业保险、信托、证券和基金；第二类是房产；第三类是无形资产。当然，我们的金融业还面临一些问题，但随着改革深入，特别是随着老龄金融业的崛起，金融产品将会不断丰富，老年期的资产配置问题处理起来会越来越简单易行。只要有了这些人生资产准备思路，相信未来的中产阶层都会积极行动，为自己的老年期做好充分准备。

需要强调的问题是关于银行储蓄。从某种意义上说，银行储蓄这种资产配置手段是最落后的手段。道理十分简单。一方面，存在银行不仅在投资上会吃大亏，当利率低下，跑不过通货膨胀时，把钱存在银行无异于坐等受损。现在，许多人已经充分认识到这个问题的严峻性。但由于投资途径狭窄，特别是居民金融知识和技能落后，截至 2016 年，居民的银行储蓄仍然是 60 多万亿的庞大数字。另一方面，还须再重复一次，钱虽然存在银行账上，在名义上是账户户主所有，但我们中国的文化是以家庭为单位，如果儿媳妇以儿子创业名义向父亲借钱，借多少名义户主就减少多少（您敢不借？哼！）。因此，银行里的钱在本质上不是户主的，而是全家的，实际情况是谁借是谁的。但是，如果这笔钱放在商业养老保险、健康保险账上，以户主名义锁定为养老用钱，这个钱就是户主的，老了以后才能用，而且不能一次性提取。如此一来，谁也不会也不可能再惦记这笔钱。目前，把没有锁定的钱锁定为自己的养老钱，这是中产阶层面临的一个紧迫课题。因为随着年龄增长，保险公司会提高投保成本，甚至会拒绝高龄多病居民购买商业保险。也许有人会说，如此行为可能会引起社会矛盾！实际上不用担忧，倡导人人为自己锁定养老钱，从长远来看只会减少家庭矛盾。再说，我们也不能把天下儿女媳妇孙子都当成惦记老人钱财的无耻之徒。

第四个问题是什么时候开始做准备？答案十分简单：越早越主动，越晚越被动！这个道理无须深述。实际上，我们现在的就业教育有一个重大漏洞，就是忽视对年轻劳动者进行全生命周期的金融教育，特别是忽视对老年期金融准备的教育。这是我们的一个短板。我们用复利的概念可以对此做一个精彩的解读。

复利就是俗称的“利滚利”，具体是指在每经过一个计息期后，都要将所生利息加入本金，以计算下期的利息。这样，在每一个计息期，上一个计息期的利息都将成为生息的本金，即以利生利。 例如：一个投资者第一年将积蓄的 50000 元进行投资，每年都能获得 3%的回报，他将这些本利之和再投入新一轮的投资，那么，如此往复 30 年后，他的资产总值将变为：F=50000×[（1+3%）30−1]/3%=2378770.79。倒过来也就是说，30 年之后要筹措到 237 万元的养老金，假定平均的年回报率是 3%，那么，现在必须投入的本金就是 5 万即可。现在看，能拿出这 5 万甚至更多对不少人来说已经不是个难题。因此，懂得这个道理，今天的缩衣节食，可以换来老年期的高枕无忧。因此，对于 70 后、80 后、90 后来说，现在是动手准备的最佳时机。相对来说，60 后以前各代人已经丧失部分机遇，但对于那些可能活得更长的人来说，复利这个工具仍然有效！

人生落点要高

我们的人生独因为我们拥有高贵的灵魂，才引领我们役使这幅皮囊从出生到终了。终其一生，我们的人生价值和意义，从起点起步到峰值体验以至幕落人散，既有平步青云，也有龙腾虎跃，乃至九天揽月，当然更有艰难时刻。不过，到了生命末端，我们应当追求的落点即便不是喜马拉雅山，至少也应当是泰山，也就是我们的德性诉求应当至高无上，而不能随便找个土丘落定，更不能直接跌入山谷，晚节不保，人生圆满荡然无存。一句话，人生的落点一定要高。如果我们人人都能如此行为，那么，滚滚长寿洪流既是人类生命的奇迹，更是未来理想老龄社会的价值指归。否则，仅仅从长寿洪流中找到克服危机的经济机遇，那我们就上了皮囊的绑架台。

但要做到终其一生人人都能德性落点高尚、高贵乃至至高无上，这一点十分困难。当然，困难不在于超越皮囊的本能冲动和外部环境的诸多诱惑，而在于全生命过程中的坚守。之所以坚守困难，主要是坚守什么这个问题没有彻底解决。对此，各大宗教以及老百姓的俗文化都有所回答，这就是生命的善终。只要追求善终，便可以倒逼人们谨慎管理全生命周期的行为，最终实现善终的目标，除非少数真正的恶棍。绝大多数人都知道，预见到作（zuō）死惨状，就会提请人们珍惜生命，好好生活。不过，从生命伦理的角度看，到了老龄社会，特别是面对 10 亿生命流和死亡流，如果人人不得“善终”，这将是对老龄社会的极大反讽，也是人类社会发展到高级阶段的反动！因此，善终文化、善终价值、善终的制度安排以及全生命周期各阶段各环节对善终的诉求，这些问题都是我们必须面对的终极性问题，也是贯穿所有人终生的重大命题！

马斯洛的思维还是年轻社会的思维，如前所述，它的理论漏洞在于对生命末端的考量缺失。马斯洛关于人的最高价值是自我实现，这是不容争议的。不过，马氏理论的潜台词是精英思维。纵贯全生命周期，芸芸众生的善终应当也是人生的重要价值。否则，即便实现了自我价值却不得善终，这是人类的悲剧！当然，这里的善终是排除一切为了捍卫人类公正、正义等价值而牺牲自我的情况。

历史地来看，“善终”是人类普遍的需求和共同的价值观。“善终”是相对于“恶终”而言的。人类不同民族的文化都十分重视“善终”，也就是能够在经历一生的奋斗，有尊严地离开人世。其中包括死亡前能够得到应有的各种帮助。不同文化中普遍用“恶终”来诅咒邪恶或者有罪的人。在中国传统文化中，人们常常用“不得好死”或者“下十八层地狱”来表达最恶毒的诅咒。中国的文化经典《书经 · 洪范》也认为，幸福的落点应当在善终上；在基督教文化中，人们也用“下地狱”来表示最恶毒的诅咒。这从反面说明了“善终”在人们观念里的重要性。当然，“善终”的最高境界是“寿终正寝”或者“无疾而终”。不过，这是一种理想。在现实中，人们在老年期都会不同程度地面临某种失能的状况，但这不能否定：“善终”应当是我们人类普遍的价值追求。

过去，我们常常强调优生，现在长寿时代已经到来，优逝即善终也应当是新的生命文化。从生命全过程来说，知死而善生且保优逝，对每一个人来说越来越重要。为了做到这一点，我们还需要做很多事情。首先是全民要树立善终文化的新风尚，强调人人树立身体善终、精神善终、德性善终的理念。

有了这一点其他事情都好办了。其次，我们既要追求生活质量，更要讲求死亡质量（彭珮云语）。人人都要做好死亡的充分准备。第三，要提供长期照护特别是临终关怀服务，确保人们身患疾病时能够实现无痛死亡。当然，最重要的恐怕还是终生身心健康，做到最大限度降低恶终的风险。

一句话，好好做人，绝不瞎作（zu ō）!

参考文献

1. [日]上野千鹤子. 高龄化社会[M]. 公克, 晓华编译. 沈阳: 辽宁大学出版社, 1991.

2. 姚远. 中国家庭养老研究[M]. 北京: 中国人口出版社, 2001.

3. [日]碇浩一. 老幼共生[M]. 罗晓虎, 孙沈清译. 北京: 中国社会科学出版社, 2001.

4. 党俊武. 老龄社会引论[M]. 北京: 华龄出版社, 2004.

5. [英]特里 · 伊格尔顿. 人生的意义[M]. 朱新伟译. 南京: 译林出版社, 2012.

6. [奥]阿尔弗雷德 · 舒茨. 社会世界的意义构成[M]. 游淙祺译. 北京: 商务印书馆, 2012.

7. [挪]乔根 · 兰德斯. 2052: 未来四十年的中国与世界[M]. 秦雪征, 等译. 上海: 译林出版社, 2013.

8. 李志宏. 全面深化改革视野下我国老龄工作若干重大问题的理论考量[J]. 老龄科学研究, 2015, (2).

9. 臧少敏. 老年期健康管理服务新模式的构建[J]. 老龄科学研究, 2015, (8).

10. 李晶, 罗晓晖, 张秋霞, 等. 中国老年教育研究[J]. 老龄科学研究, 2015, (10).

11. 李志宏. 国家应对人口老龄化战略的理论基础探析[J]. 老龄科学研究, 2015, (11).

12. 杜鹏, 董亭月. 促进健康老龄化: 理念变革与政策创新[J]. 老龄科学研究, 2015, (12).

第十五章　做好顶中底三层谋划

“自然界中的系统不可能设计它们整体的命运。人类可以。”

——[美]E · 拉兹洛

顶层设计

未来 10 亿老人，再扩大一点说，所有 14 亿中国人老年期的幸福生活有没有保障，仅仅靠一个“五年规划”是搞不定的，必须立足当前，着眼长远，做好顶层设计。否则，未来的长寿洪流有可能演变成为巨大的社会危机。如果现在不做好明确的顶层设计，就会影响每一个人对未来生活的长远预期。因此，按照习近平总书记关于有效应对人口老龄化要加强顶层设计的战略构想，拿出一整套重大举措，这不是一个简单的政治口号，而是关系万众痛痒、关系人人拥有晚年幸福、关系老龄社会条件下中华民族伟大复兴中国梦实现的长远战略问题。唯此，方可稳定每一个人的长远预期，并调动全体社会成员共同行动，打赢人类历史上前所未有的长远战役，为未来各代人适应老龄社会并建设理想老龄社会奠定雄厚基业！

第一项顶层设计就是要把积极应对人口老龄化上升为一项基本国策。新中国成立以来的历史表明：有些问题的解决不一定需要人人直接参与，不过由于受惠面是全体国民，因此，它们属于国策性问题毋庸置疑，甚至无需明确作为基本国策，例如国防问题。有些问题的解决需要人人直接参与，当然受惠面也是全体社会成员。应对人口老龄化就属于这一类国策性问题。客观地说，像应对人口老龄化这样一个需要人人直接深度参与和广泛长远受惠的国策性问题在现实中不多见，其广泛性既超越妇女问题、儿童问题、青少年问题、成年人问题和残疾人问题，也超越贫困、失业等许多社会问题，其原因在于，应对人口老龄化从宏观上说着眼于国家发展全局，从微观上说着眼于全体社会成员的全生命周期，而且着力点是从人生末端即老年收官期倒过来安排生命全程。因此，它的覆盖面是最广泛的，它所囊括的生命周期全程也表明它的影响是最长远的。现在，全体人民都有老年期幸福生活的新期待，说明人民的意愿是最广泛的，而习总书记也提出了“全民行动”的总动员令。如何把顺应人民意愿和贯彻落实总书记的总动员令结合起来，除了把积极应对人口老龄化上升为基本国策，迄今为止再没有其他途经了。这是中国面向未来、面向世界、面向全体人民的唯一选择，也是成功应对人口老龄化、解决好 10 亿老人长寿洪流问题的必选战略顶层设计。

第二项顶层设计就是要全面建构人口老龄化的应对战略体系。⑴要制定实施人口发展中长期战略，统筹处理好人口数量、结构、素质、分布与发展的关系，重点是避免人口过度老龄化风险。⑵要制定实施应对人口老龄化的经济战略，重点是逐步调整经济结构和经济发展方式，使之适应老龄社会的要求，同时，大力发展老龄经济，创造经济持续发展新动能。⑶要完善动员政府、市场和社会三大部门的协同机制，动员全体社会成员齐心协力，共同应对挑战，共同建设理想老龄社会。⑷要研究实施应对人口老龄化的文化发展战略，构建适应老龄社会要求的新文化。重点是构建核心价值体系，倡导年龄平等文化，树立新的生命观，发展老龄文化事业。⑸要研究实施应对人口老龄化的社会发展战略，重点是确保科教兴国战略适应人口老龄化的阶段性变动，实施藏富于民战略，大力开发老年人力资源。逐步改革收入分配制度，调整代际利益格局，确保少儿人口、成年人口和老年人口在社会财富、权利和机会分配上的公平公正。重视和强化家庭养老的基础作用，制定实施适合老龄社会要求的养老、医疗和长期照护保障发展战略。逐步调整公共服务结构，加快建立包括生活照料、康复护理、精神慰藉、临终关怀等内容的老龄服务体系。开展死亡教育。加快社会治理创新，健全以社区为基础的老年群体管理服务网络，坚持老少共融互补价值取向，促进老年群体融入社会，推动社会融合。(6)研究实施应对人口老龄化的农村发展战略，抓住人口老龄化给农村发展带来的机遇，在农村人地矛盾不断缓解的情况下，改革创新土地利用方式，加快发展规模农业，促进农业现代化。把应对人口老龄化和老龄社会纳入新型城镇化发展战略和农村振兴战略。通过人口流动政策，调节城乡人口有序流动，在推动新型城镇化的同时，防止农村人口过度老龄化风险。大力发展农村社会事业，重点向改革开放中期前进入老年期的老年人倾斜，重点解决“老人村”问题，使社会主义新农村建设符合农村老龄社会的要求。(7)研究实施应对人口老龄化的国际战略，统筹利用国际国内两种资源解决自身人口老龄化问题。立足国情，放眼全球，充分考虑未来全球范围内应对人口老龄化这一新的国际竞争主战场，提早谋划，制定审慎的国际战略，并把应对人口老龄化作为国际合作和交流、建立国际战略合作伙伴关系、建设人类命运共同体的长期性重要议题。在着力发展实体经济的同时，高度重视老龄社会条件下的国家金融安全和国际金融安全问题，加快壮大虚拟经济，实施人民币国际化战略，大力发展老龄金融，构建适应老龄社会要求的金融体系，建立预警监测机制，建设金融防火墙，防止别国分散其老龄化风险。积极参与联合国框架下应对人口老龄化的国际行动计划，主动加强应对人口老龄化的区域合作，促进国际养老资源互利互惠。

第三项顶层设计就是要抓紧制定实施应对人口老龄化的国家中长远规划。统揽全局，从本世纪特别是上半叶的全景发展视角出发，结合“新两步走”战略的落实，制定应对人口老龄化的指导思想、战略目标、战略任务、战略工程和战略政策举措。这是应对人口老龄化顶层设计的基本内容，也是指导全党全社会共同行动的方针指南。

第四项顶层设计就是要重点构建重大制度安排和政策法律体系。主要是健全人口配套政策、老龄经济政策、公共财税政策以及老龄产业政策，调整国家产品和服务分类目录，制定国家老龄用品和老龄服务专项目录。制定出台老龄文化政策，培养老龄文化人才，培育老龄文化企业，制定政府购买老龄文化产品和服务的相关政策，出台政府购买老龄文化产品和服务目录。实施有利于适应老龄社会要求的新型城镇化配套政策。实施面向老龄社会的教育政策。实施年龄友好型住房和土地政策。实施促进制度定型和可持续运行的社会保障制度和相关配套政策，根据未来人口老龄化不同阶段老年人口的存量、增量的要求，重点针对全体公民老年期的贫困、疾病和失能风险，制定配套政策措施，推动养老、医疗和长期照护保障制度基本定型，保持制度的财务长期可持续，为城乡居民的晚年生活提供基本保障。完善退休制度，实行弹性退休制度。实施有利于发挥老年人作用的人力资源政策。

中层谋划

再好的顶层设计，没有中层谋划，也很难落地，为此，就需要启动一系列重大国家计划。具体包括十个方面：

⑴实施全民健康计划。全体国民要充分认识老龄社会条件下整体提高终生健康质量和水平的战略意义，以人的生命周期为主线，广泛开展适合各年龄群体的健康教育，有效引导全民践行健康文明生活方式。强化健康管理。对居民健康素养、烟草控制情况、国民体质水平等进行定期监测，掌握居民健康水平。重点针对全民实施营养干预行动，针对慢病老人实施切实有效的管理和干预行动。开展老年人重大疾病预防工作。

⑵实施全民共建新家庭计划。全体国民要重新认识老龄社会条件下充分发挥家庭基础作用的现实意义和长远意义，在不断健全养老、医疗和长期照护社会保障制度的同时，更加重视家庭的亲情功能、文化价值和社会整合作用，采取有力措施提升家庭发展能力，把家庭打造成为建设理想老龄社会的堡垒。广泛开展家庭文化教育活动，培育国民家庭责任伦理观念，倡导年龄

平等。实施有利于家庭养老功能的公共政策。建立社会诚信系统，将赡养父母行为纳入公民个人诚信评级系统。培育新型生育文化，倡导国民科学生育行为，完善适应老龄社会要求的生育政策。

⑶实施全民参与发展老龄金融计划。全体国民要全面提高大力发展老龄金融业对于未来发展战略制高点重要性、紧迫性和严峻性的社会认知，增强参与发展老龄金融业的责任感和使命感，厉行节约，适度消费，增强金融储备。大力开展老龄金融教育。整个金融界要彻底反思目前面临的各种问题、困难和矛盾，某些行业甚至需要洗心革面、大胆改革，逐步实现金融体系转型。加快老龄金融创新。通过老龄金融创造海量有效需求。

⑷实施全面扶持发展老龄产业计划。把老龄产业发展纳入到国民经济和社会发展规划，合理确定老龄产业的发展目标。紧密围绕老年人的实际消费需求，结合我国经济社会发展水平，制定老龄产业的中长远行业发展规划，确定近期、中期和长期老龄产业优先发展的领域，确保老龄产业的可持续发展。加快建立健全重点领域的老龄产业政策。发挥市场机制的决定性作用。区分老龄产业中的公共品和私人品，对非竞争性行业和竞争性行业实行不同的管理制度和政策扶持。发挥政府引导和推动作用，形成一套以政府间接调控为指导，以市场机制为决定性资源配置手段的老龄产业管理体制和运行机制。加速培育老龄产业组织。大力培育老龄产业人才。构建老龄产业投融资平台。着力开发老龄用品市场，做大做强老龄制造业。打造两个老龄服务战略平台。一个是住养性老龄服务机构形成网络平台，另一个是依托社区建立居家服务平台。规范发展老龄房地产业。建立老龄产业的联合规划和发展协作机制。制定市场准则，完善相关法律，规范市场运作，整顿老龄产业服务市场秩序。加强对老龄产业服务机构的运营监管，实行规范严格的质量检查或抽查制度。探索建立全国范围内的老龄产业发展评估指标体系，实行对各地老龄产业发展的动态、系统监测。

⑸实施老龄科技创新计划。坚持“自主创新、重点跨越、支撑发展、引

领未来”的科技发展方针，把发展老龄产业核心技术纳入科技创新战略，采取有力政策措施，大力提升老龄科技自主创新能力，实现重点领域新突破，超前部署战略性老龄科技重点项目研究，强化关键技术和通用技术攻关，推进国家老龄科技创新体系建设。建设国家老龄科技研发平台。采取土地、税收、财政、金融以及政府采购等优惠政策，扶持老龄科技企业开展老龄科技研发与应用。开展揭示人类寿命和衰老的原因、规律、特征的研究以及延缓衰老的生物医药、遗传基因工程研究，重视非药物疗法治疗老年病研究，以及老年相关疾病的干预控制研究，促进积极防治老年病，探索老年人健康长寿的途径。加强能够有效预防、代偿、监测和缓解失能和残障的产品、器具、设备、技术系统等康复辅具的研发。建立老年人长期护理信息平台，为需要护理的老年人提供方便、快捷、有效的服务。研究开发适应我国国情的居住环境通用规划设计和技术改造以及智能化技术，为实现老年人居住和生活环境的无障碍化提供多维技术支持。开发老年人临终关怀服务的技术，提高老年人临终关怀服务质量。

(6)实施民族医疗护理振兴计划。深入挖掘、整理、开发利用和保护民族医疗护理知识和技术。加强民族医疗护理继承创新基地建设。加强民族医疗护理专家经验传承研究。组织开展民族医疗护理特殊炮制技术和传统制剂技术研究。加大对民族医疗护理知识产权保护研究和宣传力度，制定民族医疗护理知识产权保护对策。

(7)实施年龄友好型城乡环境建设计划。把年龄友好型城乡环境建设纳入新型城镇化发展规划，落实城乡一体化和城乡公共服务均等化，通过修订完善城乡规划建设法律法规、政策规范和工程建设标准，促进城乡规划建设与老龄社会发展要求相适应。抓紧制定完善和实施年龄友好型环境建设标准、生态标准和技术标准以及年龄友好型宜居城市、年龄友好型城乡社区评估标准，形成标准考评体系。实施标准化示范建设管理，加强考核评估工作，严格执行相关标准，促进年龄友好型城乡环境建设制度化、规范化和长效化。

城乡新建公共设施、新建社区以及住宅等基础设施建设必须严格执行各年龄通用标准。建设年龄友好型城乡社区环境。科学制定城乡老龄服务设施专项规划，并纳入新型城镇化建设规划，合理配置老龄服务设施数量、布局和规模。大力开展年龄友好型城乡建设创建活动。

⑻实施老龄文化创新计划。充分认识老龄文化对于建设理想老龄社会的重要性，把老龄文化创新纳入文化发展战略，根据需要和可能，出台有利于发展老龄文化的各项政策。开展老龄文化重大课题研究。加强老龄文化理论建设，加强老龄文化实证研究，加强老龄文化政策研究，为老龄文化建设提供理论支撑、数据支持和政策咨询。制定老龄文化重大课题研究规划，确定老龄文化重大研究项目，建立定期研究和跟踪研究相结合的资助机制。大力扶持老龄文化创业。设立以财政资金为引导、广泛吸收社会资金注入、专业基金管理机构管理、市场化机制运营的老龄文化创业扶持基金，资助具有创意、市场前景和社会效益的老龄文化创业项目。建设老龄文化创意平台。实施老龄文化品牌工程。大力开展扶持老龄文化消费行动。

⑼实施全社会深入参与的失能老年人帮扶计划。开展全国失能老年人状况普查，深入调查研究，定期发布城乡失能老年人生活状况报告。面向全社会广泛宣传实施失能老年人帮扶计划的重要意义，引导全社会关注、帮助失能老年人。建立专项基金，面向社会各界募集资金，重点面向农村，用于失能老年人服务补贴，为贫困的生命晚期老年人缓解疾病疼痛免费提供镇痛药物。

⑽实施国家时间银行计划。加快建立以国家信息技术、国家信用、国家计算标准和国家管理网络为主要内容的国家时间银行支持体系。建立技术支持系统，实现异地信息交换，为服务时间的储存和通兑提供技术支持。建立信用支持系统，赋予服务时间以类似货币信用的属性，明确时间银行的国家主管机构，以国家信用保障服务的提取和通兑。建立服务时间计算标准系统，按照服务类别设计统一的服务时间计算标准，为服务的交换提供统一标准。

建立全国一体化管理监督网络，在各地设立时间银行服务站，依托居家型服务机构和院所型服务机构办理，采取技术手段加强服务时间计算和记录的监管。设立国家银行专项基金，用于投资建设国家时间银行系统，承担基本运营成本。完善规范时间银行健康运行的法律法规。

底层操作

科学的顶层设计、可行的中层谋划最终要落在地上、落实在每一个人的行动上，做到人人自觉行动、应对人口老龄化事务在基层有人管、有人抓，才能确保实现我们的预定目标。人类社会巨大无边，但说穿了无非个人、家庭、各类社会组织、社区、市场（企业组织）和政府。个人和家庭如何应对长寿浪潮前边已经讨论过了，后面还要讨论市场方面的情况。那么，除了政府之外，其余就是各类社会组织和社区了。这里主要谈谈各类社会组织和社区如何应对长寿浪潮。

社会组织是确保应对长寿时代老人洪流顶层设计落地的重要主体。大树底下能乘凉，但是，大树底下也不长苗。长期以来，中国实行计划经济，政府几乎是无限政府，什么事情都管。同时，无论党政机关和企事业单位，都是无所不包，从幼儿园到养老送花圈几乎样样都管。造成政府和单位“大树”底下社会组织这些“小苗”发育严重不良。现在实行社会主义市场经济，单位办社会的模式走不通了。记得朱镕基总理曾经讲过，改革中最大的问题之一就是社会组织发展严重滞后。也就是造成从单位剥离出来的职能没有足够的社会组织来接盘。这种状况目前仍然没有得到根本转变。

从迎接人口老龄化的客观需要来说，从全生命周期来看，我们还需要花大力气发展各类社会组织。第一个是大力发展幼儿园入学前教育看护组织。目前，这类组织发展奇缺。千家万户为带小孩苦恼，年轻夫妇累得精疲力尽，还常常影响工作，不利于社会生产力，老人带小孩身体吃不消，而且无力承担 3 岁前幼儿的职业化教育（三岁前教育是关键期），同时，还容易使小孩养成许多不良生活习惯。更重要的是，0－3岁前幼儿的生活被视为家庭私事，还没有真正纳入公共服务体系。至于婴幼儿的其他配套设施也十分落后，2016年儿科医生亮红灯就是明证。一句话，从全生命周期来说，0－3岁前婴幼儿的教育看护工作既需要家庭付出，更需要社会组织鼎力作为，确保一代一代婴幼儿能够享有良好教育看护服务，奠定终生身心健康的重要基础。只有如此，才能确保人们愿意生育二胎，从而缓解规模庞大的老年人口所带来的人口年龄结构压力，防止人口过度老龄化的风险。同时，唯其如此，才可能有助于缓解年轻人口减少给生产力特别是劳动参与率造成的负面影响。

第二个是围绕青少年、成年人、壮年人发展各类健康管理、社会服务等方面的社会组织，广泛开展生命教育、死亡教育、健康教育、体质监测、行为指导、疾病预防、反常社会行为矫正、退休前教育等活动，扩大终生健康教育覆盖面，提升终生健康素养，为整体提高健康寿命奠定基础。

第三个是面向老年群体并以老年人为主体发展健康、文化、体育等各类老年自治社会组织，广泛开展死亡教育、老年教育、老年文化、老年体育、临终教育以及心理咨询、精神关爱等社会活动，提高老年群体健康、文化、体育素养，最大限度提高老年期健康余寿，最大限度延长生活自理期限，保持生命活力。

第四个是面向临终需要发展各类死亡指导、心理咨询、家庭成员哀伤辅助教育、临终关怀服务、遗嘱处理、死亡善后家庭社会事务处理等社会组织。

第五个是强化现有各类社会组织，引导它们转型发展，面向中老年人开展相应服务。

总体来看，中国的社会组织现在正处于快速发展期，同时，又面临人口老龄化的重大机遇。如何在这种新的时代背景下，实现社会组织的长远可持续发展，就需要从战略上把握好三个面向，即面向越来越多的老年人口、面向需要努力提升生育水平、面向年轻人口延长生命长度带来的诸多直接和衍生性新需求，开展适应性、创新性社会服务。这是未来社会组织立于不败之地的重要法宝，同时，也是政府扶持社会组织发展的战略、政策和法律的重要主攻方向。

能否确保应对长寿时代老人洪流顶层设计落地，社区是重中之重。人人生活在相应的社区，要么是城市的居委会管辖的社区，要么是农村的村委会管辖的社区，这是落地各项政策的根基。我们生在社区，长在社区，老在社区，将来还要死在社区，因此，社区建设是中国应对长寿洪流的第一场所。从先行老龄化的发达国家来看，抓好社区建设是应对老龄化的基本战略。但是，值得高度关注的是，现在的社区建设还远远不能适应未来 10 亿老人长寿洪流的客观要求，需要做的工作很多。

到 2016 年底，全国城乡社区 66.2 万个，但各类社区服务机构和设施 38.6 万个，还有 27.6 万个社区缺乏服务机构和设施。其中，社区老龄服务和设施 3.5 万个，这说明大多数社区还没有相关机构和设施。全国只有半数左右社区建有老年人协会。全国老年大学（学校）5.4 万个，在校学员 710 万。这些数据近些年都有较快增长，但离现实客观需要还有很大距离，还有很多工作要做。对此，需要从以下方面开展工作。

首先是硬件设施建设。我们现在的社区硬件设施建设（包括家庭内的硬件建设）基本上是按照年轻社会的理念和要求设计建设的，需花大力气按照年龄友好型宜居社会的要求，进行大规模建设改造。除了加强 0－3 岁儿童相应社会服务硬件设施建设外，还要针对儿童、青少年、成年人的要求增加相应体育健身硬件设施，重点是要按照中老年人的要求对家庭和社区内的硬件设施进行适老化改造，包括无障碍改造、加装普通电梯或担架电梯等方方面面。更重要的是新建的社区从设计上要严格要求，确保未来无需二次改造。

其次是发展城乡社区综合性服务。目前，许多城乡社区综合性服务已经有了长足的进步，问题在于，面向中老年人的服务还是一个短板，需要大力推进。还有许多城乡社区不仅匮乏面向中老年群体的特殊服务，一般性的面向居民的公共服务还比较落后，需要快速发展，并把面向中老年群体的服务作为重中之重强力推进。最重要的是要吸引社会组织依托社区开展一般性社区服务外，重点是依靠这些社会组织为年轻人口和中老年群体开展健康教育、体质监测、疾病预防以及文化、教育、体育等各方面的服务和活动。重点面向独居、贫困、失独、痴呆等特殊老年群体开展公益服务。只有社区的各项服务搞好了，服务网络健全了，不仅我们的居民身体会越来越健康，到了中高龄阶段也有充分的服务保障。至于专业化、市场化的面向高龄、失能、空巢老人的老龄服务后面还要谈。

第三是大力建设社区老龄文化。我们目前的社区文化不仅氛围还不够浓厚，而且关键是文化导向主要是青春文化。不仅敬老爱老助老的孝道文化比较淡薄，关键是还没有形成适应老龄社会的新型社区文化。因此，需要以社区为基点面向所有社区居民开展老龄社会国情教育，培育所有居民做好全生命周期养老准备意识，开展年龄平等教育。同时，还要通过社区平台建设，为老年群体发挥作用创造条件，培育全体社区居民尊重老年人价值的文化氛围。

第四是加强社区治理。改革户籍制度，加强网格化管理体系建设，实行所有社区居民实名制管理制度，转变居民匿名化生存方式，避免社区管理真空化，不留管理死角。重点加强对流动年轻人口的管理，加强其迁出地和迁入地双向互动管理，确保逃避赡养义务的不孝之子无处藏身。

藏富于老做好三大制度安排

对于每个人来说，年轻时往往会抱怨为社会保障制度缴费，毕竟人的财富本性颇似貔貅，只愿进而不愿出。由于没有对老年期生活的切身体验，人们对社会保障制度的保障功能特别是对其财富功能没有深刻的理解。对于企业来说，不愿意为职工缴纳社会保障费用这也是本性使然，但社会保障具有强制性，这跟企业主意愿没有关系。不过，从人力资本来说，缴纳社会保障费用是他们留住人才的财富工具，但一些企业家对此还停留在口头上。对于政府来说，建立社会保障制度，这是他们的基本职能，但操作上对社会保障制度的理解，一些政府官员目前还主要局限于技术层面。到目前为止，中国的社会保障制度建设成绩突出，但问题不少，最大的问题还是发展远远滞后于人口老龄化的客观而紧迫的需要。

如果按照60岁作为进入老年期起点计算，中国人口老龄化的最大冲击波将从2022年开始，也就是1962年出生的人开始退休，到2032年间，平均每年增长老年人口大约1250万。但是，目前，面向人们老年期贫困、疾病和失能三大风向的社会保障制度改革和建设存在诸多问题，养老保障制度改革尚在进行顶层设计，医疗保障制度改革问题环生，长期照护保障制度基本上还是空白。现在离2022年只有不到五年时间，如何应对60后大规模退休浪潮，这是一个巨大的考验。

这里，我们不对养老、医疗社会保障制度改革进行过多讨论，而是主要强调一个核心观点：无论个人、企业还是政府，共同的目标就是从保障人们晚年期的基本生活、从积累个人财富的角度、从拉动居民消费促进经济长期持续发展的高度出发，都需要全体国民同心同德，加快制度改革步伐。

当务之急就是要完善中国社会保障发展战略，搞好顶层设计，并引导全民积极参与。其中，最紧迫的任务是加快建立独立于医疗保障制度的长期照护保障制度，启动长期照护社会保险，快速发展长期照护商业保险。当然，这是面向未来失能老年人的问题而采取的战略性举措。对于当前已经面临失能风险的老年人，主要是建立和完善长期照护服务津贴制度。如果以上三项社会保障制度健全了，人们的财富通过制度安排为未来老年期做好准备，即使长寿洪流滚滚而来，我们也可以有备无患。

这里需要强调的是，社会保障制度安排与个人、社会财富安排的关系问题。应当说，中国人现在越来越有钱了，未来将更加有钱这是毋庸置疑的。加上精准扶贫政策的有效实施，更是让我们对未来的富裕充满希望。现在的问题是，究竟是把财富放在民间还是掌握在国家手里，这个问题目前的答案十分清楚，藏富于民已经成为中国共产党的使命之一。现在的问题是进一步要明确藏富于老。

藏富于民是一项重大的国家战略。但是，从全生命周期来看，藏富于民有一个关键的问题需要解决，这就是究竟应当藏在谁那里？藏在哪个生命阶段？是藏在青少年期、成壮年期还是老年期？这个问题前面已经讨论过。除了满足人们生存和发展基本需要之外，藏在青少年期肯定是不可能的（富少对于家庭、社会和国家来说都不是一件好事，除非抬杠论道），藏在成年期也是不可靠的，现在我们银行里的大规模储蓄户主中，成壮年人占据较大比例，如前所述，从中国传统文化的角度说，这些钱不一定都是他们的。儿子儿媳一张口就可能会改变拥有者了。因此，唯一的、也是比较保险的办法就是藏富于老年期。

藏富于老符合人的生命周期的需要。现在，国人拼命挣钱一为儿女二为自己，但从深层次看，对未来老年期缺乏安全感是主要财富积累动机，这也是人们现在不敢花钱的根本原因之一。这说明，藏富于老现在已经不是一个理论问题，而是一个现实问题，因为老百姓就是这么干的。因此，现在的问题就是要充分运用老百姓积财防老的动机，因势利导，增加刺激，通过养老、医疗和长期照护保障的制度安排，主要是通过社会保险、商业保险以及其他金融工具，帮助人们把财富锁定在老年期，让人们稳定对老年期的预期，大胆消费其他财富。

当然，值得一提的是中国人强大的遗产动机，这也是目前人们不愿意花钱的重大原因之一。老实说，只要稍微动一下脑筋，人们也知道，甚至连小孩都知道，人死后什么东西也带不走。一位不孝之子甚至厚颜无耻地说："我老爸爱财，不愿意花钱，我才不管他呢。他走了这些都是我的，反正他也带不走。难道他能把城里的房子背走。"这个不孝之子透露了一个"天机"，老人死后什么也带不走，即使不孝，那些财富按法律天经地义也是子女的。如果天下儿女都这么想，天下父母就太可怜了！这也是目前人们普遍抱怨"熊孩子”靠不住的原因之一。

实际上，是不是要给后代留下什么，中外古训和现实案例都指向一个答案：授人以鱼不如授人以渔。一位富翁曾经说过：“我的父亲是个大富翁，但他从小就严格要求我用自己的劳动换取享受，即使是冰淇淋，我都是用给他擦皮鞋换来的钱买的。我小时候着实有些恨他，但现在，我比他更有钱，可是他却走了。随着年龄的增长，我越来越想他，也更爱他。这恐怕就是我父亲的智慧。我正在做他做的事。”我想，道理不用多讲了。问题是父母们在实际生活中应当怎么做？

将来的长寿洪流已经指日可待，会不会其中还夹杂着越来越多的不孝之子？这是留给全体中国人未来的一个大课题。有一点是肯定的，不孝之子的罪魁祸首是父母。在我们完善相关赡养法律的同时，天下父母们要培养什么样的子女，这是我们迎接自己老去之前的头等重大的“家庭作业”，当然也是避免大规模家庭不孝矛盾外溢到公共领域的重要关口！

政府兜底作用不容推卸

一段时间，人们以为政府会包办所有人的养老问题。但是，掩卷深思，未来10亿老年人口的总流量，恐怕这是世界上任何政府都难以承受的。话说回来，如前所述，政府其实没有一分钱，即使包办，所用之费全得出自纳税人。政府养老的本质就是纳税人养老。假定果真如此，恐怕纳税人既没有意愿，更没有这个能力。更为重要的是，凡是采用政府养老的国家例如北欧的挪威、瑞典等国，目前都面临巨大压力。如果不改革将有可能出现社会保障制度崩溃，以至拖累经济社会发展。再说了，在讨论中国问题应当怎么办时，许多人总是拿发达国家说事。从根子上来说，这些所谓发达国家都是小国模型，如果直接套用到中国身上，颇有些小洋车拉航空母舰的感觉。说到底，除了思路借鉴和精神启发之外，国外的办法往往搞不定中国的事情。因此，中国的事情只能走中国自己的路子。

在现代社会，有限政府是未来所有国家治国理政的方向性定位。从全生命周期来看，为了确保老龄社会条件下人人都能有一个幸福美满的晚年梦，政府必须发挥战略规划、制度安排、政策配套、法律保障以及市场监管等多方面的作用，同时，还要充分发挥基本的兜底作用。

人的一生充满各种不确定性，到了老年期面临的风险更多。除了前面的战略规划、制度安排等保障外，仍然还会有一部分人年老后面临诸多困难，老来因病致贫就是一个典型的情况。为此，就需要政府加大公共财政投入，建立社会救助制度、开展帮扶活动，为人到老年期面临困难时提供帮助。这就是政府兜底作用的基本职能，其政策目标主要就是制度性补缺，防止社会成员生活失去基本尊严。从目前来看，特困人员救助供养制度主要就是解决这个问题的。今后还必须坚守。需要强调的是，随着精准扶贫事业的深入开展，未来的社会救助制度要关注因老因病致贫致困这一重点，防止人们到了老年期以后的生活窘困。

但是，需要强调的是，政府兜底作用也有一个底线问题，这就是在政策目标上，只能限于保障基本生活和基本服务，免于丧失基本尊严。这一界限不能有丝毫突破和超越。否则，无论什么情况，只要到老了，政府都会提供完善的保障，那么，这种社会预期不利于引导人们树立终生自强自立的生活理念，容易放纵人们在年轻时期的不当行为，吃光花净，到老了往纳税人身上一躺，政府包办一切。因此，我们需要广泛宣传，在全社会树立自我养老的新理念，树立做好全生命周期养老准备的理念，树立养老主要靠自己、不幸时靠政府和社会的理念，树立正确的老年期生活预期。

同时，政府兜底作用的发挥，要紧紧依靠严格的家计审计制度，确保对需要政府兜底对象进行科学的评估，建立一整套严格的准入和退出机制，还要配套建立相应的监察机制，确保兜底对象的实际生活状况在所在社区、所在机构有公示、有检查、有监督。否则，政府兜底作用的发挥就会扭曲变形。

一句话，对于政府兜底对象，我们既要有人文主义的关怀，更要有社会治理的智慧，避免少数社会成员钻空子。此事关系长远。有此完善的制度安排，我们的社会主义制度优越性才能得到有效发挥。同时，一整套严格的制度能够确保人人树立正确老年期生活预期，这就是在年轻时努力积累财富，到老了主要靠自己年轻时的成果。只有守住兜底的有限界限，才是对所有纳税人负责的态度。如此发展，未来越来越多人就会过上幸福但也很公正的晚年生活。

探索创新路径

规模庞大的老年人口流量会带来诸多新问题，迫切需要我们转变观念，创新思路。

第一个问题是要创新改革教育理念和教育体制机制。我们目前的教育事业从根子上说还是年轻社会的产物，着眼长远看，难以适应长寿时代的要求。首先要树立老龄社会的新理念，面向全民开展全生命周期教育，培育全民做好全生命周期养老准备的新理念新预期，增强全民终身自立自强意识和自我养老意识；其次要逐步梳理现行教育体制机制中不适应老龄社会的短板，逐步改革，把适应年轻人多老年人少的教育体制机制，逐步调整到适应年轻人少老年人多的新格局上来；再次就是根据人口老龄化阶段性状况和人力资源需求状况调整学制，为提高劳动生产率和劳动参与率奠定基础；最后还要不断调整教育内容和教育任务，面向大龄劳动力开展继续教育，大力发展老年教育，健全全民终身教育体系。

第二个问题是探索建立健全适应老龄社会要求的新型退休制度。退休制度是治理老龄社会的重器，关系社会发展活力、年轻劳动力压力和全社会养老金压力。现在，延迟退休年龄已经开始在全社会形成共识。这里需要强调的是，除了退休制度的技术问题诸如退休方案、退休和领取养老金分开等之外，更重要的是要正确引导社会舆论、调整社会退休预期，结合经济社会发展的长期发展趋势，根据未来劳动年龄人口队列和 10 亿老年人口队列的发展变化趋势以及领取养老金队列变化趋势，开展退休战略研究，为实行新型退休制度提供决策依据。这项研究也应当成为应对人口老龄化的顶层设计的重要内容。

第三个问题是研究实施发挥老年人作用的国家战略。人口老龄化之所以被认为是巨大压力，重要原因之一就是拉车的年轻人越来越少，而坐在车上的老年人越来越多。因此，应对人口老龄化的重大战略举措就是让坐在车上的人少一点，比如让年轻老年人口从车上下来，不用拉车，在旁边一起走，减轻年轻人口的负载，这就是一个战略性的思路。从先行老龄化发达国家的经验来看，老年人力资源开发是一项重大战略，不但可以缓解老龄化压力，更重要的是可以发挥老年人的作用，帮助老年人找到生存价值和生活成就感。为此，就需要转变传统的老年观，树立活到老学到老干到老的老龄社会的新理念。国际国内长寿现象的研究成果表明，凡是长寿老人都是活到老学到老干到老的典范。恰恰相反，那些无所事事的老年人寿命往往很短。民间也有“老而无所事事老天爷会收人”的说法，虽然颇有些迷信意味，但也不无道理。毕竟，生命在于劳作，无所事事必然用进废退，疾病自然会找上门来，活不长就是可以理解的。所谓“劳形者寿”是也。因此，着眼长远，我们还要根据未来 10 亿老年人口的流量，结合人们的意愿以及老龄社会的新需要，研究老年人力资源开发战略，为每一个社会成员到老年期活得有尊严、有价值、有成就感奠定基础。

第四个问题是研究实施新型死亡制度。死亡制度是一项关系所有人的重大制度，既关系民生，更直接关系民死。这是我们目前的一个大短板，也是未来应对 10 亿老年人口死亡流的制度性弱项。首先要在全社会广泛开展死亡教育，扬弃死亡禁忌文化，树立科学的死亡观，引导年轻人正确对待他人死亡，引导老年人科学对待自己的死亡问题，消除死亡恐惧。其次要研究安乐死立法问题，包括立法精神、民众意愿、制度安排和相关执行机构、执行程序、执行监管以及遗嘱处理、死后管理等诸多问题。再次还要研究针对死亡前疼痛患者要求，科学开放镇痛药物使用制度。最后还要加快完善死亡登记制度和殡葬管理制度，为每一位社会成员的善终优逝创造良好条件。

参考文献

1. 费孝通. 家庭结构变动中的老年赡养问题[J]. 北京大学学报（哲学社会科学版），1983，(3).

2. [法]龙洛迪娜·阿迪亚－东福. 代际社会学[M]. 管震湖译. 北京：华龄出版社，1993.

3. [美]米歇尔·沃尔德罗普. 复杂[M]. 陈玲译. 北京：生活·读书·新知三联书店，1997.

4. [英]安东尼·吉登斯. 社会的构成[M]. 李康，李猛译. 北京：生活·读书·新知三联书店，1998.

5. 柳欣. 中国宏观经济运行与经济波动[M]. 北京：人民出版社，2003.

6. 李军. 人口老龄化条件下的经济平衡增长路径[J]. 数量经济技术经济研究，2006，(8).

7. 孙建勇. 养老金制度与体系[M]. 北京：中国发展出版社，2007.

8. [美]佛朗哥·莫迪利亚尼，等. 养老金改革反思[M]. 孙亚南译. 北京：中国人民大学出版社，2013.

9. [德]恩斯特·卡西尔. 人文科学德逻辑[M]. 关子尹译. 上海：上海译文出版社，2013。

10. 曲嘉瑶，伍小兰. 中国老年人的居住方式与居住意愿[J]. 老龄科学研究，2013，(2).

11. 张盈华. 老年长期照护制度的筹资模式与政府责任边界[J]. 老龄科学研究，2014，(2).

12. 林熙，林义. 人口老龄化与新兴经济体养老保障体系改革[J]. 老龄科学研究，2014，(4).

13. 李晶，罗晓辉. 老龄社会学的基本议题[J]. 老龄科学研究，2014，(4).

14. 国家卫生和计划生育委员会. 中国家庭发展报告[R]. 北京：中国人口出版社，2014.

15. 党俊武. 应对老龄社会是全面深化改革和推动发展的重要战略议程[J]. 老龄科学研究，2015, (1).

16. 姚远. 人口老龄化影响社会发展的理论框架[J]. 老龄科学研究，2015, (4).

17. 刘妮娜, 孙裴佩. 我国农业劳动力老龄化现状、原因及地区差异研究[J]. 老龄科学研究，2015, (10).

18. 龚仁伟. 从基本国策高度积极应对人口老龄化[J]. 老龄科学研究，2016, (1).

19. 肖宏燕. 中国人口非均衡老龄化条件下的老年长期照护服务 ICT 模式研究[J]. 老龄科学研究，2016, (1).

20. 孔伟. 老龄社会条件下基层老年群众组织社会治理功能探析[J]. 老龄科学研究，2017, (5).

21. 李志宏. 新时期我国老龄工作方针的内涵探析[J]. 老龄科学研究，2017, (2).

22. United Nation. *Vienna International Plan of Action on Aging[R]*. New York，1983.

23. United Nation. *Madrid International Plan of Action on Aging[R]*. New York，2003.

第十六章　打造强大新经济引擎

“在人类发展的最初阶段中，虽然是人类的欲望引起了人类的活动，但以后每向前进新的一步，都被认为是新的活动的发展引起了新的欲望，而不是新的欲望的发展引起了新的活动。”

——[英]阿弗里德·马歇尔

老龄经济新时代

老龄社会是一场深刻的革命，体现在经济领域的革命性后果现在已显端倪，未来将逐步演变成为一场真正的经济革命。

实践永远走在理论的前面。目前，所有发达国家都已成为老龄经济体。在发达国家特别是老龄化水平较高的日本、意大利、西班牙等国家，少儿人口增长缓慢，劳动力严重短缺，老年人口比例居高不下，这种状况彻底改变了古典经济学和现代经济学的基本理论前提。这些理论虽然基点有异、话语不同、体系有别，且各有侧重，但共同的理论前提都是假定人口结构没有变化，特别是假定劳动力充足。现在，老龄社会已经粉碎了所有这些经济理论的基本前提，导致运用这些理论无法理解、把握和解决老龄社会条件下的重大经济问题。客观地说，目前，国际国内还没有一整套新的系统经济理论来阐释老龄经济体的现实问题和未来走向。也许，我们现在正处在从旧经济理论转向新经济理论的前夜，新的老龄经济学的雏形似乎已经呼之欲出。的确，在劳动力严重短缺、老年人口日益增多的条件下，如何重新组织经济？如何重组社会制度安排？这不是以往经济学理论以科学技术提高劳动生产率就能解决的问题，必须从经济观念、经济结构、经济发展方式、经济制度等方方面面重新构建。这是发达国家老龄经济体面临的首要战略课题，也是全球经济学界面临的首要基础性课题。

中国经济从根子上看主要还是年轻社会的产物，目前正在向老龄经济体迈进。和发达国家不同，中国人口基数大，年轻劳动力虽然已经从 2011 年开始进入负增长新时代，但到本世纪中叶，劳动力数量大体还能维持在 7 亿上下，这些劳动力主要是 90 后以后几代人。届时，70 后以前几代已经退休很长时间了，80 后即将退休。但是，我们面临的问题是：现在已经出现的结构性劳动力短缺状况，也就是某些行业特别是新型高端行业和部分低端行业人力资源短缺，今后将会成为常态；同时，我们的劳动力人口年龄结构老龄化状况也日益严峻，大龄劳动力规模巨大。目前，中国劳动力年龄中位数为 38 岁（2016 年），到 2050 年，将提高到 47 岁。这也就是说，一半劳动力在 47 岁以上。这些人正好是 1990－2003 年期间出生的人，主体就是 90 后和部分 00 后。与此同时，即使二孩政策顺利实施，老年人口增长同样势不可挡。在这种情况下，着眼长远来说，如何组织我们的经济？这是我们现在就需要从经济发展战略上开始未雨绸缪的重大问题！

人口变化只是老龄经济体的表象，在老龄经济体内部，我们还有许多问题需要面对。例如，老龄社会的经济特征是什么？老龄社会的经济结构和年轻社会的经济结构有什么差异？年轻社会的经济结构向适应老龄社会转变过程中，会面临哪些矛盾和问题？科学技术能否以及如何解决老龄社会的经济问题？老龄社会条件下经济发展的动力和活力问题如何解决？面对全球迈入老龄社会之后国际经济新格局下如何进行国际竞争？人类在老龄社会条件下的经济命运和前景究竟如何？等等。一句话，人类社会总体上正处在从年轻经济体向老龄经济体的深刻转变过程中，人类经济已经深度走入新的历史性转折的十字路口，中国作为世界第二大经济体如何应对和发展老龄经济，对于中国乃至全球都具有重大而深刻的影响，我们已经卷入老龄经济的新的伟大时代！

新一轮财富波

老龄经济是新经济，也是一场经济革命。如前所述，中国未来几十年的老年人口流量大体上是10亿，由此引发和衍生的经济潜能在本世纪中叶大体上是100万亿，预计占届时GDP总量的三分之一。许多专家认为，大健康产业是未来中国巨大的产业。这种看法不能说没有道理，但这只是看到问题的表面。首先，美国是当今世界上大健康产业最发达的国家，但其产值也仅仅占到其GDP的17.6%（2016年），也就是六分之一多，预计未来增长空间不大。其次，大健康产业说穿了主要是围绕人的身心健康开发相关产业，但是，健康只是人发展的前提，作为人的更高层次需求的市场需求更大。否则，人类社会发展的唯一目标就仅仅只是维护好身心健康了，这不符合人类进化、人性升华发展的大方向。再次，大健康产业只是每一个社会成员做好终生养老准备的一个组成部分，而满足这一综合性终生需求的老龄产业包含更广泛的内容，除了老龄金融，更有老龄用品和老龄服务，还有老龄房地产。这几个领域虽然与大健康产业有间接关联性，但显然这种关联性还不可能从逻辑上倒过来涵盖整个老龄产业或者老龄经济。最后，人们对老龄产业还不熟悉，对健康产业也理解不深，更重要的是，未来的大健康产业的重心是治未病，而不是治已病。从这个意义上说，中国未来的大健康产业必然有一个增长高峰，但高峰过后便会萎缩。相反，老龄产业的成长性更好。目前，从理论上说，还看不到它回落的可能性。可以说，和大健康产业相比，老龄产业的成长性更好。总之，老龄产业包含大健康产业，无论从经济总量和GDP占比来说，还是从未来的发展走势来看，老龄产业都是未来的巨大产业，是未来老龄经济的标志。这既是习总书记要求将老龄产业培育成为新的经济增长点的的科学理由，也是十九大部署加快发展老龄产业战略的基本依据。

老龄经济既是新经济，又是新一轮财富波。和发达国家进入老龄社会不同，中国的典型特征是未富先老。简言之，就是在没有做好充分财富准备的情况下迈入老龄社会的。不过，这是当代老年人的短板。面向未来，随着人们全生命周期养老准备观念的普及，特别是未富先老的警醒，人们为自己老年期做充分准备的经济行为将逐步改变未富先老的格局，并带来无限财富扩展空间。未来的需求有多大，那么，老龄经济的财富扩展空间就有多大。对此，国际国内的企业界，无论实体经济企业还是虚拟经济企业，都已开始有所领悟，许多国内外企业家已经开始排兵布阵，甚至从中掘到了前几桶金。人们清晰地看到，中国是第一老年人口流量大国，未来的老龄财富流即将滚滚而来。

需要强调的是，我们这里讲的老龄经济或者老龄产业不是老年经济或者老年产业。现在，刚刚入门的绝大多数企业只是看到目前中国拥有 2 亿多老年人的总量，特别是当前市场上为老年人提供的产品和服务严重不足，而且还有许多空白，误以为老龄产业就是老年产业，也就是为已经老了的人提供产品和服务。尤为重要的原因是，最近几年来，人们对老龄产业不了解，误以为老龄产业就是老年产业，而老年产业就是建养老院，建养老社区，就是为老年人提供服务，并名之曰“养老服务”或者“养老服务业”，从而把老龄产业限制在狭小的范围，甚至造成许多地方政府决策部门的领导对发展老龄产业缺乏积极性。道理十分简单，在这些领导看来，仅仅为老年人提供服务，对 GDP 的贡献不可能太大。因此，用地、税收等政策的落实就十分困难。还不如把有限的土地等资源让给更有潜力的其他行业。严格地说，这是对老龄产业最大的误解，必须尽快扭转。

实际上，老龄产业是面向所有想活到老年期的人口的巨大产业。人们既要做金融准备，到了老年期还要实现财富保值增值，这就会带来老龄金融业的空前发展；也要为老年期做健康和“治未病”准备，到了老年期还需要购买诸多用品，这就会带来老龄用品业的空前发展；还要为老年期做知识技能准备，到老了还要购买各种各样的服务，这就会带来老龄服务业的空前发展；更要为老年期做房地产准备，到老了还需要在硬件设施上花钱消费，这就会带来老龄房地产业的空前发展。这四大领域还只是从全人口全生命周期养老做准备而衍生的具体产业。如果考虑这四大领域之间的混业发展、特别是这四大领域和农业、环保、旅游等其他诸多行业的混业发展，老龄产业的发展空间可能更大。

走市场化产业化之道

未来10亿老年人口的流量将产生无以计量的需求流，如何满足如此巨大的需求，目前看，可选的路径不多。第一个路径就是计划经济的做法，这当然是行不通的。第二个路径是准计划经济的做法，就是北欧的福利化模式，即政府收税，然后用来为人们购买产品和服务。这是小国模型，而且仅限于为老年人提供产品和服务，老年期前的老龄用品（如抗衰老用品）和服务还不包括在内。更重要的是，北欧模式正在面临纳税人群规模缩小，享用老龄用品和老龄服务人群膨胀的矛盾。这个路径显然也是行不通的。第三个路径也是最后一个路径，就是市场化产业化模式。这种模式才是解决海量需求的根本之道。

市场化是配置资源最有效的方式。现代经济是需求经济，如何确保满足庞大需求的供给，只有市场化方式才能实现有效配置。道理十分简单，通过市场化方式，进一步走产业化道路，逐步实现老龄产业充分竞争。那么，相关用品和服务的价格会下来，质量也会跟上，不仅老百姓能够真正得到实惠，企业通过产业化运作也能获得巨额红利。只有这样，海量的需求才能得到满足，而巨大供给流也会给宏观经济带来巨大新动能。这就是为什么中央一直强调市场是配置资源的决定性方式的基本原理。至于人到老年期的贫困等问题，自然有政府兜底。

有些专家认为，老龄经济或者老龄产业是为老年人提供产品和服务的，老年人是弱势群体，他们需要人文关怀，我们不能和老年人做冷冰冰的市场交易，而应当强化公益色彩。更有甚者有人认为，老年人是我们的长辈，我们要好好把他们养起来，否则就是不孝。表面看，这些观点充满人情味，颇能博得一片掌声，但经不住仔细推敲。首先，上述观点是狭隘的。为老年人做好事做善事的这种观点出发点是好的，但格局狭小，不仅大大缩小了老龄经济或者老龄产业的范围，而且如果只是做好事做善事，没有成熟的市场机制作支撑，最终的结果就是老龄经济难以为继，老龄产业也不成其为产业，导致做好事做善事的初衷无法可持续地实现。其次，上述观点是片面的。如前所述，弱势群体中老年人占比较多，但绝大多数老年人特别是低龄健康老年人，他们是年轻人和国家的后盾，特别是新新一代老年人身体健康，阅历丰厚，称他们是弱势群体，不仅不符合事实，而且他们自己也不答应。再次，上述观点陈旧过时。农业社会人口寿命短暂，老年人身体状况整体较差，认为老年人是弱者，这是传统对老年人的刻板印象。在长寿时代的今天，如果再持有这种观点，不仅是对老年人的丑化，更是对人类进步事业的否定，也是新新一代老年人断难接受的。最后也是最重要的，庞大的老年人口流量带来的巨大需求，没有最有效的市场配置方式做支撑，即便是天下所有好人也难以做好这一巨大的供给。道理十分简单，供给是需要组织的，也需要最有效的组织方式，这就需要市场经济。

不可否认，还有一种情况需要引起高度关注，少数人口头喊的是公益，实际上干的却是套取纳税人费用的勾当。中国的老龄产业尚处在起步阶段，离不开政府的扶持包括资金扶持（例如养老床位补贴）。在这种情况下，少数老龄服务机构经营者不走合法市场化之路，更不愿意加强管理提高服务质量，而是把主要精力用在和相关部门打交道上，认为这样可以拿到各种政府补贴。他们最不希望的事情就是：一旦走入市场化之路，政府补贴就会取消，他们就没有活路了。这种情况值得警惕。当然，他们担心的正是我们要干的，这是方向问题。

关于老龄产业与人文关怀，用老观念来看，这两者是冰火不容的。市场经济就是以盈利为目的，而人文关怀关注的是以人为本。实际上，从操作层面看，这两者之间并没有矛盾。如果没有以人为本的观念，企业就不可能真正找到市场的真实需求；如果没有以人为本的观念，企业也设计不出适合市场需求的产品和服务；如果没有以人为本的观念，企业的产品和服务要想实现可持续营销也是不可能的。从本质上说来，现代经济已经抛弃过去的单一追求利润的传统模式，已经转变成为一种新的经济形态，这就是以“以人为本”理念为引领，以市场化产业化为基本支撑，从产业链各个环节满足人性化需要为依归的人文经济。老龄经济就是典型的现代新经济，老龄产业也将是充分体现人文关怀精神的现代新经济业态。归根结底，慈善才是最大的经济，这恐怕是老龄经济或者老龄产业最高的精神引领，需要我们深刻把握。否则，人文精神缺失，企业就会在未来市场竞争中一败涂地。任何经济都是要做交易的，无论计划经济、市场经济还是现代人文经济，都是要做交易的，但是，差异主要在于交易的方式特别是交易规则的精神引领。如果只是关注冷冰冰的利润诉求，人文经济缺失，那么，再好的交易设计最终也将一败涂地。毕竟，新经济说穿了就是百姓说了算的经济。如何进行市场化和产业化，相关部门特别是企业界应当各自领悟好新经济的精义。

所有企业都要做好战略安排

目前，未来10亿老年人口洪流产生的海量市场需求已经引起国内外企业界精英的高度关注。毕竟，中国正在向老龄经济体迈进，老龄经济和老龄产业的无边新大陆经济已经展现在人们的面前，加上未富先老、独生子女政策以及各种缺课导致的市场空间巨大、发展机遇多样、挖掘潜力的主攻方向比较明晰。实际上，老龄经济将会波及全社会所有产业，也和所有企业的未来发展深刻关联。为此，所有企业都要做好充分准备。

首先，所有企业都要树立老龄经济新理念，为发展老龄经济做好观念准备。不少企业家认为，儿童、妇女、男性市场已经被占领得差不多了，现在和未来主要是老年人的市场。这种看法有片面真理，但基本上是个错误观念。这种观念背后的潜台词是：老龄经济就是老年人经济，老龄产业就是老年人产业，经过儿童、妇女等市场热之后，现在该轮到老年人了。实际上，老龄经济的最大特点不是指满足人到老年期需求的经济，而是满足人的全生命周期的新经济。未来经济之所以是老龄经济体，从需求端来说，就是要求新经济的出发点和落脚点，都要放在人们生命全程并活到长寿阶段而衍生出来的物质和文化需求上；从供给端来说，就是要求按照人们全生命周期需要来设计产品和服务。一句话，旧经济就是年轻社会的经济，新经济就是老龄社会的经济。具体来说，作为新经济的老龄经济和老龄产业本质上是全生命经济，而不单单是满足人们最后生命阶段的经济和产业。为此，所有企业都要重新审视自己的经济理念，扬弃年轻社会形成的传统理念，树立新的全生命经济理念。否则，从企业长远可持续发展来说，就会在未来的竞争格局中逐渐被淘汰。未来赢得竞争战略优势的企业，必将是那些拥有全生命经济理念的精英及其追随者。同时，这也是目前各种转型企业长远发展的主攻方向。

其次，所有企业都要制定发展老龄经济的中长远战略，为发展老龄经济做好谋划。未来的海量老龄经济容量将造就一大批大型集团公司、一大批中小企业。如何开发老龄经济，所有企业都要开展市场调查，找到本企业与老龄经济和老龄产业的结合点，并明确发展战略定位，制定中长远发展战略，明晰营销方略策略。老龄经济既是当前经济更是未来经济。老龄产业横跨第一二三产业，其外延大于现有各种分类行业，包含人们看好的大健康产业。如何开发，没有战略策略是断难可持续发展的。现在，进军老龄经济领域的企业越来越多，但大多数还对老龄经济认识不深，对老龄产业还了解不多。不过，我们相信，从这些企业中，将走出未来老龄经济的领军企业。能否成功，关键取决于企业对市场趋势充分把握基础上的战略策略。

最后，所有企业都要做好人才、资金等战略安排，为开发老龄经济、发展老龄产业做好准备。老龄经济涉及所有经济要素，更涉及非经济因素特别是生命文化要素。综合成长性和长期盈利性而言，老龄经济是大多数现有行业不可比拟的，需要海量各类人才，更需要庞大资金投入。现在，投资对于中国来说已经不是一个巨大的难题，难题在于能否找到投资项目，而投资项目的设计、运作都要靠人才。老龄经济是未来所有企业的新的主攻方向，能否在深度开发老龄产业中占据绝对优势，关键在于老龄经济的研究开发人才和老龄产业的管理、运营、服务等人才。目前，已经从事老龄经济的企业，已经充分体验到老龄产业人才匮乏的困境窘状。例如，养老地产或者养老住区的巨大项目，几乎找不到相应的 CEO。这样的 CEO 既要懂老年人的需求，拥有老龄科学、医学、护理学等多学科知识，还要懂企业管理，拥有管理学、社会学等多学科知识，还要懂资本运作，拥有金融学等知识，当然还要懂得和政府相关部门打交道。说实话，这样的人才我们还没有进行系统培养。得人才者得天下，如何开发老龄经济，教育部门需要全面改革，调整教育发展战略，培育老龄经济人才，所有企业也需要花大力气自我培养，建立强大的老龄产业人才队伍。

抢占老龄金融战略制高点

未来，老龄金融业体量巨大、成长性最快，是国家应对人口老龄化的战略制高点，也是未来所有金融企业的必争之地。通俗地说，如果老百姓人人在年轻时都有充分的金融准备，那么，未来中国人口老龄化的风险就有了稳定器，就不可能演变成为巨大的社会危机。现在的老年人问题之所以难以解决，最根本的就是当前老年人在年轻时没有充分的金融资产准备。着眼未来，金融企业发展老龄金融业，不仅是前所未有的新机遇，更重要的是发展老龄金融业将会成为国家战略，金融企业首先是国家战略的执行者，相关规划政策以及体制机制都会为发展老龄金融业创造条件，这是目前所有金融企业必须看到的。同时，未来金融业的战略方向就是面向生命经济，开发满足全生命需要的银行、证券、保险、信托、基金等各种老龄金融产品。目前，中国的老龄金融产品发展滞后，整个金融业还沉浸在年轻社会的梦想中，大多还没有认识到老龄社会将会给他们带来的前所未有的大好机遇。未来金融业的沉浮枯荣，全在于能否抓住老龄金融这个战略制高点。否则，就有可能被面向生命经济的金融企业淘汰掉。例如，仅仅靠储蓄生存的银行业当前已经感到危机四伏，未来的方向就是面向老龄金融转型发展。否则，就有可能被新锐的老龄金融企业占据上位。

需要强调的问题有三个：

第一个问题是金融企业要关口前移，从年轻金融人口特别是 40－59 岁人口入手，分析客户现有需求，引导客户生命经济新需求，结合中国传统文化，把握家庭资源配置特点，开发系列化、大众化、可接受、易操作的各类老龄金融产品，这是未来金融企业赢得老龄经济市场的关键。目前，这一块除健康人寿险外，大多还是空白，发展潜力不可估量。同时，针对 60 岁以上老年金融人口开发相关金融产品和服务，这也是未来老龄金融的重要方向。目前，这一领域已经有好的发展，但多数金融产品层次不够，服务也很不到位。随着大众金融理念的广泛深入，如何针对 40－59 岁和 60 岁以上这两段金融人口开发产品、深耕服务，既有机遇，也有挑战，需要金融业彻底转变观念，逐步调整发展战略和运作策略。

第二个问题是把握资本经济和实体经济的平衡点。可以预见，在不远的未来，随着经济社会发展特别是人们收入水平的大幅提高，老龄金融业必将迎来大发展大繁荣的新格局，海量资本经济和长期资本将会大量积聚，长钱将会巨量拢聚。如果把握不好，特别是如果偏离实体经济较远，引发金融危机的风险也会相应加大。为此，需要国家通过宏观调控加强对资本经济或者老龄金融经济服务实体经济的监管，防范金融危机。从金融企业角度来说，如何确保老龄金融这种长钱经济可持续安全运行，关键之一就是要把握发展老龄金融业务与投资实体经济的关系。金融企业说穿了就是做好两件事，一个是融资，一个是投资。目前中国金融界总体来说投资能力远远弱于融资能力，投融资能力实力不对等是中国金融界的突出难题，这种状况亟待改变。从未来情势看，老龄金融的融资将会经历买方市场到卖方市场的历史性转变，融资将会成为越来越容易的一件事，但投资却会成为一个大难题。如果不能扭转投融资能力实力不匹配的格局，这个难题还会进一步放大。更重要的是，中国金融业发展对国家投资依存度较高，这也导致金融企业对投资的深耕远远不够。迄今为止，金融界的投资专家和专业人士极度短缺。未来，随着国家投资的逐步减少，金融业的市场投资挑战越来越大。这也是未来金融业发展的关键之一。因此，从现在开始，金融业就需要重新审视未来中国老龄社会条件下的投资主攻方向，特别是要研究老龄金融业与老龄用品业、老龄服务业和老龄房地产业以及其他实体经济的结合点，探索长钱投资实体经济的新模式，这是未来老龄金融企业立足并实现可持续发展的关键。

第三个问题是把握全球框架下老龄金融发展的新路径。目前，金融全球化已经深入运行，发达国家的老龄金融业特别是美国的老龄金融业已经深入各个国家。发展老龄金融业，无论从融资还是从投资来说，所有金融企业都要有全球视野，既要从世界金融市场找到投融资机遇，还要防范少数国家及其企业以邻为壑，最终找到全球框架下发展中国特色老龄金融业的路子。这是摆在金融界面前的一个重大课题，关系国家金融安全，也关系金融企业的长远发展。这个问题是未来金融界领袖及其决策者必须解决的一个重大战略课题。

抢占老龄科技战略制高点

人在年轻时就需要保健、抗衰老，进入老年期更离不开药品、护理用具、辅助器具，由此便衍生出一个巨大的老龄用品制造业，涵盖方方面面，从日常生活用品到殡葬用品，从实体用物到文化用品，从直接用品（如便携式治疗仪）到间接用品（如医院使用的医疗器具），从重复性使用的用品（如助听器）到一次性消耗品（如高值医疗康复护理耗材），从机械用品到智能化用品，从无机用品到有机用品等等，包罗万象。当然，这中间，就某一产品而言，是否属于老龄用品，有一个重要的尺度，这就是凡是满足衰老过程中产生的相应需求的产品，都属于老龄用品。例如，指甲刀人人都用，它不应当属于老龄用品。但是，如果在指甲刀上增加一只小的放大镜，这就是典型的老龄用品。因为，四十七八眼睛花，有了带放大镜的指甲刀，使用起来就十分方便。

有的不懂行的人一开始都叫老年用品。一位制造商兼销售商告诉我，他一开始也把老龄用品叫老年用品。后来发现，推销过程中，许多老年人都不承认自己是老年人，说“用不着老年用品，过几年再用”，而且各个都板着脸白眼销售人员。给中年人推销时，销售人员直接改口称之为年长人士用品，效果也不太好。这些都在其次，关键是一旦叫定老年用品，59 岁以下这些消费能力强劲的客群就直接被销售商排除在外。这就是我们为什么称之为老龄用品的用意之一，它主要指称与衰老过程相伴随的相关可以用产品来满足的需求。与此相关的产品总和以及相关供给产业部门的总和，我们称之为老龄用品业，也称之为老龄制造业。

所有老龄用品的生产都属于制造业的范畴，都有科技含量，差异只在于科技含量的多寡和层次。不过，现在，人们关于老龄用品最大的认识误区主要局限在轮椅、花镜、拐杖等简单用具上。甚至不少决策层人士也认为，老龄用品即使未来的生产规模不小，但终究难以形成支柱性产业，导致迄今为止老龄用品业发展严重滞后，国产的老龄用品技术含量低下、工艺粗糙，中高端老龄用品几乎被日本、欧美国家的公司牢牢掌控。

实际上，老龄用品品类繁多，层次多元，大多数都可以采用高科技含量技术进行生产加工；而且，唯有引入科技含量高、成本低、人性化的老龄用品才能在未来赢得市场。现在，大力发展老龄用品越来越成为所有老龄经济体制造业的共同主攻方向。如前所说，欧美、日本等发达国家早在上世纪七八十年代就已经开始布局，他们早已占领战略先机，这就是我们当前的中高档老龄用品产业牢牢被掌控在他们手中的原因。从严格意义上讲，利用金融优势和技术优势发展老龄科技，特别是抗衰老技术、保健技术、慢病预防治疗技术等生物、医学、护理以及智能化等技术早已成为发达国家企业的发展战略。抓住老龄科技创新这一制高点进行布局，抢占先机，这是发达国家占领全球老龄用品市场的发展战略，而我们国内的企业以及许多发展中国家的企业基本上还蒙在鼓里。许多国内企业甚至不少决策层人士迄今为止还停留在传统思维，看不到老龄用品业这一新经济领域。更有甚者，现有的老龄用品生产基本上还停留在面向残疾人服务的康复辅具的理念上，对老龄用品的认识还限于落后的公益性残疾人用品的发展方式上。甚至还有资深专家认为，残疾人用品和老龄用品差不多，这种落后观念基本上相当于发达国家二战前后的认识水平。残疾人的康复辅具主要是弥补功能残缺，而老龄用品不仅适用人群更加广泛，更重要的是，老龄用品产业是新型生命经济，而残疾人康复辅具属于传统生命经济，两者虽有交叉，但绝然是两个概念。在发展老龄用品的理念上，如果我们不彻底转变目前的这种落后状况，不仅我们已经被动地处于当前世界老龄用品产业分工低端的落后局面难以扭转，而且我们还会丧失未来全球老龄用品市场的应有份额，即便是国内市场我们也只能拱手相让。

可以说，中国老龄产业第一轮老龄用品业的销售红利已经被国外发达国家的企业收入囊中。比如国内近几年养老地产热、养老院热的过程中，所采集的中高端老龄用品几乎都是从国外企业进口的，国内不少同行只能望洋兴叹。道理十分简单，原因就在于我们已经在老龄科技上落后人家几十年。好在人口老龄化还在深度发展，生物医药等技术还赶不上人口老龄化的发展速度，未来的竞争空间广大而深远，我们急起直追还大有希望。

首先，从政府到制造业企业，都要树立抢占老龄科技战略制高点的意识。

只有抓住老龄科技制高点，占领全球最大的老龄用品市场才有希望。大飞机我们要自己造，老龄用品市场规模之大，是大飞机难能比肩的，我们更要自己造。这不是简单的狭隘的民族主义，而是未来走出一条应对人口老龄化的中国道路的重要组成部分。依托中国制造的老龄用品，不仅可以满足海量需求，创造经济新动能，提升经济规模，而且可以引导中国特色的老龄文化，为建设符合中国特色的理想老龄社会奠定基础。当然，我们也需要对外开放，引入日本、美国等海外高端老龄用品制造业促进国内市场竞争。

其次，政府和企业都要加大老龄科技研发投入，按照中国传统文化，结合未来新新一代老年人的新需求，设计品类繁多、层次多样的人性化的老龄用品。对于一些耗资巨大、市场潜力丰厚、投资超越单个企业承受能力的大型研发项目，例如抗衰老、慢病、康复护理特别是中医药、康复护理攻关项目，政府要斥资作为国家重点工程进行攻关开发研究。企业也要立足当前，放眼长远，不断加大研发投入，掌握立足市场、成长性好、技术理念先进的相关技术，用于投入生产。

第三，国家实行老龄科技优惠扶持政策。老龄科技应当是国家战略。未来国家将会出台一系列政策举措支持企业发展老龄用品业，包括资金扶持、税费优惠特别是政府采购等政策。因此，老龄用品制造商从现在开始，就要做好方方面面的准备，一旦政策出台，就可以成为国家扶持的对象。同时，如前所述，所有企业家都应当明确，投资老龄服务，建设所谓养老床位，这是有天花板的。相反，老龄用品大不相同，它可以游离于制造商，可以走遍天下，它的发展没有天花板。因此，即使是老龄服务商，长远看，也要瞄准老龄用品这种没有天花板的产业。对制造商来说，即使只生产一种产品，只要质量上乘、价格低廉，就可以销往全球，赚取巨大市场利润。所以，一位日本老龄用品制造商曾经说过，老龄服务商的未来在于依托服务网络发展老龄用品业。此话颇具战略眼光。

第四，老龄用品销售商要抓住机遇做好转型准备。目前，中国老龄用品业刚刚起步，相关扶持政策以及战略规划还不清晰，老百姓的消费观念还有待提升。在这种情况下，老龄用品销售基本上还处于买方市场阶段。在此阶段，制造商往往比较被动，而销售商往往处于上位。在这种情况下，老龄用品销售商需要大力拓宽和培育消费市场，借此积累雄厚资金。同时，也要深刻认识到，随着人口老龄化的快速推进，特别是随着老龄用品业的发展成熟，目前的买方市场将会转变为卖方市场，届时，销售商将日益被动，而制造商将占据市场上位。因此，从现在开始，老龄用品销售商就要树立战略思维，在赚取市场利润的同时，逐步加大老龄科技研发投入，为适应买方市场向卖方市场转变、实现销售商向制造商的华丽转型做好充分准备。可以预见，未来，老龄用品制造商将是中国制造业和智造业的重要主力军，而老龄用品业也将是10亿老年人口晚年生活幸福的保障。当然，中国老龄用品业也将是未来全球老龄经济的重要引擎。

发展新型现代老龄服务业

前面说过，养老、医疗、长期照护保障三大制度安排解决的是钱的问题。但是，人老了，光有钱还不够，还得有人提供服务。当然，和其他年龄群体一样，人到老年期也需要一般性的公共服务，这不是我们在这里要讨论的问题，我们主要讨论老年人特有的老龄服务问题。顺便说一句，社会上所谓的养老服务问题这个巨大无边的非科学概念应当扬弃。这里，我们主要从全生命周期角度出发，探讨老龄服务业的发展问题。

老龄服务业的核心是建构中国特色的老龄服务体系。从理论上说，老龄服务是全体公民老年期所有特殊服务需求的总称，外延很大，但不包含和其他年龄群体共有的一些服务，例如送牛奶等。其中，最本质性和原生性的服务需求源于衰老、疾病和健康退化，一切老龄服务形式都由此衍生。因此，界定和把握好老龄服务这一概念，根本就是要抓住衰老、疾病和健康退化这些本质性和原生性的服务需求的源头。“养老服务”这一概念的缺点是大而无当，不易分清老年人的养老需求和中青年的养老准备，挤掉了老龄金融服务的概念。“社会养老服务”仅仅强调老龄服务的社会主体，淡漠了家庭和个人这两个作为基础的老龄服务主体。如果离开家庭和个人，完全依靠社会养老必然带来诸多问题。严格来说，在养老、医疗和长期照护保障制度等老年社会保障制度逐步健全的情况下，老年人自我服务和家庭服务是整个老龄服务体系的基础，也是应对人口老龄化的重要前提。否则，未来的10亿老年人口流量衍生出来的海量老龄服务完全由社会来承担，不仅会取消自我和家庭应有的责任义务，还可能会动摇我们几千年来积淀的深厚传统价值观，而且，社会也难以承担，甚至会造成诸多社会矛盾。当然，当老年人个人和家庭无力承担相应服务需求时，就需要转而面向社会寻求老龄服务体系的支持。例如，半失能时居住在家使用居家服务，或者使用社区的日间照料服务、托老服务、公寓服务等，一旦完全失能也可以选择入住院舍型的老龄服务机构，加上邻里互助和社会慈善，这才是一个完整的老龄服务体系。简言之，在老龄社会条件下，中国特色的老龄服务体系就是以养老、医疗和长期照护保障制度为核心，以老年人和家庭自我服务为基础，以社区居家服务、日间照料、公寓服务等多种形式为主干，以院舍型老龄服务为支撑，以邻里互助和社会慈善等服务为补充，以有限政府兜底为保障，以社会化、市场化和产业化为运行机制的大系统。至于“长期照护”这一概念，它主要是针对失能老年人而言的，既包括生活照料，也包括医疗、康复护理以至临终关怀乃至精神慰藉等人文服务，它强调的是服务的综合性。因此，本文以至全书强调使用老龄服务，旨在强调老龄社会的理念、人口老龄化的内在要求以及人在衰老过程中服务需求的动态性。相比之下，其他概念都有其片面合理性，在使用时需要严格区分，即要分清自变量和因变量，从衰老、疾病和健康退化这些原生性的服务需求的源头，来理解和把握不同老龄服务的形式、内容、对象和供给主体等的差异。

我们必须清醒地认识到：养老服务是旧经济，老龄服务是新经济。中国已经身处老龄社会，解决人们全生命周期视野下的老龄服务问题，不能沿用年轻社会以“被动供养”为理念的“养老服务”，也不能够死守以兜底服务通吃所有服务乃至通吃整个老龄产业的狭隘思维，更不能以部门思维牺牲国家全局利益，而必须彻底转变传统“养老观”，转变“养老服务”理念，树立老龄服务新理念，打造适应老龄社会要求、以终生自主自立自强新理念为引领的新型现代老龄服务业。面对未来 10 亿流量的老年人口强大阵列，采用传统的“养老观”，采用“被动供养”的“养老服务”，必然会把中国老龄社会引向挑战叠加、压力剧增、矛盾百出的深渊。我们必须面向全社会、面向全体公民培育终生自主自立自强的新生命观，引导人人自我主动积极准备老年期生活，引导家家充分发挥代际相互扶持的亲情文化优势，引导全体公民利用市场机制自主抉择积极主动的老年期生活方式，政府和社会只是在个人和家庭无能为力的情况下提供坚实保障，如此方能从源头上降低老龄服务压力，降低老龄服务的总成本，分散老龄服务压力带来社会危机的风险。

现在，许多老龄服务企业已经备受“被动养老”的“养老服务”旧理念之苦。按照“被动养老”理念设计的服务产品，老年人及其家庭难以接受，市场运行效果不是亏本就是在亏本线上挣扎。相反，那些敏锐的老龄服务企业家已经悄然改变服务理念，在服务产品设计和服务方式上不断创新，市场效果喜人。实际上，许多企业界人士现在终于弄明白一个道理：老年人是自主的人，如果仅仅是被动供养，给他们提供吃喝看病甚至送终，这和养犬马没有什么两样。一位老总索性告诉我：“按照被动供养的养老服务运行让我吃了大亏。现在我做的老龄服务，最高境界就是帮助老年人自主自立，我们服务商就是个帮助者，让老年人自己作主才是我们的宗旨。我们再不敢妄想为老年人安排生活了。”的确，老龄服务商如果做到这一点，基本上可以算是掌握了老龄服务的奥义。

不过，发展老龄服务业还有许多问题，例如土地、税费优惠、行业标准、人才队伍、质量监管以及老龄服务制度性的经费来源安排。这些问题已经基本明确，国家也出台了一系列政策举措，现在的问题关键是体制机制，相信这些问题都会得到解决。但最难的还是理念问题。因此，对于老龄服务业界来说，转变自身的发展理念相对容易，问题是还要肩负培育全民的全生命周期意识。既要帮助人们减少老龄服务需求，还要在人们一旦产生服务需求时能够无缝对接，提供人们内心期望的老龄服务。这就是老龄服务新经济不同于养老服务旧经济的关键点。

需要提醒的是，对于从事老龄服务的企业来说，虽然提供服务不像制造老龄用品那样没有天花板，即发展床位在总量上是有限的，但是，通过居家、社区和院舍机构服务，可以建立稳定的服务网络，这个网络的发展空间远远大于发展服务床位本身，而且，依托网络，发展老龄服务既可以向纵深层次推进，更有可能向其他领域进军。比如，拥有庞大的服务网络，要发展老龄用品就有了销售渠道，这是制造商所不具备的。总之，天下商业，不能空想论道，而是需要具体而微，进行长远设计。做好老龄服务业的文章，我们现在才刚刚开始。

转型发展新型现代老龄房地产业

房地产问题现在是全国人民最心焦的问题之一，这种状况亘古未有，未来被房地产绑架的这种历史性尴尬状况希望能够彻底扭转。此种“现代经济”显然不是人性化经济，这种发展模式是发达国家带的头，我们又把它推到了极端状态。看来，这种模式的房地产经济已经走到头了，根本不符合绝大多数人们的意愿。也许，这种经济游戏正是年轻社会走向衰落的一个标志，老龄经济应当有新的发展模式。漫长的人类历史，人们被肚子问题绑架，现在，人们被住房问题绑架，也许，这也是人类发展必经的历史阶段。人们只有在不被绑架的情况下才能真正创造自己的历史。否则，人类历史就是史前史（马克思语），或者说是半人类史。

老龄房地产是一个新概念，也是老龄社会条件下的新经济。其精义就是要为各年龄段人群创造良好的宜居出行硬件环境。如前所述，最近几年有许多类似概念，“老年宜居”就是其中一个。表面看，似乎照顾到了老年人的需要，但仔细深入分析就会发现这是一个“挑事”的概念。好了，老年人合适了，其他人比如年轻人呢？显然，这个概念经不起逻辑推敲。如果仅仅是为老年人居住，这个概念勉强还可以说得通。但即使如此，也是经不起严格推究。它暗含的潜台词是排斥其他年轻人口，或者说是把老年人口和年轻人口割裂开来对待，这不符合老龄社会条件下促进老年人和年轻人共融发展的理念，也不利于社会融合和社会和谐。现实中，我们很多不合理的事情就是基本概念未经严格论证就匆匆出台政策，从根子上来说，老年宜居的概念深层次看就是头疼医头、脚疼医脚，短线思维，造成当下问题解决了，长远看遗患无穷。实际上正是爱因斯坦所说的，用制造新问题的办法解决旧问题。从长远来说，老龄房地产业就是要按照促进代际融合、提高生活品质、升华人性层次的理念，根据长寿时代全生命周期的客观要求，全面改革现有房地产经济发展模式，以年龄友好型建筑设计理念为具体引领，建设和改造全社会硬件设施，为人们度过圆满长寿人生创造良好的宜居环境。要做的事情很多，困难很多，商机无限，值得期待，更需要积极参与。具体来说，至少包括以下方面：

第一，要对未来覆盖全人口的老龄房地产市场进行中长期的专项规划。在这方面，我们已经吃足了没有长远规划的亏。要根据人口发展态势特别是人口老龄化态势对未来的房地产需求趋势（从现在到 2100 年）作出科学预测。只有弄清需求的涨浮起落，才能确保房地产市场宏观调控做到收放自如，彻底改变被房地产绑架的被动格局，也才能为房地产商提供引领，明确主攻方向，而不是陷入被动打压或者有空可钻便投机的两难困境。同时，要正确引导房地产消费需求，着力解决房地产市场扭曲的外围压力，例如，改革公共财政结构，加快改革土地财政恶性循环；加快城镇化进程，重点建设中小城镇和卫星城镇，引导房地产消费从大型城市向中小城镇转移，为大城市房地产价格消肿；加快教育、医疗、交通等多项配套，促进优质教育、医疗等资源向中小城镇和卫星城转移，消除学区房、靠近医疗设施房地产价格畸形疯涨等现象。要深化改革房地产市场价格形成机制，确保大型城市畸高房地产价格稳中有降、中小城镇偏低房地产价格适度提高，促进全国房地产市场迈向合理稳健发展轨道。

第二，新建房地产必须符合年龄友好型建设设计标准。现有的住房建筑设计标准已经远远落后于老龄社会的需要，不符合长寿时代的客观要求，单方面出台的老年建筑设计标准长远看也会带来诸多隐患。为此需要彻底转变观念，全面梳理现行建筑设计标准规范以及相关法律法规，加快制定新型现代老龄房地产建筑设计总纲和系列配套标准规范，通过法律提升执行的强制性，不符合者禁止交付使用，杜绝未来进行二次重新改造的风险。房地产商更要树立前瞻意识，研究年龄友好型建筑设计的落地操作标准和做法，调查和引领消费者的房地产新需求（如老少两代居等）。这是未来占领市场制高点的关键，也是未来房地产市场的主攻方向。现在，许多房地产商看好未来的老龄房地产业需要，这个方向是正确的，但其关键点在于要抓住年龄友好型市场需求。这就需要充分研究现有房地产资源和未来新开发房地产资源的关系。简单地说，除了瞄准没有住房的客群外，还要充分深入研究已经有住房的客群与新开发房地产资源如何通过置换、大小互换、远近互换、腾老换新或者资本运作等手段实现打通、盘活，而不能划地为牢，建好房子等待客人上门。此外，政府调整房地产市场，建设廉租房时不能头疼医头，要树立长远眼光，设计时要为未来的适老化改造预留空间和余地。

第三，加快老旧城区住房和公共服务设施的改建改造。如前所述，现有全社会的硬件设施包括道路、住房和小区建设以及公共服务设施，基本上是按照年轻社会的功能需要设计的，既不符合越来越多的老年人的需要，也不符合年龄友好型的设计理念，更不利于长寿时代人人全生命周期宜居的高层次要求，已经造成许多不适应的问题。其实，有些老龄问题并非人口老龄化带来的，而是我们缺乏长远眼光的建筑设计理念滞后于人口老龄化的客观需要造成的。因此，在新一轮城镇化推进过程中，特别是在原有城市的再城市化过程中，要在改建设计环境、建设环节、验收环节增加年龄友好型理念的强制性要求。特别是在普通楼房和高层楼房加装担架电梯间（有条件的还可以加装医用电梯），小区环境、坡道、内室等相关设施进行无障碍改造，楼道和室内灯光改造等诸多方面，都要按照年龄友好型理念要求，进行通用设计和改造。在这方面，我们的所有城市和农村的短板巨大，要补的功课很多，但也商机无限。这也是未来新一轮老龄房地产热的一个大好机遇，需要房地产商提前准备，学习澳大利亚、日本等国经验，创新商业模式，争取找到一条房地产业发展的新路子。

第四，要在房地产中介业务上大做文章。未来，随着人口老龄化特别是高龄化的推进，年轻人口不断减少，特别是独生子女一代父母即将迈入老年期，一对夫妇拥有几套住房的情况将十分普遍，尤其是新建房地产需求逐步萎缩的背景下，房地产需求供给态势有涨有浮，但租房市场和房地产中介市场将面临前所未有的成长性新机遇，现有住房和公共服务设施的盘活和互换业务，将大幅稳定增长。这也是房地产中介组织转型升级发展、向巨无霸集团公司迈进的难得战机。这就需要这些中介机构树立前瞻意识，和建筑商、投资商建立战略合作关系，开发新业务，而不是简单地坐地等待买卖双方上门。

第五，要全面做活现有房地产资本化市场。中国当前的老年人年轻时普遍收入不高，在长寿风险日益加剧的情况下，度过漫长晚年生活普遍面临现金流匮乏的突出问题，但他们大多都有一套以上的住房，尤其是在发达城市的老年人拥有 2 套以上住房的人更多。如何运用金融手段，将巨大的房地产固定资产通过资本化变现，既可以解决老年人现金流匮乏的问题，也可以将其变现成为中青年的创业基金，或者补充生活用度。这是当前和未来“未富先老”背景下，应对人口老龄化的重要金融策略。目前，人们囿于“以房养老”这种制造社会矛盾的理念和观念、法律、政策和文化等原因，没有看到巨额房地产资源盘活后的财富效应，更没有想到运用金融手段盘活房地产市场、为畸形房地产市场消肿的作用。我们几代人被房产奴役，被巨额固定资产绑架，造成年轻时创业受限、老来受穷、现金流缺乏，这种状况值得全社会重新深刻反省。当然，要盘活世界上最大的房地产，既没有先例，又缺乏资本运作理念、金融观念、现代文化和政策法律作支撑，我们面临的困难很多。囿于篇幅，这里不做深入讨论，留给以后研究。但需要强调的是，从全生命周期角度看，度过漫长长寿人生，我们倾力投入出去的巨额代价，不应当全部留给下一代去滋养懒惰精神、消弭民族创新精神，而应当树立代际共享理念，将它盘活，供几代人共同享用。同时还需要强调，目前“以房养老”面临的困境主要是创新不够、本土化不够，当然时机也不合时宜。未来可以预见，盘活中国这一世界上最大的房地产资源，为应对 10 亿老年人口长寿洪流到来提供强大的支持，这是千家万户、房地产界、金融界乃至国家都要思考并予以解决的重大战略问题。

慈善是最大的经济

现代市场经济有残酷的一面，也有温情的一面。我们不能单方面看到资本逐利的一面，更要看到只有人性化才是可持续合理逐利的根本大道。经济发展从唯利是图转向注重合理逐利和人文关怀相结合，这是工业革命以来市场经济经历无数经济危机、无数市场挫败后得出的颠扑不破的经济“大道”。

人类经济发展到老龄经济这种新经济阶段，既是以往唯利是图传统市场经济教训的总结，也是未来长寿时代生命经济和人文经济的重要标志。全体社会成员特别是决策者和企业界，都要充分认识老龄经济的人文内涵和生命底蕴，如此方能赢得老龄经济的大发展大繁荣。否则，未来 10 亿老年人口的流量将会摧枯拉朽，大浪淘沙，抛弃那些唯利是图经济模式的商界短视者，而拥戴一大批代表老龄新经济的龙头企业、领军人物及其追随者！

参考文献

1. 钮先钟. 现代战略思潮[M]. 台北：黎明文化事业股份有限公司，1985.

2. 刘伟. 工业化进程中的产业结构研究[M]. 北京：中国人民大学出版社，1995.

3. [日] 山本二三丸. 人本经济学[M]. 王处辉译. 北京：东方出版社，1995.

4. [美]詹姆斯 · H · 舒尔茨. 老龄化经济学[M]. 裴晓梅，等译. 北京：社会科学文献出版社，2010.

5. 高见. 老龄化、金融市场及其货币政策含义[M]. 北京：北京大学出版社，2010.

6. 莫龙. 中国的人口老龄化经济压力及其调控[J]. 人口研究，2011，(6).

7. 刘纪鹏. 资本金融学[M]. 北京：中信出版社，2012.

8. 包玉香. 人口老龄化的区域经济效应分析：基于新古典经济增长模型[J]. 人口与经济，2012，(1).

9. 郑秉文. 中国养老金发展报告2012 [R]. 北京：经济管理出版社，2012.

10. 刘生龙，郭炜隆. 人口老龄化与经济增长[J]. 老龄科学研究，2013，(7).

11. 李江波. 2012 年老龄宏观经济学研究进展[J]. 老龄科学研究，2013，(3).

12. 尹隆. 养老地产开发和经营中的信托融资问题研究[J]. 老龄科学研究，2013，(4).

13. 杨晓奇. 基于人口老龄化视角下的产业结构调整[J]. 老龄科学研究，2013，(5).

14. 党俊武. 老龄金融是应对人口老龄化的战略制高点[J]. 老龄科学研究，2013，(5).

15. 张同功，董振兴. 构建我国老龄产业金融支持体系的基本思路[J]. 老龄科学研究，2013，(6).

16. 邹华，马凤领. 养老机构服务纠纷的主要特点及其应对[J]. 老龄科学研究，2014，(6).

17. 席恒，任行，翟绍果. 智慧养老：以信息化技术创新养老服务[J]. 老龄科学研究，2014，(7).

18. 伍小兰，魏彦彦，曲嘉瑶. 中国老龄用品业的现状分析与对策研究[J]. 老龄科学研究，2015，(11).

19. 朱晓，吴敏. 资产建设视角下农村养老模式探索[J]. 老龄科学研究，2016，

(3).

20.张丹萍,李军.中国区域老龄产业市场潜力测算与分析[J].老龄科学研究,2016,(4).

21.郭正模,孔令阳.大数据背景下老龄产业统计的新途径探讨[J].老龄科学研究,2016,(6).

22.胡金荣,王丹.城市老年住宅产业发展轨迹分析[J].老龄科学研究,2016,(8).

23.王小龙.基于福利多元化理论的融合式养老模式研究[J].老龄科学研究,2016,(8).

24.张盈华.关于保险业参与养老服务业的再思考[J].老龄科学研究,2016,(11).

25.汪连杰.PPP模式在我国老龄服务业中的应用研究[J].老龄科学研究,2016,(12).

26.王丽民.人口老龄化经济学分析的新进展[J].老龄科学研究,2017,(1).

27.张同功,白飞野.发达国家老龄产业融资支持的经验及启示[J].老龄科学研究,2017,(2).

28.叶妍,陈之心,赖征田,等.老龄用品使用状况及其影响因素[J].老龄科学研究,2017,(6).

29. Masson, P. R., Tryon, R. W. *Macroeconomic Effects of Projected Population Aging in Industrial Countries* [R]. IMF Staff Papers, 1990.

30. Fougère, M., Mérette, M. *Population Ageing and Economic Growth in Seven OECD Countries*[J]. Economic Modelling, 1999, 16(3): 411-427.

31. A · Prskawetz, Th. Fent, W. *The Relationship between Demographic Change and Economic Growth in the EU*[J]. "Walter" Demographic Impact Study 2006, 2006.

第十七章 用好纳税人的钱

"好牧羊人的职责是剪羊毛，而不是扒羊皮。"

——[意]提布瑞斯 · 凯撒

长寿时代需要新型公共财税体系

我们的公共财税体系目前还是年轻社会的产物，准确地说也是短寿时代的产物。如果不加快全面深化改革步伐，将会面临巨大长寿风险的严峻压力，甚至会面临深刻危机。从发达国家的历程来看，公共财政体系因为人口老龄化受到深层次拖累、经受长期赤字乃至崩溃（希腊）的情况，已经成为发达国家政要的棘手难题之一；而且，由于各种原因特别是由于积重难返，应对人口老龄化题中应有之义的公共财政体系的改革常常会引发社会危机，甚至导致总统下台。值得清醒和高度关注的是，迄今为止，我们关于人口老龄化和高龄化特别是未来超老龄社会条件下的10亿老年人口长寿洪流对现行公共财税体系形成巨大压力的重大挑战问题，还没有引起全社会和相关部门的充分关注，也缺乏深刻的预见性全景认知，更缺乏中央要求的面向中长远应对战略的顶层设计，这是值得高度重视的！

公共财税体系是国之重器中的重器！战争年代靠公共财税体系打赢战争，而和平年代则要靠公共财税体系保持江山稳定。从古到今，战争年代的公共财税问题相对容易解决，而和平年代的公共财税问题则更难应对。这也是江山易得难守的重要原因之一。尤其值得引起高度重视的是，公共财税体系保持稳定的前提是源源不断的年轻劳动力。有了源源不绝的纳税主体人口流量，公共财税体系才能稳定。但是，这是年轻社会的情况。进入老龄社会以后，随着拉车人减少和坐车人增多，也就是纳税人减少和用税人增多的历史性转变，原有公共财政体系必然面临诸多矛盾、困难和问题。从某种意义上说，历史主要是器变而道不变，但是，人口老龄化给公共财税体系带来的变化不仅是器变，道也变了。当前和未来，人口老龄化给公共财税体系带来的挑战可能是前所未有的，其中一些可能还是颠覆性的，必须引起高度重视，决不能掉以轻心！

毋庸赘语，改革现行适应年轻社会、没有对全体社会成员长寿风险进行战略考量的公共财税体系，逐步建构适应老龄社会要求的新型公共财税体系，已经箭在弦上、势在必行！从长远来说，由于人口老龄化特别是高龄化的快速发展，特别是在年轻纳税人口不断减少的背景下，应对未来 10 亿老年人口滔滔巨浪到来引发的公共财税压力以及公共财税理念的颠覆性转变，要求改革现有公共财税体系在本质上不是要改良修补、小修小改，而是要进行系统性重建。

既然是系统性重建，就需要明确老龄社会条件下的公共财税体系应当是什么这样一个根本问题。没见过老虎，现在只好先看看猫长什么样。但是，遗憾的是，纵观全数已进入老龄社会的发达国家的公共财税状况，大多乏善可陈，研究来研究去，教训多于经验。而且，像中国这种人口巨无霸国家，如何从财税体系上应对史上规模最大的老年人口流量，根本没有可资借鉴的对象。最终，和其他许多重大问题一样，中国只能走自己的路。这其实也是我们不得不倡导中国式发展道路的一个重要原因。那么，未来的适应老龄社会要求的公共财税体系究竟应当是什么？我们还真得静下心来，重新审视。虽然我们目前还难以描画其具体样貌，但当下至少应当把握好以下几个方面：

第一，要从治国理政的高度重新认识老龄社会条件下中国公共财税体系的长远发展问题。财税稳，天下定。利益长期均衡才能确保国家长治久安。

我们经历的漫长历史都是老年人口占比较小（4%以下）的历史，未来，老年人口将三分天下有其一。假定从全局考量，如果少儿人口、成壮年人口和老年人口三大群体利益大致能够均衡，社会才不会出乱子。家庭、单位同样也是如此。因此，未来三大年龄群体三分天下的客观态势要求我们从现在起，就要树立年龄平等理念，从治国理政的高度重新认识年轻社会形成的固化的现行公共财税体系，从国家长治久安的高度增强改革现行公共财税体系的重要性、紧迫性的战略认识。第二，要按照主动适应老龄社会要求的导向改革公共财税体系，并纳入全面深化改革的总盘子。现行公共财税体系根本无法应对未来的10亿老年人口流量的冲击，这是目前就可以得出的基本判断。现在的迫切任务之一，就是要梳理现行公共财税体系不适应老龄社会要求，特别是不适应纳税人口减少、用税人口增多、长寿风险加剧等客观形势的问题清单，以便弄清改革的突破口。第三，要以“新两步走”战略为指导，加快研究应对人口老龄化的公共财税中长期发展战略。根据未来人口老龄化发展态势和发展阶段，特别是未来10亿老年人口队列态势，分析“新两步走”视野下中长期的纳税总量需求、税源结构变化特征，以及开源节流的新的主攻方向，制定中长期的应对战略策略以及配套政策措施。第四，加快研究老龄社会条件下新型公共财税体系的理念、体制机制、主要内容等重大问题。第五，要在全社会树立全生命周期的国家财税新理念。主要是引导全体社会成员按照全生命周期安排纳税用税行为的新理念，争取终生自主自立自强，少用税多纳税，贡献社会，帮助他人，积极主动为应对老龄社会作出努力。

长线作战放水养鱼

我们目前尚处于老龄社会的初期阶段，老龄经济这种新经济开始生发萌芽，原有年轻社会的经济单位转型发展老龄经济也正处在摸索阶段。当然，未来的潜力和前景是毋庸置疑的。针对这一情况，我们需要树立新的涵养性财税理念，防止杀鸡取卵，以长线作战的眼光，放水养鱼，确保老龄经济企业在起步阶段轻松上阵，快速成长，壮大后再据实取税，实现老龄经济和相关税收双赢的目标。

首先，树立培育适应老龄经济要求的新型公共财税理念。未来的老龄新经济不仅潜力巨大，而且涵盖方方面面。未来的老龄产业不仅前景广阔，而且横跨所有产业。如何培育老龄经济和老龄产业，当务之急是要分清老龄经济、老龄产业与非老龄经济、非老龄产业的界限，在税收政策上实行两个标准、两种待遇。目前，现实中最大的问题是对这两类情况不加区分，其结果是老大象和刚出生小象同等纳税，老象负担减不下来，小象还长不大。有的财税管理者甚至认为，市场经济就是所有企业同等待遇，统一的市场需要统一的规范，包括税收标准。更糟糕的情况是，现在的公共财税领域还没有认识到老龄社会的革命性以及老龄经济的重要性。这种状况亟待扭转。长远来看，在年轻经济逐步衰落、老龄经济逐步崛起的大背景下，没有公共财税观念上的创新，看不到公共财税源头即年轻经济和老龄经济两种经济形态在未来格局上的这种历史性转变态势，就不可能有公共财税发展的战略眼光，也不可能有公共财税的有效配套措施。在这种情况下，要把公共财税体系做大做强是不可能的。目前，中国经济正在面临下行态势，但也面临老龄经济有可能对冲甚至拉升经济走向平稳发展的重大机遇，如果在公共财税理念上不作出创新，不分别对待两类经济，我们恐怕要付出惨重代价！

其次，把大力扶持老龄经济和老龄产业作为公共财税的重大国家战略。要从财税的角度，梳理老龄经济和老龄产业清单，研究制定扶持计划，出台扶持产业目录，制定强有力的配套财税政策。要进行科学精算，采取递延税等新理念，对老龄经济企业实行分阶段的财税政策。当然，做好这些事情涉及许多经济部门，这就需要在国家层面做出决策，相关部门具体执行。

从发达国家的情况看，美国、日本高度重视老龄经济，也采取了许多包括财税政策在内的扶持政策。2008 年以来，随着经济复苏乏力，许多国家又出台了许多刺激政策，借以重拾实体经济，包括发展老龄经济。而且，日本、韩国、美国等国家还有进一步发展老龄经济的大动作。中国是未来规模最大的老龄经济体，也是世界上老龄产业规模最大的国家。如果我们在财税等扶持政策上短视，在全球经济一体化的背景下，我们的老龄经济就会落后于人，我们的老龄产业市场就可能是别人的，即变相为他国纳税，这种损失是一定要避免的。因此，包括财税政策在内的扶持老龄经济的重大政策，既是国家战略更是国际战略。

必须为制度花钱

全世界的财政部长没有一个觉得自己掌管的资金是足够的，也没有一位税收长官觉得税差不多收够了。一句话，公共财税永远是一个无底洞。因此，掌管公共财税实际上就是一门无底洞艺术。钱永远不够花，但该花的必须花。这第一项必须要花的纳税人的钱就是制度建设。

我们不能就事论事。当然，老龄社会的问题本身也是一个社会转型带来的问题群，涉及方方面面，而且是一个系统性重构制度的问题。这里需要强调的是，我们不能就10亿老年人进行制度设计这件事论事。否则，仅仅围绕老年人问题考量制度安排，而忽略了现在我们面对的是老龄社会的制度安排问题，结论只能是养老、医疗和长期照护三大制度安排问题。这样，我们不仅在科学研究上会陷入就事论事的窠臼，这也是目前许多相关问题研究难以深入的重要原因，而且，我们未来还会犯方向性的错误。忽略老龄社会大背景，全生命周期眼光缺失，简单地就老年人问题解决老年人问题，这是我们全国从上到下到各行业各领域应对老龄社会的最大误区！如果不予以彻底改变，我们必会付出历史性代价。而且，以这样的眼光来安排纳税人的钱，直接就是缺眼光好心肠小算计办坏事直至造成巨大社会失误，引发社会危机。这当然也是历史性犯罪。如何在制度建设上花好纳税人的钱，我们需要考量以下要点：

第一，要按照老龄社会人人普遍长寿的客观要求，结合全生命周期生活安排的实际需要，逐步系统性构建新型制度安排。纳税人是有头脑的，也是可以说服的，更是可以动员积极作为的清醒公民。要想花人家的钱，必须给人家一个令人振奋值得奋斗的重大理由。我们要从对未来全体纳税人全面负责的历史高度，逐步完善和重构我们的各项生命制度安排。要充分考量未来长寿风险，按照全生命周期的阶段性、连续性重构设计完善生育制度、0－3岁幼儿看护制度、教育制度、就业制度、住房制度以及退休制度、养老、医疗、长期照护等保障制度，形成符合生命周期各阶段要求和连续性对接、涵盖生命从孕育到终结的制度链条，建成符合中国国情、适应老龄社会要求、顺应长寿时代的全生命制度体系。这也是老龄社会条件下中国梦的重要内容，涵盖这些内容的中华民族伟大复兴才更富于生命价值和生命意义，也值得全体人民期待和共同奋斗！当然，为这样的制度安排花钱，纳税人不仅会高度认同，而且也会积极主动自觉纳税，而不是强制性被动依法纳税。

其次，梳理现行生命制度的弊病、短板和短路问题，按照新型生命制度安排的要求，做好未来各项制度资金需求流量的科学精算预测，精准测算各阶段资金需求区间，进一步对公共财税供需总量作出科学谋划，为建成生命制度安排体系奠定基础。

第三，厘清政府责任，科学界定政府兜底对象，明确有限政府底线。这是公共财税体系的重中之重。把握好扶弱济困和遏制懒惰之风的界限，确保人人终生自主自立自强，努力做到真实贫弱困难者有兜底，造血恢复机制有效能，纳税人资金使用有效率。重点是引领全体社会成员自食其力度过长寿时代。要加快完善家计审查制度和相关配套政策，确保生命制度有理念引领、落地能高效可操作。

第四，要研究老龄社会条件下公共品需求，除生命制度安排和传统政府提供的公共品之外，还要研究重大国家老龄行动计划和工程、老龄公共服务设施、老龄宜居建设改造以及老龄社会国情教育宣传、老龄文化建设等适应老龄社会的重大公共品供给需求，安排资金，确保老龄社会的软硬环境建设稳步推进。

第五，重点按照未来人口老龄化、高龄化、女性化、长寿化的要求逐步完善养老、医疗、长期照护三大制度安排。虽然目前我们正在进行改革，但从根子上讲，我们的养老、医疗保障制度中年轻社会的影子较重。例如，对长寿风险没有充分考量，医改还囿于“疾病”（看病难、看病贵的界定中预防观念严重缺失，这是典型的年轻社会的落后观念）这个焦点，全生命周期健康准备观念薄弱以及制度顶层设计、制度精神、资金长期均衡安排、保值增值等问题还没有得到妥善解决，而且，长期照护保障虽然刻不容缓但却行动迟缓。至于公共财税与这三项制度安排的长远谋划，目前还缺少系统深刻的研究。我们要做的功课还很多！

这里需要强调的是，制度是要花钱的，但正是制度所花的钱才能真正涵养大众百姓的口袋，这也是老龄经济和老龄产业的重要根基。我们的老龄经济发展缓慢，老龄产业发展缺乏动力，我们的生命制度安排没有做好是根本原因。因此，公共财税体系必须为此狠下功夫，这里放水了，鱼自然就会很快成长，再取之就是顺理成章，终局也是值得期待的。

直接为老龄产业花钱

曾经和一位国外同行探讨老龄社会的税收问题,我们都感到共同的难题是能交税的人正在减少，而使用税收的人主要是小孩和老人，其中，小孩虽然正在减少，但老人呈现激增态势。这位发达国家的专家也认同：需要按照全生命周期重新考量税收的来源和结构问题，更要结合全生命周期重新考量税收使用结构和方式问题。其中，为老龄产业直接花钱就是通行的做法。道理十分简单，现代经济主要是需求经济，花出去的钱不仅可以刺激消费，长期来看，最终不仅有利于需求经济持续发展，更有利于税收。换句话说，税收取之于年轻人，用在老人身上，最终也是换取年轻人的劳动，这当然是有利于税收的可持续良性循环。不过，无论中国还是发达国家，要说服公共财政部门，这是一件真正的难事。因为，他们常常不得不为非经济目标买单。长远来看，在成熟的老龄社会高级阶段（即便发达国家，他们离这个阶段还有很长的路要走，我们作为发展中国家就更不用说了），这些都不是问题。问题的麻烦在于，我们正处在年轻社会和老龄社会的转型阶段，而且这个转型阶段可能很长，在这种情况下，牺牲老年人的利益往往是常态，这是我们需要警惕的！我们的确需要转变观念，在老龄社会条件下，为人的老年期花钱，特别是政府为人的老年期花钱，这既是新经济的要求，也是创造新税收的来源。

对于中国来说，我们不可能走北欧模式，利用税收包办老年人的一切。实际上，即便是小国模型，采取包办的思路也是不可持续的，这也正是北欧解决老年人问题的模式面临诸多困境的根本原因。中国是大国模型，我们必须也只能摸索着走自己的道路。这里，我们主要探讨政府为老龄产业花钱的领域和方式：

第一、从需求端上要刺激老年人消费。如前所述，中老年人是社会财富的拥有者，他们不愿意花钱，这是目前东西方各国经济不振的关键原因之一。坊间一直有“引导老年人消费”的说法，仔细追究，这是一个伪倡导。老实说，人到老年期以后，特别是到高龄阶段以后，他们的消费观念、消费模式已经完全定型。谁引导也没有用，即便是政府引导、儿女苦口婆心也无济于事。例外的情况有两个：一个是大夫建议，老年人容易言听计从；另一个就是骗子，老年人往往倾囊而出甚至倾家荡产。这两个案例说明，我们在刺激老年人消费上基本上还是个外行。

最近几年老龄产业十分火热，特别是老龄服务炙手可热，其中，既有市场力量的冲动，但政府力量的冲动也不可低估。一些地方政府没有做深入调查研究就“撒胡椒面”，花了大笔的钱，效果并不尽如人意；在少数地方政府不当“引导”的过程中，少数人利用机会套取政府补贴的现象也是客观现实。这些情况说明，我们在刺激老年人消费上面已经走了一些弯路。现在大家都十分清楚了，政府使用税收刺激老年人消费的方向是正确的，但补贴的对象只能是有资格的老年人，补贴的方式也只能是非现金或购买服务。

从需求角度来说，刺激老年人消费无非老龄产品和老龄服务两个领域。在老龄用品领域，对于贫困老年人来说，可以采取政府购买、贫困老年人免费使用的办法；对于中低收入老年人，可以采取政府适当补贴优惠的办法，刺激老年人广泛使用有益身心健康的老龄用品。同时，面向中高收入老年人，政府要花钱帮助建立老龄用品信息服务和质量监管服务网络，提升老年人使用老龄用品的意识，方便老年人购买、使用、投诉。在老龄服务领域，对于贫困失能老年人来说，可以采取政府购买、贫困失能老年人非现金免费享受服务的办法；对于中低收入老年人，可以采取政府适当补贴优惠的办法，刺激老年人形成购买老龄服务的意识，通过服务获得身心健康。同时，面向低龄健康、中高收入老年人，政府要花钱帮助建立健康和老龄服务信息和质量监管服务网络，提升老年人使用老龄服务的意识，方便老年人购买、使用、投诉。其中，关键还要把握好医疗报销和防止套取医保资金的机制性安排，同时，在完善长期照护保险制度的过程中，还要把握好正确使用长期照护保险和防止套取长期照护保险资金的机制性安排。利用这些举措，通过使用少量公共财税，才能真正为贫困老年人兜底，刺激中高收入老年人消费，并逐渐形成新经济消费潜能。

第二，从供给端上要刺激老龄企业生产老龄用品和老龄服务。对于为老年人提供老龄用品和老龄服务的企业和组织，以上需求端政策的落实就是最大的刺激。同时，在起步阶段还要区别对待。长远看，无论是老龄用品企业和组织，还是老龄服务企业和组织，发展成熟之后均无需任何政府补贴。否则，吃奶的孩子永远长不大。但是，在起步阶段，可以以奖代补，也就是取得老龄用品和老龄服务质量评级之后可以拿到适当政府奖励基金。这就要求政府建立老龄产业基金，用于扶持老龄用品和老龄服务企业和组织的发展。

第三，在产业制高点上要斥巨资开发老龄科技。老龄产业的制高点在老龄用品领域，主要体现在支撑各类老龄用品的老龄科技上。为此，需要斥巨资做六件事情：一是国家层面要立项针对保健、抗衰老、老年病防治、失能老年人康复护理等重点领域进行基础理论和科技应用攻关研究，对于开发利用民族医药康复护理技术项目实行倾斜政策（包括资金和优先立项），调动科研院所等技术力量开展研究。鼓励引进性技术深度开发项目，更加注重本土化自主研发项目。地方政府也要结合国家层面的统一部署，根据实际情况开展这些领域的开发研究。力争在较短时间内占领老龄科技主要领域的自主权和制高点。二是国家层面根据现有老龄科技资源基础，利用科技园等手段创建多功能、广辐射、连成网的国家老龄产业科技园和区域老龄产业园。在新创建产业园的同时，注重发展缓慢、没有发展动力的其他领域科技产业园转型创建老龄产业园。三是建立国家老龄科技基金，用于引导实力企业开展老龄科技开发研究。对于技术力量雄厚、发展后劲不足的国有大中小型相关企业实行转型引导资金扶持政策。四是建立国家老龄科技信息平台，建立老龄科技转化机制，促进老龄科技成果变现。五是在制定老龄用品政府购买目录的同时，重点优先购买自主研发的老龄用品，对利用民族医药康复护理用品实行优先优惠购买政策。

舍得为人才花钱

近些年来，有一句话牵动各方，这就是“用工成本越来越高”。显然，说这句话的立场是企业家站位。从激发企业发展活力、促进经济增长角度说，这是无可厚非的。但是，站在职工角度看，这句话就不好接受了。不过，站在社会发展的角度看，如果经济发展了，用工成本不高，企业家高兴了，但是，发展的目标、价值和意义却失去了，这是我们这些年发展过程中需要深刻反省的一个重要问题。其中，最突出的是在为人才花钱上还做得远远不够。企业家希望用工成本越来越低，职工希望收入（直接收入如工资和间接收入如人力资源开发、继续教育等）越来越高，这是市场经济机制的必然矛盾。

这也是市场失灵的重要表现。单方面的企业家站位或者职工站位都是片面的。不过，我们实行的是社会主义市场经济，针对市场失灵，需要政府采取措施来弥补市场失灵。其中一个重要举措就是，运用公共财政政策，在调节税收的同时，还要动用税收在人力资本上加大投入（如培训教育、特殊职业津贴等），推动企业家和职工在经济运作过程中的均衡发展，最终实现经济良性增长和人们收入稳定增长。

老龄经济是新经济，老龄产业是新动能，潜力巨大，前景无限，但目前大多还属于未开发领域。如何开发，除了制定规划、健全制度、完善政策、占领老龄金融和老龄科技战略制高点之外，最重要的就是要斥巨资大力培育各级各类老龄产业管理、研发、制造、营销、服务等方面的庞大人才队伍。同时，老龄社会的人才需求是多方面、多层次的。除了需要老龄产业人才以外，还需要许多多学科人才，如政策研究、社会工作、法律、教育等各类老龄专业人才。这些人才都需要提早储备、提早安排。

首先，抓紧预测研究老龄事业和产业人才需求趋势。未来 10 亿老年人口流量产生的海量产值和巨大事业，需要巨量各类老龄产业人才和事业人才。对这个问题我们目前还没有进行过认真的研究和科学的预测。除了认识和观念的问题之外，最主要的问题是：究竟将来需要哪些类别的人才？老龄事业和产业人才的结构是什么？分行业需求量的走势如何？这些问题目前我们还若明若暗。因此，需要加快立项研究，并作出中长期的科学预测。否则，如果没有人才战略的分阶段安排，海量老龄产业市场潜力就难以变现，巨大老龄事业就没有专业性的人才去支撑。

其次，要逐步调整教育体系，建立学历、非学历老龄产业教育体系。从年轻社会转向老龄社会是人类社会的重大转型，对于教育观念、体制机制、教育结构、教育体系的影响深刻而长远。如何适应老龄社会的客观要求，对现行教育体系作出重大战略性调整，这是不可逆转的必然趋势。瞄准老龄经济，面向老龄产业，这是未来教育全面深化改革的重要主攻方向。目前，美国三分之一的高等院校都建有老龄科学专业设置，从本科、研究生各个层次都有安排，日本老龄科学的学历教育不仅全面，而且细分明确，还有各类继续教育作为重要补充，并把老龄科学专门人才培养作为国家应对人口老龄化的重大举措。相反，中国的教育体系主动跟进人口老龄化的现实需要相对滞后，学历教育尚没有建立起老龄科学的系统专业设置，仅有的老年学专业只在少数高校才有安排。这种状况和中国作为世界第一老年人口大国的国情很不相称，和未来包括老龄产业在内的整个老龄事业的要求也相距甚远，需要加强顶层设计，特别是要针对衍生出来的各类人才需求趋势，提早安排相关学历教育、非学历教育，把漫长年轻社会建立起来的教育体系转变到适应老龄社会的需要上来。特别是要针对未来 10 亿老年人口流量带来的老龄产业人才需求作出教育体系上的战略安排，防止陷入现实需要但人才储备远远不足的战略困境。这个问题目前已经成为制约老龄产业快速发展的重要瓶颈之一。必须加快行动，努力跟进。

第三，制定老龄事业和老龄产业人才中长期发展规划。10 亿老年人口的流量所需要的老龄事业和产业人才规模是巨大的，但也是分阶段的。这就需要根据科学预测，分阶段对相关人才的教育体系、职业发展体系以及奖励机制等作出统筹安排。这件事情不能仅仅靠一个五年规划，而且要作出长远考量。否则，我们将会陷入人才严重储备不足的战略困境，进而导致老龄事业和老龄产业发展缺乏后劲。

第四，要按照优先培育老龄事业和老龄产业的人才发展导向，制定实施一系列老龄事业和老龄产业人才配套政策。一是参照师范生培养模式培养老龄事业和老龄产业中需要扶持的专业人才，如在老龄服务机构中从事康复护理、社会工作的人才；二是针对收入低、流动性大的人才，实行免费职业继续教育；三是完善各类老龄事业特别是老龄产业人才的职业发展体系，梳理现行晋升政策和相关制度，打通晋升通道，鼓励各类人才脱颖而出；三是健全老龄事业和老龄产业人才薪酬政策，对收入不高的行业人才实行津贴制度，也可按照公益岗位安排相应人才。四是对从事老龄事业和老龄产业的人才根据职业收入预期情况，针对那些收入不高的行业人才在住房等关键生活保障方面实行倾斜政策；五是建立老龄事业和老龄产业人才奖励基金，对突出贡献人才实行奖励政策；六是提高老龄事业和老龄产业人才社会地位，广泛宣传突出贡献的人才。

第五，对重点领域的人才培养和使用要实行国家重点人才工程。一是实施老龄金融人才培养计划，重点培养保险、信托、证券、基金等领域面向老年期做金融准备的相关人才，鼓励老龄金融创新人才；二是实施老龄科技创新人才计划，超前部署战略性老龄科技重点项目研究，强化关键技术和通用技术攻关，推进国家老龄科技创新体系建设，建设国家老龄科技研发平台。对相关人才从立项、研发资金、研发硬件、成果转化以及人员相关待遇等多方面实行倾斜政策，重点扶持老龄产业自主核心技术创新人才；三是实施老龄服务人才计划，重点支持和扶持从事面向老年人提供生活照料、康复护理、临终关怀等综合性服务的人才培养计划；四是实施民族医疗护理振兴人才计划，重点培养民族医疗护理人才；五是实施老龄文化创新人才计划，重点培养老龄文化创新人才。

下决心为家庭花钱

去过国外特别是去过欧洲的人常常发现，许多国家的家庭公共政策十分完善，真正体现从摇篮到坟墓的理念。其中，涉及全生命周期特别是老年期的家庭公共政策也十分完善。中国的情况似乎比发达国家落后了几十年甚至更长。实际上，我们不能和发达国家作简单对比。这两者之间的差异在根子上是发展阶段的差异。我们可以借鉴，但不能通过简单对比来强化我们的民族自卑感。

长期以来，我们认为，老年人的事情是私人范围的家庭事务，甚至家庭基本上不是公共政策的重点领域。这是我们过去的实际情况，也是无可指责的。不过从长远来看，这种状况需要逐步改变。其实，从某种意义上说，目前家庭公共政策的短板，只不过是中国目前在本质上还属于年轻社会的重要特征。我们在人口上已经进入到了老龄社会，但我们的公共政策的理念、政策目标、政策工具使用对象都还没有把家庭作为重点对象。现在和未来，随着老龄社会深度发展，独生子女家庭老少两代年龄增长，各项家庭功能的弱化特别是养老功能的弱化，越来越多老人事务从私人领域外溢到公共领域，公共政策需要加快向家庭延伸，实施适应老龄社会要求的新导向将成为未来中国公共政策的重要趋势，并建立中国特色的、适应老龄社会的家庭公共政策体系，与此同时，更需要公共财税体系的对接跟进。

着眼长远看，未来的家庭公共政策体系除已有的制度外，还需要从以下方面着力并加大公共财政投入：一是公共财政要面向 0－3 岁儿童花钱，包括看护设施、人员队伍等以及父母照顾 0－3 岁儿童的相关津贴。只有这样才能提高生育率，实现在本世纪中下叶降低人口老龄化水平、防止过度老龄化风险的目标。二是针对独生子女家庭照顾失能老年父母的津贴，鼓励有条件的子女花更多精力照顾老人。三是探索实行子女看护父母带薪假期制度。四是对家庭内照顾高龄老人的低龄老人实行适当补贴政策。总体来看，发达国家家庭公共政策的经验表明，为家庭花钱，在应对人口老龄化挑战上成本低、效果明显，可以提升消费需求，也有利于减少社会矛盾。公共财政为此花钱是值得的，也是战略性的。

广开源路与节约资源并举

对于公共财税体系来说，无论是在年轻社会还是在老龄社会，节约资源都是一个硬道理。节约可以说是人类社会永恒的硬道理，它与人类处在何种社会形态没有关系。但是，人类越是进步，浪费越是惊人。可以说，浪费是人类物质繁盛的伴随现象。物质匮乏时代是没有浪费可能的。现当代，物质繁盛过程中造成的包括税收使用低效浪费的现象，中国和国外同样存在，这也是人类社会发展过程中的一个顽疾。到了老龄社会，如何节约的最大难题仍然是如何避免浪费，尤其是如何把纳税人的钱花在刀刃上，这是必须要解决的一个重大公共财政难题。至于具体问题毋庸细说，留给公共财税政策的决策者们去研究。

这里主要强调老龄社会条件下公共财政税收的开源问题。从某种意义上说，老龄经济也是老龄财税。老龄经济的范围有多大，老龄财税的空间就有多大。虽然体量有别，但这两个体系在本质上是同构的。因此，当我们说老龄新经济是未来最大的财富波，其实也暗含着未来最大的财税波。从中，可以开源的环节，以至实现公共财税体系转型发展，建构适应老龄社会的公共财税体系都是题中应有之义。但问题的关键在于，在现行年轻社会建构起来的公共财税体系向适应老龄社会方向转变的过程中，需要把握时机，牢固树立藏富于民、藏富于老的理念，否则，操之过急无异于竭泽而渔。

不过，实事求是地说，未来老龄经济乃至老龄社会还是一个尚未完全展开的历史性“戏剧”，迄今我们还只是看到冰山一角。究竟未来有哪些具体环节可以建立新的税收来源，未来的公共财政体系及其结构应当如何安排，我们还需要深入研究。不过，需要强调的是，发达国家的历史表明，老龄社会同时也是高税收社会，这是一个深刻教训。发达国家在上世纪 50 年代早早向全体国民承诺的社会制度安排，远远超出了人口发展的现实。缴税人口不断锐减，人口老龄化快速发展，结果是，高福利的税收政策日益吃紧乃至赤字甚至导致主权债务危机，这种教训是深刻的。我们不能走发达国家的老路，必须坚持适度财税理念，把握收入和支出的长期均衡，在确保向老龄社会成功转型并成为成熟老龄社会的同时，纳税人负担适度，用税人用度适中，经济与社会发展并行不悖，从而远离高税收导致政府危机乃至社会危机的陷阱。

参考文献

1. 殷理田, 乔润令, 崔树民, 田烨. 中国小康社会论[M]. 北京：人民出版社，1996.

2. 张文范. 21 世纪上半叶中国老龄问题对策研究[M]. 北京：华龄出版社，2000.

3. 何传启. 东方复兴：现代化的三条道路[M]. 北京：商务印书馆，2003.

4. 严昌洪. 20 世纪中国社会生活变迁史[M]. 北京：人民出版社，2007.

5. 陈剑. 中国离现代化有多远[M]. 北京：中国文史出版社，2007.

6. 蔡昉. 中国经济面临的转折及其对发展和改革的挑战[J]. 中国社会科学, 2007, (3).

7. [意]西塞罗. 国的治理[M]. 弗里曼编选，张玄竺译. 台北：木马文化事业股份有限公司，2013.

8. 原新, 党俊武, 李志宏, 孙慧峰. 政策科学与我国老龄政策体系的构建[M]. 北京：华龄出版社，2014.

9. 北京税收法制建设研究会课题组. 我国养老服务业税收政策创新研究[J]. 老龄科学研究，2016, (3).

10. OECD. *Maintaining Prosperity in an Ageing Society*, 1998.

第十八章 活得高死得贵

“石头是无世界的，动物是缺乏世界的，人是建造世界的。”

——[德]马丁·海德格尔

未来是暧昧的

未来的老龄社会将是一番什么景象？和 40 后以前各代人不同，50 后、60 后、70 后、80 后、90 后等以后各代人步入老年期将面临什么样的具体境况？看着比自己还老的人日渐增多，比自己年轻的人似乎还在减少，这是先辈们没有经历的历史性体验。未来学认为，未来是不存在的！原因是未来还没有来到。但是，未来终究还是要来的。所以，未来学也认为，未来又是存在的！未来学还认为，如何面对未来，这是人类历史的头等要事。因为，人类是面向未来发展的最高等生灵。否则，只关注当下，失却对未来的憧憬和谋划，人类史就会堕落成为动物史！

没有期待的未来是没有希望的。老龄社会的未来究竟如何？从某种意义上，我们今天所有相关研究、观点、理论和谋划都是对未来的某种把握。虽然总体上方向明确，但具体宏观盛况和微观境遇，特别是每一个人届时的体验现在还无从得知。不过，有一点非常肯定，这就是：未来充满了不确定性，未来对于每一个人来说都是若明若暗。未来有风险，也可能有危机。只是简单想一想 10 亿老年人口的滚滚长寿洪流，就会身生鸟肌。然而，分开来看每一个人，未来虽然充满各种不确定性，而且生理上变老不是什么好事，但从精神层面特别是从人生价值和生命体验来说，未来还有很多值得期许。也许，正是不确定性才构成人生的某种味道、某种品趣、某种魅力和某种神秘。否则，未来的一切都按自己确知的一切流程循规运行，这样的人生也是乏味的！这样的全生命周期乃至老龄社会都是不值得期待的！因此，在某种意义上说，未来的暧昧性恰恰才是人类社会的奥妙所在！

天下无奇不有。为了有一个理想的社会，生孩子是个关键，但究竟应当生几个孩子更合适。明代大文豪冯梦龙曾经提出过："生一男一女，永无增减，可以长久。若二男二女，每增加一倍，日增不减，何以食之？"他的意思是说，一对夫妇生育一儿一女，可保人口相对稳定，而且，吃饭问题也好解决。无独有偶，我国黔东南从江县占里侗寨即有此神奇人口文化现象，更有举世神奇的生育方法。在那里，每家每户一对夫妇都是一儿一女。可谓理想之极，仿佛神话世界。如果诺大一个中国均能如此，严格意义上讲，人口即使出现老龄化，老龄化程度也不会演变到过度状态。不过，这是做不到的。生育即便在技术上可以做到，但影响生育的还有观念、恋爱、婚姻、家庭、经济社会发展水平以及生活方式等方方面面。这就复杂了。

未来是复杂的

自从 20 世纪末叶以来，科学理论界发生了一场思维方式和研究方法的深刻革命。从牛顿以来，我们的思维方式基本上定位在还原论上，即万事万物可以细分，如分子可以还原到原子等等。再复杂的事物，通过分开解析，就可以找到它的原因。例如机器可以拆成零部件，重装后仍然具有原来的功能。但是，科学家们发现，许多自然、社会现象即便向下还原到若干层次，虽然可以找到低一层次的规律，但无法解释组成起来的高一层次事物的规律，而且无从预测。例如，从亚里士多德开始，人们就注意到整体不等于部分之和，但这一哲思没有引起普遍关注。随着科学事业的不断进步，特别是随着还原论解释功能日渐乏力，人们开始关切高于机械论思维的生物学现象、社会学现象和心理学现象。例如，如果把人体各个部分分离，人就会死，人整体所具有的属性就会不可逆地消失了。更重要的是，弄清人体器官各自功能仍然无法解释人的行为。至于由众多人构成一个社会组织，该社会组织就会产生新的性质。这些都很难作出令人信服的解释。在这种背景下，新的理论和方法产生了，这就是复杂性科学。

复杂性科学产生的时间不长，而且还远未成熟。但是，它蕴含的创新理念和方法代表目前国际科学理论界的前沿，也是未来的发展方向。复杂性科学也被誉为“21 世纪的科学”。简单地说，传统科学的使命在于追求简单性，而复杂性科学在于突破还原论，针对复杂性现象，提出新的研究方法，致力于把科学从线性的、确定的、有序的传统领域扩展到非线性、不确定和无序的领域。如果把科学研究的领域比作大海，那么，复杂性科学的兴起让我们认识到，传统的简单性科学只是科学海洋中的一个个孤岛，围绕着这些孤岛是更加无边无际的复杂性大海。

采用复杂性科学的眼光来看老龄社会的问题，许多问题的解决可能会有新的答案。的确，自从有人类历史以来，我们的社会主体结构一直非常年轻。为什么人类在历史的通道上走着走着就“老了”？更重要的是，未来的老年人多，年轻人少，人类社会将会面临什么样的历史境遇？人类应当如何应对这些史无前例的新问题？过去的所有经验似乎已经完全失灵。此外，发达国家虽然经历老龄社会有一定历史了，但几乎都没有成功应对的经验。这更加放大了人们应对老龄社会的不安情绪。也许，复杂性科学可以提供一个新的理论方向和应对门径。

老实说，目前全球关于应对老龄社会的理论成果主要建基于传统的简单性科学，这也许是我们对未来老龄社会没有足够的信心和可行方案的重大原因。从整个人类历史来看，从刀耕火种时的年轻状态到当代物质文明昌盛的老龄化，我们不能再简单地用悲观、消极或者积极、消极这样的简单思维来看待老龄社会了。我们需要运用前沿性的复杂性科学的思维，来重新审视从低级简单的年轻的人类社会形态发展到当代高级复杂的老龄社会新形态、再到未来更高级的老龄社会新阶段，扬弃简单、线性、确定思维，运用复杂性科学思维，找到人类社会形态转变的秘码，从中找到应对老龄社会的新战略、新路径和新境界。

从每一个能活得长寿的人来看，从呱呱坠地到终极离世，其实也是一个从简单到复杂的过程。在老龄社会条件下，每一个人如何过好一生，我们也不能再继续以往的简单人生哲学，而需要树立复杂性思维，应对生命全程的不确定性带来的人生旨趣，这是我们加入10亿老年人口泱泱长寿洪流的一个必选题目。不过，路漫漫其修远兮，唯有一条颠扑不破也不容暧昧的至大道理，这就是，无论我们如何度过长寿人生，即便到了高龄阶段，追求生命的高贵是我们每一个人作为人的最高引领。当然，人生的高贵是要靠终生全程努力。也许，这正是人类社会离开低级阶段的重要标尺，也是当代人高于原始人、未来人高于当代人的重要尺度。

高贵乃人之本

动物学研究表明，在漫长进化过程中，动物的寿命基本稳定，即使有小幅延长，至少需要百千年甚至更长时间。唯有人类这个高级动物例外，即使是在较短时间内，其寿命也可以大幅延长。中国就是一个典型案例，人口平均预期寿命从1949年的40周岁延长到目前的76岁，差不多翻了一倍，而且用时只有短短不到70年时间。日本也是十分典型的案例，与中国同期，只用了70年时间，人口平均预期寿命从上世纪50年代的64岁提高到了目前的83岁。人们普遍长寿，这是老龄社会最鲜明的特点之一，也是人类社会文明进步的重大成果。

我在中央党校的同学中有一位老兄可谓高人，能言善辩、思维机敏、眼光高远。他的口头禅是："你不用再说了，你所讨论的问题上头还有东西。"而且，一边说一边还用食指不停地指向天空，意指所讨论的问题之上还有更高层面的问题。的确是个高人。他的最大特点就是追究终极，常常能够从话锋中识别他人的认知层次，提示他人提升思维层次，向上思索，拔升认识高度。他的这个优点是许多人所不具备的。在人类长寿问题上，也存在类似思维层次和认识高度的问题。

如果仅仅是长寿，强调生命的长度，那么，这上面是不是还有更高层次的东西？显然，答案是肯定的！否则，吃好喝好活得长，这无疑于养高级动物。简单地来看，人类生命无非两个层次，一个是物质的生理之身，这是生命的低层次基础；另一个就是精神的无形之心，这是生命的高层次引领。如果仅仅是追求低层次的生理之身的长时段存续，而失却高层次精神层面的引领，这样的长寿生命是没有价值的，也是没有意义的。所谓“好死不如赖活着”的哲学即是如此。因此，古往今来，人们在追求生理之身长寿的同时，更加关切对生命意义和生命价值的追求。这也是人们越来越重视生命的高度、深度和宽度，而置生命的长度于其次的基本原因，更是现代以来安乐死背后生命伦理、生命哲学考量的终极依据。

理论上，人类追求的精神层面无非三项，一曰求真，二曰求善，三曰求美。和低层次、重复性、没有深度的生理欲求相比，追求真善美不仅层次高，而且深而无涯。具体来说，食色等等欲望原属于动物本能，追求本能欲望的满足只能把人降低到动物层次，而真善美是人自己创造出来的，追求真善美是人之为人的重要标志，不仅可以帮助人超越本能欲望，而且引领人在人之为人的高层次轨道上越走越远、越走越深，不断向新境界迈进。这是人类社会文明进步的目标、动力和标尺，也是人性的奥秘。借此，人类把自己从动物界超拔出来，成为源于动物又高于动物的伟大存在。

不过，对真善美的追求只是人性塑造的三个层面，在此之上还应当有东西。否则，缺乏统摄性的人性指归，不仅无法把握人性，更重要的是无法把人和人区别开来。从先秦以来，孔孟韩非荀子以及苏格拉底、柏拉图和亚里士多德等先哲都讨论过这个人类首要问题。什么是人？人性是什么？是性善还是性恶？对这些问题至今没有共识性答案，原因就在于真善美等只是人性的三个层面。在此之上还应当有一个统摄性的人性诉求，这就是人类的高贵。人之为人的根本就在于人的高贵，失却高贵的诉求，即便是求真的大科学家也会在人性上黯然失色，即便是求美的大艺术家也会在人性上丧失光辉，即便是求善的大慈善家也可能在人性上出现折扣。因此，高贵才是人之为人的最高尺度。即便穷困潦倒，做人的高贵是不能让渡的。借由高贵，人不仅把自己从动物界超拔出来，而且把自己从原始状态拔升到高级阶段，同时，在人与人之间也分出高下，警醒人们追求做人的高贵，远离陷入动物境界的卑贱！

从某种意义上说，人类历史就是一部人类追求高贵的历史，也是人类远离动物界在高贵轨线上渐行渐远并不断迈入新境界的历史。在漫长短寿时代的年轻社会，人类困于物质匮乏，但追求高贵的诉求连绵不绝。进入长寿时代的老龄社会，人类有了繁盛的物质条件来追求精神的高贵，人类终于可以按照自己的意志创造自己的历史（马克思语），终于可以突破低层次物质欲求樊篱而承继高贵人性指归，在从低层次人到高层次人的征途上奋力前行。这是我们认识和把握应对 10 亿老年人口长寿洪流的总精神、总基调和总引领。

从全生命周期看，人生其实也是一个人成为人的形塑历史过程。如前所述，孩童阶段人离动物界更近，而老年期阶段人则离人更近。当然，这并不是说，小孩卑贱而老人高贵。它的精义是指：对于同一个人来说，贯穿生命全程的总指归是做人的高贵的终极诉求。当生命个体从呱呱坠地穿行孩提阶段、少年阶段、青年阶段和壮年阶段到达越来越长的老年期阶段，才可能真正拥有做人的顶峰体验，这就是高贵不坠的精神品质。这，恰恰是我们现在最缺失的。我们鼓励人们学知识、做善事、追求审美境界，却渐渐失却了绵延整个人类历史追求做人高贵的根本。

由此来看，在长寿时代，人们活得越来越长寿，除了身体健康之外，把做人的高贵作为我们追求生命价值和生命意义的终极指归，这是我们应对人口老龄化、应对10亿老年人口长寿洪流和人人应对生命全程的根本。生前贵重，死后尊荣。这应当是未来我们每一个人走完生命全程的总评价。

人生的高贵就是高贵的人生

据称，现在是“屌丝时代”。人的生命在理论上讲是贵重的，但在实际生活中很多人过的却是“屌丝”的日子，生命似乎十分低廉。比起美国，我们的偿命赔偿才几十万元。因此，许多人看到高贵两个字，可能不一定能够马上接受。但夜半梦醒，即使是“屌丝”也会思考，我真的就这么一文不值吗？换成腰缠万贯的富翁，他们也常常感叹；“穷得只剩下钱了。”至于老富翁做慈善公益者，比比皆是。说明无论“屌丝”还是富翁，人们内心深处都还有一个“不甘”。这个“不甘”，追究来追究去，除了自己对自我价值和意义的确证，就是他人和社会对自己价值和意义的认同。其实，这正是人性中最高贵的品质。所以，心理学大师艾里克森认为，人在成长过程中，也就是在社会化的各个阶段都会遇到各种心理问题，如果成功解决这些问题，人就会表现出积极的反应，反之就会出现人生危机，他称之为认同危机。在艾里克森看来，他人和社会的认同是人们生命中最深层次、也是最高层次的诉求。换言之，只有得到同类认同，这才是人作为人最本质的要件。实际上，这也就是人类不同于动物、人区别于人的高贵品质。除此，我们再也找不到高于这一诉求、能够标志人作为人的其他品质。

高贵不是身份显赫，不是腰缠万贯，更不是门第显耀。高贵是一种精神状态，就是人对人作为人的尊严、价值和意义的不懈追求，从自觉意识开始到意识丧失为终。人的高贵是至高无上的，每个人都有自己独特的高贵，没有高下之分。相反，卑贱也是一种精神状态，其基本含义是指人已经丧失人作为人的尊严、价值和意识。

人生从全程来看是复杂的。这个世界上没有绝对的高贵之人，也没有绝对的卑贱之人。极端来说，强奸犯同时也可能是个大孝子。就日常来说，我们每一个人有可能都或多或少地给卑贱留出一定的空间。所谓人无完人，其实根子也就在于人性中间高贵的诉求和卑贱的利诱甚至胁迫之间的拉据战。高贵占上风说明这个人是高贵的人，而卑贱占上风则说明这个人是卑贱之徒。不过，即使卑贱之人也会有对高贵的深层反省。所以，判定一个人是否高贵不能仅凭一时一事（当然，即使是一时一事也不能超越做人的底线），而是要全生命过程考量。这说明，要想获得高贵的人生，需要人人终生努力，不能间断，直达生命的老年期高贵而终。

我们都知道，小孩经常会问大人一些颇具哲思的问题。比如小孩不想睡觉，谎说肚子痛，妈妈劝其闭上眼睛睡觉，就不会痛了。这时候，他突然会问到：闭上眼睛，那痛去哪里了？仔细回味，这真是个哲学式的提问，颇有天问的意味。大人当然回答不上来。因为，孩子和母亲用的是两种不同的语法体系。回过头来我们再看看老人，他们往往不关注眼前的事态，而是常常沉浸在过往的回忆当中。有兴奋，有荣光，有哀叹，也有忏悔等等，内心世界十分复杂。穿过这些回忆，实际上老年人的全部心理活动只有一个主题，这就是回顾一生，总结提炼，蒸馏出人生智慧，以便传给后人。而且，奇怪的是，老年人的这种心理活动是不自觉的，仿佛是上帝安排好的。所以，人们常常说，人一旦经常回忆甚至沉浸在过去，这就是衰老的标志。那么，从全生命周期看，幼童期人是面向未来的，青年期特别是中壮年期人是关注当下的，而老年期则是面向过去的。这说明，老年期人生智慧的丰富程度，主要取决于生命前期的全部高度、深度和广度。因此，我们究竟要给后代留下什么，除了物质，更多的应当是自己人生的精神积淀。这是每一个人终生高贵的本钱，也是传承高贵于后代的“薪火”。否则，仅仅留给后代以物质财富，不仅会腐蚀他们，而且从千家万户来说，乃至从全社会来说，这才是对后代的不负责任。

造就追求高贵品质的长寿人

人类社会历史也可以看作是从自然界脱颖而出并在追求人作为人的高贵进阶上不断升华自己的历史。但是，这种进阶的上移既要有物质基础的日渐雄厚，更要有精神积淀的丰蕴，但关键还在于主体人的累代化育。没有人，没有主体，一切皆为谬谈！

我们生活在物质丰盛的时代，至少我们的“肚子”问题也就是温饱问题已经解决了。这是人类史上具有重大转折意义的根本变迁。同时，我们又迈入了老龄社会，躬逢人类梦寐以求的长寿时代。只有解决了温饱问题才可能有长寿时代。不过，在长寿时代，吃饱了肚子，人的想法就多了，问题就比过去更复杂了。总结前面方方面面的问题，归结起来无非三个问题：第一个是本代与后代的矛盾问题。现在的情况是大多数人忙活后代全力以赴，对自己的未来考量太少。过去，后父母时代短暂，带大孙子自己就该“走”了。现在和未来的情况则不同了，孩子甚至孙子都长大成人了，老人们还健在。这个问题现在连 00 后都看到了，确实需要引起高度关注。尽到了做父母的责任，如果不考虑后父母时代自己的长远生活，子女们心理上的“涟漪”会扩大，压力也会随之升高。第二个是当前和未来的矛盾问题。活得越来越长可以预见，但许多人对度过漫长老年期的全面安排目前还没有着落。当然，我们不能幼稚地等待政府向纳税人收税，然后为我们老了负责并买单。这是荒唐的。实际上，老了靠政府就等于靠纳税人，说到底还是靠我们的孩子一代。这是极端不负责任的。但实际上，我们现在大多数中年人都没有做好方方面面的充分准备。打个比方说，未来生命旅程从 300 公里要增加到 500 公里，这多出来的 200 公里的油钱现在还基本没有着落。如果不提早行动，我们许多人将直挺挺地面临还要活很长时间但没钱可用的风险！这不就是未富先老的再版吗？第三个是物质和精神的矛盾问题。我们的物质生活水平在提升，但精神生活被日益提升的物质生活欲望所控制，孤独、寂寞和灵魂空虚现象日益凸现。最为令人揪心的是一代“屌丝”，肚子问题虽然解决了，但住房、汽车、社会地位以及梦想中的财务自由毫无着落，至于未来更是无从着落，备受物质和精神双重压力，艰难挣扎。从总体来说，大多数人物质生活虽然已经衣食无忧，但几乎都是“精神难民”，躁动的心灵无处安放。这就是我们人人都深刻体验着的当代的社会浮躁。以如此浮躁的社会情绪和精神状态，我们何以走完日益漫长的长寿人生！只有沉下心来，未雨绸缪，这才是对生命负责的态度。

我们注定要以长寿而终，除少数不幸者外，人人都要历经漫长的老年期生活。如此庄严的生命现象，如果没有强大的精神引领，而只有物质生活的繁华和保障，那样的生命将会退化为动物状态。因此，对于未来世界上第一长寿人口大国的中国来说，我们不仅要从物质上保障人人富足而老，而且，更重要的是要从精神上做好充分的准备。换言之，为了度过漫长的老年期，今天的年轻人口也就是未来的长寿人口，攒钱是必须的，但精神的绸缪更是需要认真筹划的。可悲的是，人是物质与精神、灵与肉的统一体，离开精神和灵魂，人同样能够存活，但人已经不是人了，而是堕落成为动物了。这就是我们一直强调人之为人的追求高贵品质的重要性。

有的学者常常说，追求科技发达之上的物质繁华的当代社会，已经把人塑造成为追求皮囊肉身享受的动物人了。在这种情况下，谈论生命的价值和意义，讨论追求生命的高贵不仅是不合时宜的，也是奢侈的。有的学者甚至对当代人的精神生活持悲观态度。他们常常说，不要说追求生命的高贵，即便是谈到人的基本素质都不免失望。甚至出租车司机、高铁服务人员这些和人打交道的从业者也对目前中国人的素质问题持有悲观看法。如果说年轻人因为成长因素等原因有可能作出素质不高的举动，现在的问题是越来越多的老者也用他们的行动透露，我们的社会成员素质问题不容乐观。所谓“坏人变老”的说词就是明证。透过这些悲观论调和否定性评价，全社会对成员的整体素质的担忧是共同的。其实，这正是未来的希望所在。否则，对社会成员素质的漠不关心，这才是最可怕的社会情绪。

其实，中国的大多数问题主要还是阶段性问题。改革开放使我们看到了世界的角角落落，发展的坐标系和参照系已经彻底改变。我们已经形成中外特别中国和发达国家跨历史阶段比对的思维方式和考量习惯，言必称国外、骂必指国内等不满现状的舆论氛围已经司空见惯。从某种意义上说，这种状况在本质上是良性的，原因在于：不满现状才是发展的重要原动力。但是，发展只有动力而缺失理性，长此以往，必然会演变成为整体性的社会负面情绪，到头来将不利于发展。毕竟，我们和发达国家之间不仅仅是地理上的差距，而在更根本上是历史阶段的分野。

从根子上讲，社会发展的阶段是不能超越的。当发达国家已经步入后现代阶段时，我们还在补现代化的课。如果生硬比照，当然在发展逻辑上是站不住脚的。现在，糟糕的问题是，我们在当前尚不发达的情况下同样面临发达国家的问题，比如越来越多的老年人的问题，长寿的全方位准备不足却要承载世界上规模最大的长寿人口，这是我们要面对的历史性难题。但是，无论如何，隐藏在这些问题背后的国民素质问题，说穿了还是发展阶段的问题。我们经历了重视精神力量、忽视经济发展的时代，现在正在承受重视经济发展、忽视精神力量的后果。在改革开放中期，我们曾经提出“物质文明和精神文明两手都要抓、都要硬”的发展思路，其实正是某种反省。现在看来，这种认识也值得商榷。道理十分简单，精神文明和物质文明不是一个层面的东西。正如前面那位老兄的思维方式一样，物质文明上面还有东西，这就是精神文明，比物质文明要高一个层次。精神文明不是物质文明的邻居或同僚，它是统领性的、引领性的，而物质文明只是本源性的、基础性的、工具性的。否则，把物质文明和精神文明放在同一个层次的结果，就难逃经济支配一切、物质支配精神的陷井。这也是我们今天面临诸多问题的重要根源之一。

精神永远是人的灵魂和“国防部”，精神不倒即使身体倒下人依然可以高贵玉立。最浅薄的敌人只会折磨人的肉体，但最狠毒的敌人则是摧垮人的精神和信念。因此，面对未来人人都要经历的漫长老年期，人人都要从物质上做好准备，但精神上终生追求生命尊严、终生追求生命高贵品质等的引领理念，才是照亮每一个人全生命过程的最高指归。唯此，我们才有希望造就新一代的长寿人，才能度过理想的长寿人生。一句话，新一代的长寿人就是追求高贵品质的一代一代新人，对于他们来说，生命全程始终挺起做人的胸膛、始终昂起做人的头颅，这是面向未来的生活和生命底线。

既退且进的生命哲学

达尔文讲的人类生命整体是进化的。不过，从生命个体来看，生命有进有退。衰老其实就是生命的退化。但是，迄今为止，对于生命，自然科学、社会科学和人文学科都把主要精力放在了生命的进的一面，生命的退的一面虽有涉及，但整体看还基本上是一个黑箱。对于生命的退化，我们的全部知识、智慧、经验的总和，还无法给将要度过漫长老年期的人们一个满意的解答。现有知识体系甚至无法给出生命退化机制的有效指示。甚至对于生命究竟在什么时候开始退化？各种意见也莫衷一是。一句话，面对未来大多数人将要历经的漫长老年期的长寿时代，我们的整个知识体系还没有做好充分的准备。这是我们当前面临的诸多挑战之一。退一步讲，我们可以未富先老，但我们不能无知而老。否则，我们会在生命长廊的后半段四处碰壁。

我本人是学哲学的，常常会被问及“什么是哲学？”这样的问题。我的回答就是：“没辙了就学，这就是哲学。”说实话，哲学起源于困惑（亚里士多德语）。当我们碰到难题时，常常会追根溯源，实际上这就是某种意义上的哲思。问题的解答常常也始于这样的反省。当物理学、生物学等具体学科解决不了问题时，人们通常自觉不自觉地会刨根问底，最终从哲思中找到问题的答案。这也就是许多自然科学大咖往往同时也是哲学家的原因。即便日常生活中的种种辩论、讨论和争论，最终也会自觉不自觉地汇聚到哲学的圣地，于是问题有了解答。即使没能找到直接答案，但寻找答案的路径也明晰了。或者即使没有找到直接答案，但我们的认知层次和理解能力也得到了提升。如何度过漫长的老年期，除了自然科学、社会科学和人文学科的协同努力外，终生追究生命的价值和意义，这恐怕是长寿时代人们的一个永恒课题，也是共同构建理想老龄社会的生命哲学命题，人人概莫能外，除非英年早逝。

大体生活在与西汉同期的古罗马哲学家西塞罗曾经告诫人们，老年期需要从年轻时准备。比如死亡，他认为，人们只有从青年时代起就接受这方面的教育，才能置生死于度外，否则，就不可能有宁静的心境。因为人总有一死，而且谁也不可能肯定自己今天会不会死。因此，死亡每时每刻都在威胁着我们。所以，要是怕死，心里怎么能够安宁？其实，从年轻时要准备的还有许多，前面已经做了充分的论证。但是，需要强调的是，和西塞罗所处的短寿时代相比，今天对年轻人突出的时代要求之一就是：要为长寿做准备，按照全生命理念安排人生。这是老龄社会的新的生命伦理，也是长寿时代的生命哲学。

哲学不是圣人的专利。按照哲学的思维思考和处理问题，人人都可以分享哲学带来的精神愉悦。我们正处在物质繁盛、人欲横流和哲学最匮乏的时代，当然也是最需要哲学的时代。正如哲学家马修斯所说："在现代社会中给哲学留一席之地是非常重要的一件事。人情练达会增进学识、提升品位，但也会导致人在思维和语言上过度专业化、感受力滞钝、自负满满。每个社会都需要一位赤足的苏格拉底像孩子一般提出简单的（以及困难的）问题，迫使社会中的每一个成员去重新检视他们想都不想却理所当然之事。"其实，每个人心中都有一个苏格拉底，我们在幼童时期就充满了对生命和周围世界的好奇和困惑。谋生让我们失去了与生俱来的能力，这种天赋的哲思能力逐渐迷失。好在生命周期越来越长，只要我们挖掘内心深处，我们的这种能力不仅可以重现，并且会随着岁月的绵延而成为我们应对生命未来阶段的灯塔。

从全生命周期来看，我们的身体是一个马鞍形运行曲线，迈过顶峰就开始退化，但是，我们大多数人的精神在离开人世之前走的却是一条螺旋式上升的曲线。因此，我们越来越长的生命其实是进与退多向交错的复杂组合曲线。如何在漫长的长寿生命中走高不坠，的确需要哲学这个引领。

有了哲学的引领，我们的长寿人生才值得期待！

新的时代精神

每个时代都有每个时代的精神。在长寿社会，我们的时代精神是什么？这是需要每一位期望活得长久的人都要回答的问题。

活得长已经指日可待，但能否活得好，主要还得看自己。从现在开始，婴儿降生，我们的父母、家庭、社会和国家就要为他活得长寿做好准备。未来50后以后各代高寿老人蔚为壮观时，我们的时代精神要高度契合这一人类历史盛景。但是，从每一位中国人来说，我们不能躺在他人为我们备好的寿星床上坐享其成，唯有终生自立自强，履行好五项个人责任，方能不愧于长寿时代的客观要求：努力争取终生健康，年轻时不忘存钱，为家人社会多做贡献，树立视死如归新生命观，给后人留下宝贵精神财富。这是中国这个世界上第一老年人口大国国民的五项新的国民责任，也是中国迈入长寿社会的时代精神！否则，不健康、没有储蓄、没有贡献、贪生怕死、给后人没有可留的东西，就是新的国民耻辱，等待我们的可能是以子女孙子女为代表的后人的睥睨。

人生旅行只有单程票，没有回程票。庆幸的是，我们的旅程比祖先大大延长了。我们的祖先用他们短暂的人生创造了灿烂的文化，未来，我们加长了的生命旅程将会创造出更加辉煌的文化。否则，全体社会成员加长了的生命将是没有意义的！果真如此，我们何以对得住上苍的浩荡恩赐！

长寿人生等于设计加行动

未来是暧昧的，因为存在许多不确定的因素；未来也是可以设计的，因为我们虽不能改变客观，但我们可以改变自己，最大限度地掌控自己的人生。

没有设计的人生无异于“兽生”。因为动物活到哪儿算哪儿。如果平均只活个 60 岁也需要人生设计的话，那么，平均活到八九十岁，许多人还要活到百岁以上就更需要做好长寿人生设计。记得上世纪 80 年代，设计人生曾经是时代命题，相信 50 后、60 后甚至 70 后都还有印象。现在过去 30 多年了，沧海桑田，我们的成就的确可以彪炳史册。短短几十年间我们就迈入长寿社会。但是，和当年强调青年要树立人生远大理想这个主题不同，今天我们的主题已经变成全民要做好长寿人生设计，既要有远大理想，还要有个人终生的筹划安排。时代的确在进步，今非昔比，人生越来越有意味。

实际上，强调长寿人生设计这个主题，早已成为发达国家国民的自觉意识和自觉行动，诺贝尔经济学奖也曾经青睐过这个主题。如今，这个主题来到尚处于发展中国家的中国，这是当代和未来中国人的生命盛事，也是我们身处盛世的重要标志！如何设计长寿人生，本书已经做了全方位的分析。但是，再好的设计，如果没有行动，则无异于空想，也无助于分散长寿风险。因此，抵御长寿风险，设计长寿人生的关键在于对自我负责、对生命负责、对家庭负责、对社会负责，用实际行动、用提前行动来书写自己的高贵、尊严、富足、幸福和有意义的长寿人生！这是本书的总结论。

参考文献

1. [比]伊·普里戈金，等著. 从混沌到有序[M]. 曾庆宏，等译. 上海：上海译文出版社，1987.

2. [荷]C·A·皮尔森. 文化战略[M]. 刘利圭, 蒋国田, 李维善译. 北京: 中国社会科学出版社, 1992.

3. 沈小峰. 混沌初开[M]. 北京: 北京师范大学出版社, 1993..

4. 许倬云. 万古江河[M]. 上海: 上海文艺出版社, 2006.

5. [法]埃德加·莫兰. 复杂性思想导论[M]. 陈一壮译. 上海: 华东师范大学出版社, 2008.

6. 殷海光. 中国文化的展望[M]. 上海: 上海三联书店, 2009.

7. 李泽厚, 刘绪源. 该中国哲学登场了? [M]. 上海: 上海译文出版社, 2011.

8. [英]特里·伊格尔顿. 人生的意义[M]. 朱新伟译. 南京: 译林出版社, 2012.

9. 余秋雨. 中国文脉[M]. 北京: 长江文艺出版社, 2013.

10. [德]倭铿. 人生的意义和价值[M]. 周新建, 周洁译. 南京: 译林出版社, 2013.

11. 党俊武. 构建适应老龄社会要求的文化理想初探[J]. 老龄科学研究, 2013, (3).

12. [美]弗朗西斯·福山. 历史的终结与最后的人[M]. 陈高华译. 桂林: 广西师范大学出版社, 2014.

14. 党俊武. 老龄社会的革命[M]. 北京: 人民出版社, 2015.

15. 李泽厚. 人类学历史本体论[M]. 青岛: 青岛出版社, 2016.

尾　声

屏息沉思，长寿，其实也是一个巨大的风险！

人类社会发展历史表明，伟大梦想变现都要付出巨大代价，但是，要想巩固和保持变现了的伟大梦想，还要付出更大的代价。超老龄社会伴随的滔滔10亿老年人口长寿洪流是人类亘古长寿梦想的变现，也是人类社会文明进步取得的最辉煌的成果。但是，应对不当有可能会演变成为波及经济、社会、政治和文化发展的多重风险。我们不能做叶公，龙既然来了，我们别无选择，唯有运智用慧，驾驭它驰骋云间，飞翔天际。

在长寿时代已经来临的今天，人类的时代命题是，我们既要长寿，更要谋划长寿之后需要做什么。这是我们过去没有做好充分积淀准备的新命题。全部人类历史，从生命之树的成长上看，我们把主要精力放在了如何能够实现长寿上了。至于长寿之后我们应当做什么，必须做什么，这些问题恰恰被我们忽略了。我们一直想的都是如何才能活得长，但是，活得长需要做什么准备这个问题却鲜有响当当的安排和谋划。也很少有人提醒大众思考：这个我们将要活得越来越长的未来究竟有没有着落？用学术语言来说，这个问题就是"长寿风险"。用老百姓的话说，这个问题就是"人还活着，但钱用光了"。对于当前的许多中国人来说，这的确是个问题。面向未来，长寿风险问题正在变得越来越严峻，已经成为摆在每一个中国人面前的一个长远人生战略问题。

现在有一个热词叫做"裸婚"。我以为，裸婚者勇气可嘉，不过也不必为裸婚者担忧。他们年富力强，可以用汗水换来一切。我们中间许多人其实都是裸婚的过来人。但是，如果是"裸老"，这恐怕就是人生的悲剧、生命的苦难。道理非常简单，人生列车开到山前，事先没有挖洞，也没有铺好铁轨，结局不言自明。更为令人揪心的事情是：真正的“裸老”风险往往发生在身体最虚弱的高龄阶段。想到这一点，不免让人后背发凉！如果“裸老”者只是少数，纳税人完全可以背负。如果是许多人面临“裸老”风险，这将是一场人道危机和社会灾难！

我们究竟应当如何看待超老龄社会下10亿老年人口的滔滔长寿洪流？它究竟是人类文明进步的盛况盛景还是洪水猛兽甚至灾难？实际上，这两种看法的背后其实是看待人类社会历史的两种思维方式：喜鹊思维和乌鸦思维，或曰乐观思维和悲观思维。这两种思维各有短长。乌鸦思维虽然走的是悲观主义线路，但可以使我们登高思坠，树立前瞻意识，未雨绸缪，做好最坏打算，其终极目的是赢得最好的结局；喜鹊思维虽然容易招致盲目乐观的诘难，但可以引领我们藐视艰难挑战，树立信心，加持定力，做好全面设计，其终极目的也是赢得最好的结局。不过，无论秉持何种思维方式，10亿老年人口的滔滔长寿洪流势不可挡，不以任何思维方式为转移。因此，我们的看法不是陈腐的悲观乐观二元套路，而是要超越悲观乐观二元思维，树立老龄社会新思维，摈弃年轻社会旧语法，客观看待并应对未来我们面临的必然趋势。换言之，我们要面对的不是老年人越来越多的问题，而是要顺着老年人口不断增多的这个老龄社会的重要标志，全面认识和把握人类社会从年轻社会转向老龄社会进而迈向超老龄社会的内在规律，从中找到应对包括10亿老年人口长寿洪流在内的整个老龄社会的科学路径。

10亿老年人口长寿洪流正在扑面而来，我们正在直挺挺地面临着尚无着落的后半段长寿人生。如何未雨绸缪，全面应对，关系万众痛痒、攸关全体国人的今生后世。这是本书的主题。本书认为，每一个人以人作为人的高贵诉求为引领，提早做好健康、知识、技能、资源、金融等方面的充分准备，这是我们迈入老年期的有效“护照”，否则没有“护照”的人生旅行将痛苦不堪。这是本书的重要结论。

必须强调的是，本书主要研究全体社会成员老年期的各种问题。老实说，这只不过是老龄社会到来的诸多问题的冰山一角。我们可以做一个极端的思想实验：假定我们能够把所有人到老年期面临的各种问题都解决了，那么，老龄社会带来的许多结构性问题还没有解决，比如人口老龄化条件下经济结构和经济发展方式的问题如何解决？如何应对人口老龄化给经济发展带来下行压力的问题？如何适应人口老龄化给社会结构带来的诸多问题？如何在全球老龄化条件下保持中国经济的长期可持续竞争力？如何应对全球老龄化条件下各国争夺科技、金融等养老资源的国际战略问题？正是针对这一系列严峻问题，习近平总书记提出要“加强顶层设计”，唯此，我们才能及时应对、科学应对和综合应对人口老龄化的叠加式挑战。

但是，需要提请全社会高度关注的是，我们目前的视野、眼光、政策、行动特别是全社会的注意力主要地是放在了老年人问题上了，也就是所谓“养老问题”。这是应当的，也是毋庸置疑的。但如果仅仅囿于“养老问题”，哪怕是全体国人老年期的“养老问题”，我们将会一叶障目，看不到老龄社会的全局；而且更为严峻的是，我们将会错失应对老龄社会诸多挑战的大好机遇，未来的代价将不可估量！因此，我们必须把思想统一到习总书记关于有效应对人口老龄化要“加强顶层设计”这样一个事关国家发展全局的主基调上，研究全面应对的重大战略、重大制度和重大政策。

本书写到这里已接近尾声，但在老龄社会的应对上，我们才刚刚开始！

后 记

本书的写作源于一个一直让我内心深处隐隐作痛的儿时经历。

小时候，曾经经历过一次可能是我平生第一次的人生震撼事件：一位高龄老人曾经连哭带喊："我害人呀！我怎么不死呀！"老声嘶哑，面庞扭曲，涕泗满襟，其惨烈、其无助、其无奈在我幼小心灵中留下了深刻的烙印。许多人怕女孩子哭，而我最怕的就是老人痛哭。现在回想起来，他的家人并不是不孝顺。但是，上世纪 70 年代的北方农村，生活水平可想而知，老人高寿，浑身疼痛不堪（可能患上了当时不知道的癌症），缺医少药又死而不得。后来每每遇到老人表达想死的强烈愿望时，我的内心常常不能自已。我甚至曾经发誓等感到不行时要尽早结束自己。后来长大了，特别是日子好过了，这种潜藏内心深处对生命苦痛的认知才开始慢慢淡化。

1992 年进入老龄系统以后，我开始从事老龄科学研究。起初，我对老龄问题的认识当然相当肤浅，毕竟刚刚入行嘛。我幼稚地认为，老龄问题不就是老年人问题，老年人问题不就是人到老了之后的吃、喝、拉、撒、睡、看病、吃药、伺候、送终等日常生活问题，也就是俗称的所谓养老问题。这些问题我很熟悉，研究起来估计也不会费力。原因是，我从小是祖母带大的，按现在的话说，我儿时的朋友圈主要是祖母的老人圈。现在回想起来，初秋夜晚的月光下，祖母和她的同伴聊东说西，我则躺在祖母的怀里看着天上的星星暇思。相信这也是许多人的成长经历。温暖呵护和有限放任让我们恣意撒欢，不仅生发出对老人世界的情感和眷恋，而且也构建起儿童把握世界的初级但至关重要的能力。因为挨揍的小屁股告诉我们，父母那里是没有把握的，至于其他就更没有把握了。但在祖母那里，一切都在"掌控"之中。

但是，如果一辈子都来研究我很“熟悉”的老年人问题，这不免使我有些懊丧。难道躺在祖母怀里看到的无垠星空，到头来只能抓住老年人的这点事，来实现祖母念念不忘的所谓“出息”？难道上完本科和研究生，就要以仅仅研究伺候老人为“终生事业”？在我的潜意识里，伺候老人说来复杂，其实也很简单，这就是只要孝顺，一切都可以搞定。无非小时候老人让小孩一切都能在“掌控”之中，等老人不行了，我们让老人也能享有一切在“掌控”之中的体验就 ok 了。假若果真如此，这一切“熟悉”的东西，实在太没有挑战性了，无论如何也难以满足一颗血气方刚的年轻人的野心。在我学完哲学本科和研究生之后，我的事业观是：如果你所从事的事业与人类前途命运没有太大关联，那么，这样的事业不仅缺乏挑战，而且意义不大，比如研究伺候老人就属于类似鸡肋般的事业定位选择。为此，在 1992 年底前后，我十分苦恼，我甚至感到自己似乎走到了人生的低谷：“这辈子完了！”

大体在上世纪 90 年代中期，随着研究的深入，特别是在研读中西方学人研究老龄问题相关文献的过程当中，我逐渐脑洞大开，原来老龄问题不等于老年人问题，更不等于现在社会上热衷的“养老问题”。慢慢地，我开始找到老年人问题、养老问题、人口老龄化这种结构性问题与人类前途命运的关联。的确，在人类历史漫长过程中，小孩一直在增加，而老人数量占比不见增多。现在，这种态势正在发生历史性逆转：小孩越来越少，老人越来越多，组成社会的主体结构正在发生一场深刻的革命。而且，这一逆转在发达国家已经完成，发展中国家特别是第一人口大国的中国面临这种逆转的态势正在行进。同时，着眼长远，全人类都要走上这一必然轨道。一场新的人类社会的革命，也就是后来我称之为老龄社会的革命已经兵临城下。到此，我基本上找到了我的研究使命和人类前途命运的强大关联，这就是我把老龄问题和老龄社会研究看作是自己终生使命乃至可以为之赴死的根本原因。

为了阐明人口老龄化只不过是人类社会从年轻社会转向老龄社会的重要标志，为了从人类社会形态来把握我们所处的时代，为了从更高立意上来理解当前和未来人类社会的处境，2015 年，我出版了《老龄社会的革命》一书，反响良好。这是让我颇感欣慰的一件事，算是对前面二十多年研究生涯的一个交代。但是，还有一件事，就是我刚刚入行以来一直关注的老年人问题还没有一个很好的交代。在我刚刚进入老龄系统的时候，人们对老年人问题最深刻的误解就是：这不是年轻人的问题，更不是主流社会的问题。我出门参加社交活动时，从别人接受我名片时的勉强态度中，我读懂了他们的潜台词：我们还没有老，用不着接触这方面的人。这说明，老年人问题不仅不是主流社会关注的问题，而且主流社会也认为，可怜的老年人问题与大多数人都没有什么关系。于是，我腾出手来写这本书。想要表达的核心思想是：我们无非都是时间走廊上的排队者。老年人问题也就是人的老年期问题，关系每一个人的切身利益，除非他不幸活不到老年期。同时，我们前面面临的是一个深刻的长寿风险，必须提早谋划、提前行动。

超老龄社会是老龄社会的高级阶段，中国的特征是迈入超老龄社会过渡时间短暂，这是中国经济社会快速发展的辉煌成果。在本书出版之际，欣闻习总书记高度重视超老龄社会的问题，这表明，党中央不仅关注解决当前老龄社会的问题，而且，高屋建瓴，为我们指明了应对老龄社会的长远战略方向。我们有理由期盼，在中国从老龄社会初期阶段迈向超老龄社会的伟大征程中，人人享有健康、尊严、富足、幸福和有意义的长寿人生梦想的伟大前景正在向我们走来！当然，这也是未来人类命运共同体的辉煌前景！

十分遗憾的是，在写作本书的同时，我被一种深刻的矛盾心理所缠绕：一方面，老龄社会是一场革命，但社会主流的认知现在却纠缠于老年人问题、“养老问题”，这其实是两个层面的问题，不可同日而语；另一方面，我致力于把老年人问题阐明为每一个人的老年期问题，却担心如此一来会放大人们对老年人问题、“养老问题”的社会注意力，从而忽略更高层次、更为严峻的老龄社会的人口、经济、社会、政治、文化和国际战略问题。因此，拜托各位看官，帮助我做好宣传：人的老年期问题仅仅只是老龄社会各种问题的冰山一角。也恳切期望共同探讨更加深入的老龄社会的其他问题（djwllsh@126.com）。

需要说明的是，节假日埋头写作，疏忽了家人，也对不住老领导、老同事、老朋友。既欠家人，又欠亲友，更欠领导同事，我只能以此书来偿还！

要感谢的人是一个很长的名单。篇幅所限，只能挂一漏万，还望各位亲朋好友海涵。全国老龄工作委员会办公室政策研究部主任李志宏博士审改了全稿，《老龄科学研究》杂志贺拥军编辑通改了全书文字，华龄出版社胡福君先生大力支持本书出版，苏辉总编辑亲自担纲责任编辑，李未圻同志担任责任印制，我的爱人邓佑玲教授常常在无主题讨论中给予我智慧和灵感，她的巧思常常让我体验到作为人之为人重要表征的思维带来的至高愉悦，在此一并深表谢忱！

让我不得不深切感恩的是，对于老龄社会、老龄战略、老龄产业和老龄科学卓有战略思维的中国人寿集团所属国寿投资控股有限公司和国寿嘉园有限公司给予我支持的不仅是理论研究层面的，还有实践层面的。他们的战略理念、战略布局和战略举措和我的许多观念深层参证，代表着未来中国应对老龄社会的方向和希望。归结起来，老龄产业的一个重要顶层设计思想就是："让人们充分感悟到人生美好的旅程，释然地放下行囊，让精彩生活再次出发！"这是从全生命周期角度对长寿人生的新探索，对于老年人特别是50后以后各代老人的美好生活至关重要，这也是全部老龄事业和老龄产业努力的方向！本书封面设计之所以采用明代画家仇英的著名作品《桃花源图》，用意在于我们既要回归中国传统文化，但更要面向未来向上探索，寻觅更高版本的精彩人生。中国人寿集团的这些想法和做法让我这个做了26年老龄社会研究的人感受到：应对老龄社会，吾道不孤！有知己者，人生之至乐也！在此抱拳以谢！

党俊武

2018.8.12

责任编辑： 苏　辉

责任印制： 李未圻

图书在版编目（CIP）数据

超老龄社会的来临 ： 长寿新时代人类的伟大前景 / 党俊武著. -- 北京 ： 华龄出版社，2018.3

ISBN 978-7-5169-1188-4

Ⅰ. ①超… Ⅱ. ①党… Ⅲ. ①人口老龄化－研究－中国 Ⅳ. ①C924.24

中国版本图书馆CIP数据核字(2018)第047448号

书　　名： 超老龄社会的来临——长寿新时代人类的伟大前景

作　　者： 党俊武 著

出 版 人： 胡福君

出版发行： 华龄出版社

地　　址： 北京市东城区安定门外大街甲57号　　**邮　　编：** 100011

电　　话： 58122246　　**传　　真：** 58122246

网　　址： http://www.hualingpress.com

印　　刷： 北京市大宝装璜印刷厂

版　　次： 2018年11月第1版　　2018年11月第1次印刷

开　　本： 720×1020　1/16　　印　张：20.25

字　　数： 220千字

定　　价： 69.00元